Lúcida
Letra

Yongey Mingyur Rinpoche
e Helen Tworkov

Apaixonado pelo mundo

a jornada de um monge pelos bardos do viver e do morrer

Tradução de Paula Rozin

Copyright © 2019 de Yongey Mingyur Rinpoche
Edição em inglês publicada nos Estados Unidos da América por Spiegel & Grau, uma marca da Random House, divisão da Penguin Random House LLC, New York.

Título original: *In love with the world: a monk's journey through the bardos of living and dying*

Coordenação editorial Vítor Barreto

Preparação de texto Joice Costa

Revisão Heloísa Puppato Fiuza, Alisson Granja, Nádia Ferreira

Revisão técnica Luis Fernando Machado

Projeto gráfico, capa e diagramação: Aline Paiva

Foto da capa Bema Orser Dorje

Dados Internacionais de Catalogação na Publicação (CIP)

Y78a   Yongey Mingyur, Rinpoche, 1976-.
            Apaixonado pelo mundo : a jornada de um monge pelos bardos do viver e do morrer / Yongey Mingyur Rinpoche e Helen Tworkov ; tradução de Paula Rozin. – Teresópolis, RJ : Lúcida Letra, 2019.
            296 p. ; 23 cm.

            Inclui glossário.
            Tradução de: In love with the world: a monk's journey through the bardos of living and dying.
            ISBN 978-85-66864-70-0

            1. Yongey Mingyur, Rinpoche, 1976-. 2. Monges budistas - Biografia. 3. Experiências de quase morte - Aspectos religiosos - Budismo. 4. Estado intermediário - Budismo. 5. Vida espiritual - Budismo. I. Tworkov, Helen. II. Rozin, Paula. III. Título

CDU 929:271
CDD 294.3923092

Índice para catálogo sistemático:
1. Monges budistas : Biografia   929:271
2. Vida espiritual : Budismo   294.3

(Bibliotecária responsável: Sabrina Leal Araujo – CRB 8/10213)

Todos os direitos desta edição são reservados.
© 2019 Editora Lúcida Letra

⚡Lúcida Letra

LUCIDALETRA.COM.BR   EDITORA INTERDEPENDENTE
Tv. Ranulfo Féo, 36 sala - 211 | Várzea - Teresópolis | RJ 25953-650

Sumário

Prólogo ... 7

PARTE UM
JOGANDO LENHA NA FOGUEIRA ... 17

1. Quem é você? ... 19
2. Reconheça a onda, mas fique com o oceano ... 27
3. Nascido em berço de ouro ... 37
4. Impermanência e morte ... 43
5. Deixando a sabedoria emergir ... 52
6. O que você vai fazer no bardo? ... 65
7. As lições de Milarepa ... 70
8. Estação de trem de Varanasi ... 78
9. Vacuidade, não inexistência ... 90
10. Se vir alguma coisa, avise! ... 100
11. Uma visita do pânico, meu velho amigo ... 106
12. Um dia nos ghats ... 114
13. Sobre sono e sonhos ... 129
14. Aprendendo a nadar ... 135
15. Memento mori ... 140

PARTE DOIS
VOLTANDO PARA CASA 153

16. Onde o Buda morreu 155
17. Qual é o seu sonho de felicidade? 159
18. Sobrevivendo à escuridão 169
19. Um encontro casual 180
20. Nu e vestido 189
21. Nada de escolhas, nem preferências 193
22. Trabalhando com a dor 200
23. Os quatro rios do sofrimento inerente 206
24. Evocando os bardos 211
25. Doando tudo 219
26. Quando a morte é uma boa notícia 228
27. A consciência plena nunca morre 236
28. Quando o cálice se quebra 244
29. No bardo do renascimento 254

Epílogo 269
Agradecimentos 281
Glossário 283

Prólogo
11 de junho de 2011

Terminei de escrever a carta. Já passava das dez horas de uma noite quente em Bodh Gaya, cidade ao centro-norte da Índia e, nesse instante, ninguém sabia disso. Coloquei a carta na mesinha de madeira em frente à cadeira em que costumava me sentar. Ela seria encontrada em algum momento da tarde seguinte. Não havia mais nada a fazer. Apaguei as luzes e fechei a cortina. Lá fora estava escuro como breu, sem qualquer sinal de atividade, tal como previra. Às dez e meia, comecei a contar os minutos no escuro e a verificar meu relógio.

Vinte minutos depois, peguei minha mochila e saí do quarto, trancando a porta. Desci no escuro, nas pontas dos pés, até o saguão. À noite, um pesado ferrolho de metal prende por dentro duas grossas portas de madeira. Ao lado delas, há duas janelas retangulares de abrir para fora, quase tão amplas quanto as portas. Esperei o vigia passar. Quando calculei que ele estivesse o mais distante possível da porta, abri a janela e pulei para o pequeno terraço de mármore. Fechei a janela, desci os seis degraus até a calçada de tijolos e, rapidamente, me escondi atrás dos arbustos à esquerda.

Uma cerca alta de metal circunda o complexo do templo. O portão lateral do corredor fica aberto durante o dia mas, à noite, é trancado e um vigia fica ali por perto. O portão da frente raramente é usado. Grande e largo,

Prólogo

ele se abre para um desvio que conecta as principais estradas que correm paralelas umas às outras. Os dois painéis metálicos do portão são protegidos por uma corrente pesada e por um cadeado enorme. Para sair sem ser notado, eu teria que ficar fora do alcance da vista do vigia em sua próxima ronda. Escondido nos arbustos, esperei ele passar, mais uma vez calculei sua distância, e corri uns trinta metros até o portão principal.

Joguei minha mochila por sobre o portão, mirando a parte gramada ao lado do asfalto para que caísse sem fazer barulho. Além disso, meu pai sempre me ensinou que: *quando você estiver em um percurso e se deparar com um muro, sempre jogue a mochila primeiro, pois assim garante que poderá ir em frente.* Destranquei o cadeado, empurrei o portão e me esgueirei para fora.

Meu coração explodia de medo e empolgação. A escuridão da noite parecia iluminar e absorver todos os meus pensamentos, deixando apenas a impressionante sensação de estar do outro lado da cerca, na calada da noite, sozinho no mundo pela primeira vez na minha vida adulta. Tive que me forçar a me movimentar. Fechei o cadeado por trás da grade, peguei minha mochila e me escondi ao lado da estrada. Dois minutos antes das onze, e eu estava entre uma vida e a outra. Minha respiração trovejava nos meus ouvidos; meu estômago se contraía. Mal podia acreditar que até aquele instante o esquema tinha funcionado perfeitamente. Meus sentidos se intensificaram e pareciam se estender muito além da minha mente conceitual. De repente, o mundo tornou-se luminoso e senti como se pudesse ver por quilômetros... Porém não conseguia ver o táxi.

Cadê o táxi?

Tinha pedido um táxi para as onze da noite. Caminhei pela estrada secundária procurando ver os faróis. Apesar de ter traçado estratégias como um presidiário, não havia contado a ninguém sobre o meu plano, e nenhum carro de fuga estava à minha espera. Do outro lado da cerca, atrás de mim agora, estava o Tergar, um monastério budista tibetano... E eu era o seu prestigiado abade de 36 anos.

Um ano antes eu havia anunciado minha intenção de entrar em um retiro prolongado. Isso não gerou nenhum sinal de alarme. Retiros de três anos são comuns na minha tradição. No entanto, supunha-se que eu me isolaria em um monastério ou eremitério nas montanhas. Além do Tergar em Bodh Gaya, tenho monastérios no Tibete e no Nepal, e também centros de meditação no mundo todo. Mas ninguém, em nenhum desses lugares, imaginou quais eram as minhas verdadeiras intenções. Apesar de minha respeitada posição — ou, mais precisamente, por causa dela —, jamais conseguiria sumir, de fato, em um local institucional ou isolado.

Tinha a intenção de seguir a antiga tradição dos *sadhus*, ascetas hindus andarilhos que abriam mão de todos os seus pertences para viverem livres das preocupações mundanas. Os primeiros heróis da minha própria linhagem tibetana Kagyu seguiram os passos de seus antecessores hindus, abrigando-se em cavernas e florestas. Eu teria de morrer para a minha vida de um privilegiado *tulku* — pessoa identificada como a reencarnação de um mestre espiritual. Tiraria o manto de ser o filho mais novo de Tulku Urgyen Rinpoche, reverenciado mestre de meditação. Viveria sem atendentes e gestores e trocaria as proteções concedidas pelo meu papel de abade e detentor da linhagem pelo anonimato que nunca conheci, mas há muito ansiava.

Meu relógio de pulso apontava onze horas e dez minutos. Meu plano era pegar o trem da meia-noite para Varanasi; o trem saía da estação de Gaya, que fica a treze quilômetros de distância. Havia pedido o táxi naquela tarde quando voltei para casa, na saída do Templo Mahabodhi, local histórico que celebra o grande despertar do Buda sob a árvore bodhi. Uma ramificação da árvore original é o ponto central deste vasto complexo de templos onde peregrinos de todo o mundo vêm se sentar debaixo dos seus galhos. Eu ia lá com frequência mas, nessa tarde em particular, fui especificamente fazer a *kora* — circumambulação ritual — e oferecer lamparinas de manteiga, como uma maneira de orar para que meu retiro tivesse sucesso. Fui acompanhado do Lama Soto, meu atendente de muitos anos.

Prólogo

Faróis apontaram e caminhei até a estrada. Um jipe passou. Depois de mais dez minutos, surgiram outros faróis. Quando um grande caminhão de carga veio em minha direção, pulei para trás e escorreguei em uma poça de lama. Quando puxei meu pé para fora, um dos meus chinelos de borracha ficou preso. Recuperei-o e continuei escondido, minhas mãos molhadas de lama. Meu encantamento desapareceu e a agitação me envolveu como uma névoa. Qualquer pessoa habituada a passar por essa estrada me reconheceria. Ninguém *jamais* me viu desacompanhado, não a essa hora, nem a qualquer hora. Pensei que o táxi não falharia. Não tinha ideia do que faria depois de chegar a Varanasi, mas naquele momento parecia extremamente importante não perder o trem. Eu não tinha um plano alternativo. Comecei a andar bem rápido em direção à estrada principal, suando de calor e euforia.

No início da noite, o Lama Soto e eu fomos levados no jipe do Tergar ao Templo Mahabodhi, que fica a uma distância de cerca de três quilômetros. Passamos pelas pequenas lojas situadas ao longo da estrada principal: lojas de conveniência que vendem alimentos secos, alguns restaurantes, cybercafés, lojas de souvenirs e quinquilharias e agências de viagens. Carros, táxis, bicicletas e riquixás lotavam a estrada, junto com tuque-tuques, engenhocas motorizadas de três rodas que fazem uma barulheira. Assim que a estrada vai chegando perto da entrada do templo, os mendigos fazem filas nas ruas, segurando suas tigelas de esmolas. No caminho de volta para o Tergar, paramos no escritório de um agente de viagens, onde contratei um táxi para vir ao portão principal do monastério às onze horas. Tínhamos conversado em inglês, de modo que o Lama Soto, que falava apenas tibetano, não tomou conhecimento do combinado.

Eu estava no desvio a meio caminho da estrada principal quando o táxi finalmente apareceu. Depois de trinta minutos sozinho no mundo, o confinamento do carro me proporcionou um inesperado conforto. Várias vezes a cada dia, desde criança, repeti preces que diziam: *tomo refúgio no Buda; no Dharma — os ensinamentos do Buda; e na Sangha — a assembleia iluminada*. Agora, notei que estava me refugiando nesse táxi e me senti grato pelo abrigo que oferecia.

Eu me vi pensando em Naropa, abade erudito da universidade budista de Nalanda, que viveu em torno de 980 a 1040 da era comum. Soube que ele havia deixado sua posição de prestígio para buscar um nível de sabedoria mais elevado em relação ao que já alcançara, porém nunca havia pensado sobre as circunstâncias de sua partida. *Fiquei pensando se ele teria começado totalmente sozinho. Talvez um atendente estivesse esperando do lado de fora dos portões com um cavalo. Foi assim que o príncipe Siddhartha fugiu do reino de seu pai: confiou ao seu cocheiro sua intenção e ambos fizeram um acordo secreto.*

Quando o táxi disparou em direção a Gaya, meu corpo ia para frente, enquanto minha mente voltava para trás. A partida calculada com tanto cuidado subitamente pareceu dissonante. Durante as semanas anteriores, imaginei como os eventos desta noite iriam se desenrolar. Agora eu assistia a esse filme ao contrário, começando no presente e voltando para trás, aceitando que há diferentes maneiras de dizer adeus.

Lama Soto e eu havíamos saído do Templo Mahabodhi e retornado ao Tergar às sete horas, e fui direto para o meu quarto no segundo andar da casa. Meu apartamento consiste de uma grande sala de recepção para receber os convidados, que dá lugar a uma sala separada, onde faço minhas práticas e durmo. A casa fica atrás do templo central e tem o tamanho de um quarteirão típico de vilarejo. Desenhos ornamentais tradicionais cobrem todas as paredes, as colunas e o teto do templo. Há um enorme Buda dourado no altar, de frente para o portão principal e também para o Templo Mahabodhi.

No começo do dia eu havia circum-ambulado o pórtico de mármore que contorna as paredes externas e subido até as varandas que dão vista para a sala principal, dizendo adeus em silêncio. Adjacentes à minha casa ficam a pousada e os escritórios da administração. Por trás desses edifícios estão os dor-

Prólogo

mitórios e salas de aula para cerca de 150 jovens monges entre 9 e 20 anos. Passei por todos os cômodos, andei por todos os corredores, sem acreditar que não veria mais nada daquilo por muito tempo. Planejei ficar longe por pelo menos três anos. Fiz tudo o que podia para garantir o bem-estar e o treinamento contínuo dos monges. Esperava não ter deixado passar nenhum detalhe importante.

Antes de se recolher, Lama Soto veio ao meu quarto, por volta das nove horas, para verificar se eu precisava de alguma coisa. Originário de Kham, uma área ao leste do Tibete conhecida por seus homens fortes e durões, ele tinha sido meu assistente nos últimos dez anos, desde que eu completara 26 anos, e me protegera nas multidões como um guarda-costas. Seu quarto ficava no primeiro andar da minha casa. A porta do meu quarto rangia tão alto que, nos preparativos para fugir, eu havia engraxado as dobradiças. Duas semanas antes, informei a Lama Soto e aos administradores do monastério que não desejava ser incomodado antes do meio dia, todos os dias. Esse pedido incomum dava a impressão de que eu estaria fazendo meditações que não deveriam ser interrompidas. Mas, na verdade, me permitiria estar bem longe antes que minha ausência fosse descoberta.

O que mais me exigiu em termos de habilidade em travessuras foi conseguir uma chave do portão da frente. Viajava com frequência entre meus monastérios na Índia e em Katmandu e, durante uma visita anterior a Bodh Gaya, informei ao chefe de manutenção que o portão precisava de um cadeado mais forte e que compraria um na minha próxima visita a Delhi. Com esse objetivo, Lama Soto e eu fomos uma tarde à Delhi antiga, caminhando pela seção de serralheria do mercado. Quando voltei a Bodh Gaya, acompanhei o supervisor da manutenção até o portão para trocar o cadeado antigo. A nova fechadura veio com três chaves, mas eu lhe dei apenas duas, guardando uma. Isso também me deu a chance de balançar o portão para frente e para trás, a fim de testar o seu peso e o barulho que fazia.

Agora não era possível ver o templo Mahabodhi, contudo eu já tinha conhecimento da necessidade de alimentar a consciência plena estável da mente búdica. Quando entrei no táxi, a agitação na minha voz fez o motorista acelerar a uma velocidade perigosa. Templos e estupas — construções que abrigam relíquias sagradas — são uma expressão do coração e da mente do Buda. O respeito às formas externas do Buda estimula a nossa própria sabedoria inata. No entanto, o verdadeiro Buda, a essência da mente desperta, existe dentro de cada um de nós.

Meu coração estava acelerado. Entre a velocidade do táxi e a escuridão, não conseguia ver nada pela janela. As imagens passavam pela minha paisagem mental mais rápido do que a velocidade do táxi. Segundo os cientistas, 50 a 80 mil pensamentos passam pela mente em um dia, mas a sensação era a de que todos passavam em um minuto. Os rostos dos parentes apareciam diante de mim: minha mãe, Sonam Chödrön, e o meu avô, Tashi Dorje, em seus aposentos no Osel Ling, meu monastério em Katmandu. Imaginei os funcionários do monastério, as monjas e os monges meditando nas salas formais do santuário; vi amigos sentados em cafés europeus, ou em Hong Kong comendo em grandes mesas redondas nos restaurantes que servem macarrão. Imaginei o espanto deles ao saber do meu desaparecimento: ficariam de queixo caído; suas faces se curvariam para a frente em busca de notícias. Eu me divertia assistindo a tudo isso, mas minha diversão não se estendia a minha mãe. Quando vi o rosto dela, sabia o quanto ela ficaria preocupada, e tive que confiar no conselho do meu pai.

Em 1996, fiz uma visita ao meu pai no Nagi Gompa, seu eremitério em uma montanha isolada, fora de Katmandu. Ele estava doente, com diabetes, mas nenhuma mudança em sua condição física indicava que estivesse prestes a morrer. Como veio a se revelar, ele morreu dois meses depois. Estávamos em sua salinha, um espaço de não mais que três metros quadrados e situada no topo do templo; sua comitiva morava nos andares inferiores. A sala tinha uma janela grande que dava para o vale. Ele era o abade de um pequeno convento, e as monjas se aglomeravam nesse pequeno espaço para receber seus ensinamentos.

Prólogo

Ele estava sentado em uma caixa retangular elevada que lhe servia de cama, sendo também o local onde ensinava. A parte inferior do seu corpo estava coberta com um cobertor. Sentei-me na frente dele, no chão. Como de costume, ele começou a conversa perguntando: *Você tem alguma questão para discutir comigo?*

Disse a ele que queria fazer um retiro itinerante.

Ele olhou para mim e disse, usando um carinhoso termo tibetano: *Ami, escute, ami, tem certeza? Certeza absoluta?*

Disse a ele: *Sim. Tenho certeza. Quero fazer isso desde que eu era um garotinho.*

Então, o meu pai falou: *Maravilha! Mas se você realmente quer fazer isso, lhe dou um conselho: apenas vá. Não conte a ninguém para onde está indo, inclusive às pessoas da nossa família. Simplesmente vá e será bom para você.*

Não me esquecera do conselho dele, mesmo que quinze anos tivessem se passado antes de segui-lo. Durante décadas, como parte da liturgia diária, eu repetia: *todas as coisas são impermanentes; a morte vem sem aviso; este corpo também será um cadáver.* Quanto mais a minha visão amadurecia, mais eu intuía que não tinha absorvido totalmente o profundo significado dessa frase, mas, ainda assim, a possibilidade de este corpo impermanente se tornar um cadáver sem que eu realizasse minhas aspirações jamais havia se distanciado das minhas preocupações. Esperei muito tempo para fazer esse retiro, esperei até que se tornasse uma questão de fazer ou morrer — talvez fosse mais correto fazer *e* morrer. Estaria deixando para trás tudo o que conhecia — sem mais certeza do que aconteceria depois, do que se estivesse no meu leito de morte.

Além de deixar a minha mãe, deixar o Lama Soto também era triste, pois ele estava doente e eu sabia que nunca mais nos veríamos. Ele seria o único a descobrir a minha ausência, e não tive nenhum prazer em imaginar sua angústia quando ficassem claras as implicações da carta que deixei:

Quando estiverem lendo esta carta, terei começado o longo retiro que anunciei no ano passado. Como devem saber, sempre senti uma conexão muito forte com a tradição de retiro desde garoto, crescendo nos Himalaias. Mesmo não sabendo realmente meditar, eu costumava fugir de casa e ir para uma caverna próxima, onde sentava quieto e cantava o mantra "om mani peme hung" repetidas vezes em minha mente. Meu amor pelas montanhas e a vida simples de um meditante itinerante eram um chamado desde aquela época.

Parte um

JOGANDO LENHA NA FOGUEIRA

1. Quem é você?

Você é o Mingyur Rinpoche?

Meu pai me fez essa pergunta logo depois que comecei a estudar com ele, aos nove anos de idade. Era tão gratificante saber a resposta certa que orgulhosamente declarei: *Sim, eu sou.*

A seguir, ele perguntou: *você pode me mostrar uma coisa em especial que faz de você Mingyur Rinpoche?*

Olhei para a parte frontal do meu corpo até meus pés. Olhei para minhas mãos. Pensei no meu nome. Pensei em quem eu era em relação aos meus pais e a meus irmãos mais velhos. Não consegui chegar a uma resposta. Meu pai, então, fez a busca pelo meu *verdadeiro eu* parecer uma caça ao tesouro e, sinceramente, procurei até debaixo das pedras e atrás das árvores. Aos onze anos, comecei meus estudos no Sherab Ling, monastério situado no norte da Índia, onde trouxe essa busca para dentro de mim por meio da meditação. Dois anos depois, entrei no tradicional retiro de três anos, período de intenso treinamento mental.

Durante esse período, nós, monges noviços, fazíamos vários exercícios diferentes, cada um aprofundando nossa compreensão dos níveis mais sutis da realidade. A palavra tibetana para meditação, *gom*, significa "familiarizar-se com": desenvolver familiaridade com o funcionamento da mente, como ela cria e molda nossas percepções de nós mesmos e do mundo, entender de que modo as camadas externas da mente — os rótulos construídos — funcionam como roupas que caracterizam a nossa identidade social e ocultam o estado nu e não fabricado da nossa mente original, sejam elas ternos, jeans, uniformes ou túnicas budistas.

Na época em que fui para esse retiro, entendi que o valor dos rótulos muda de acordo com as circunstâncias e o consenso social. Eu já havia concluído que eu não era o meu nome, o meu título ou o meu status; meu eu essencial não poderia ser definido por posição social ou atribuição. Apesar disso, essas mesmas designações, vazias de significado essencial, tinham definido os meus dias: *sou um monge; um filho, um irmão e um tio; um budista; um professor de meditação; um tulku, um abade e um escritor; um nepalês tibetano; um ser humano. Qual dessas identidades descreve o meu eu essencial?*

Fazer esta lista é um exercício simples. Há apenas um problema: a conclusão inevitável contradiz toda e qualquer hipótese que nos é tão cara — conforme eu estava prestes a aprender mais uma vez. Desejava ir além do *eu relativo* — o eu que se identifica com esses rótulos. Sabia que, embora as categorias sociais desempenhem um papel dominante na nossa história pessoal, elas coexistem com uma realidade maior além dos rótulos. Geralmente, não reconhecemos que nossa identidade social é moldada e limitada pelo contexto, e que essas camadas externas de nós mesmos existem dentro de uma realidade ilimitada. Padrões habituais encobrem essa realidade ilimitada, a obscurecem, mas ela está sempre lá, pronta para ser desvelada.

Quando não somos reduzidos pelos padrões habituais que definem como nos vemos e nos comportamos no mundo, temos acesso às qualidades vastas da mente, que não dependem de circunstâncias ou conceitos, e estão sempre presentes; por isso a chamamos de fundamental, ou mente *absoluta*, a mente da realidade absoluta, que é a mesma mente da consciência plena pura que expressa a própria essência da nossa verdadeira natureza. Diferentemente da mente intelectual e conceitual e do amor ilimitado de um coração aberto, essa essência da realidade não está associada a um local nem a qualquer tipo de materialidade. Está em toda parte e em lugar nenhum. É como o céu — tão completamente integrado à nossa existência que nunca paramos para questionar sua realidade ou reconhecer suas qualidades. Devido ao fato de a consciência plena pura estar tão presente em nossa vida quanto o ar que respiramos, podemos acessá-la em qualquer lugar, a qualquer momento.

Eu havia desenvolvido certa capacidade de manter as perspectivas relativa e absoluta ao mesmo tempo. No entanto, nunca vivi um dia sem pessoas e suportes que espelhassem a colcha de retalhos que se tornou conhecida para mim e para os outros como *Mingyur Rinpoche*: infalivelmente educado, pronto a sorrir, com um comportamento reservado, asseado, barbeado, usando óculos sem aro e de armação dourada. Agora eu me perguntava como essas identidades seriam encenadas na estação de Gaya. Já estive lá muitas vezes, mas sempre com pelo menos um assistente. Ou seja, nunca deixei de ter uma referência de posição social e nunca fui desafiado a depender apenas dos meus próprios recursos internos.

Os tibetanos têm uma expressão para se referir à ação de aumentar intencionalmente os desafios para manter uma mente estável: jogar mais lenha na fogueira. Em geral, as pessoas passam a vida tomando muito cuidado com aquelas experiências que, em geral, provocam raiva, ansiedade ou medo — e tentam evitá-las, dizendo coisas como: *não consigo assistir a filmes de terror. Não posso com grandes multidões. Tenho um medo terrível de altura, ou de voar, ou de cães, ou do escuro.* Mas as causas que provocam essas respostas não desaparecem; e, quando nos vemos nessas situações, nossas reações podem ser arrasadoras. Usar nossos recursos internos para trabalhar com essas questões é nossa única e verdadeira proteção, pois as circunstâncias externas mudam o tempo todo e, portanto, não são confiáveis.

Jogar deliberadamente lenha na fogueira traz à tona situações difíceis para que possamos lidar com elas de uma forma direta. Tomamos os comportamentos ou circunstâncias que pensamos ser o problema e os transformamos em aliados. Por

Quem é você?

exemplo, quando eu tinha cerca de três ou quatro anos, fiz uma excursão de ônibus peregrinando pelos principais locais budistas na Índia com minha mãe e meus avós. Senti muito enjoo nessa primeira viagem de ônibus. Depois disso, toda vez que chegava perto de um ônibus, ficava com medo e nauseado e, inevitavelmente, me sentia mal de novo. Por volta dos doze anos, após um ano morando no monastério Sherab Ling, no norte da Índia, eu estava indo para casa para ver minha família. O assistente que iria comigo planejou nossa viagem indo de ônibus até Delhi, viagem essa que duraria a noite toda e, a seguir, pegaríamos um avião de Delhi para Katmandu.

Estava ansioso para ver os meus pais, mas durante várias semanas fiquei muito apreensivo com a viagem de ônibus. Insisti para que o assistente comprasse dois assentos para que pudesse ir deitado, pois achei que isso acalmaria o meu estômago. Porém, logo no início da viagem, descobri que me sentia pior deitado. Meu assistente implorou para que eu comesse alguma coisa ou bebesse suco, mas meu estômago estava muito inchado para engolir qualquer coisa. Quando o ônibus parou no meio do caminho, me recusei a levantar e sair. Não queria me movimentar e não o fiz por muitas horas. Por fim, saí do ônibus para usar o banheiro e tomar um pouco de suco.

Quando voltei aos meus dois lugares dentro do ônibus, me senti muito melhor e decidi tentar meditar. Comecei examinando o corpo, trazendo minha consciência para as sensações ao redor do meu estômago, o inchaço e a náusea. Foi muito desconfortável, um pouco repugnante e, de início, piorou aquelas sensações. Mas, quando passei lentamente a aceitar essas sensações, senti como se o meu corpo inteiro fosse uma casa de hóspedes. Era como se eu fosse o anfitrião dessas sensações, assim como das sensações de aversão, resistência e reação. Quanto mais permitia que esses hóspedes habitassem o meu corpo, mais calmo eu ficava. Logo adormeci e acordei em Delhi.

Essa experiência não resolveu todas as minhas ansiedades a respeito de andar de ônibus; o medo voltou com as viagens subsequentes, embora com um efeito atenuado. A grande diferença foi que, após essa viagem, os passeios de ônibus eram bem-vindos. Não tentava planejar esse tipo de viagem do mesmo modo intencional com que planejei esse retiro itinerante, mas me senti grato pelo desafio de lidar com minha mente para superar a adversidade.

Quando jogamos lenha na fogueira em vez de tentar sufocar as chamas dos nossos medos, acrescentamos mais combustível e, no processo, ganhamos confiança em nossa capacidade de lidar com o contexto em que nos encontramos. Deixamos de evitar as situações que nos perturbaram no passado, ou que evocam padrões destrutivos ou explosões emocionais. Começamos a confiar em outro aspecto da mente que está abaixo da nossa reatividade. Chamamos esse aspecto de "não eu". É a consciência plena não condicionada que se revela com a dissolução da mente tagarela, que fala consigo mesma durante o dia todo. Outra maneira de dizer isso é que trocamos a engrenagem mental da consciência comum para a consciência meditativa.

A consciência comum que orienta as nossas atividades cotidianas é, na verdade, bastante confusa. Em geral, passamos os nossos dias com a mente cheia de ideias sobre o que queremos e sobre como as coisas devem ser, e com respostas reativas ao que gostamos e não gostamos. É como se estivéssemos usando diferentes pares de óculos sem saber, sem ideia de que esses filtros obscurecem e distorcem nossas percepções. Por exemplo, se sofremos do mal-estar causado pelo movimento, os óculos sobressalentes são os sentimentos de nojo pelo cheiro do vômito e pela vergonha que sentimos por causar repugnância aos outros. O fato de que alguém possa perceber, aumenta ainda mais o nosso desconforto físico.

Vamos supor que olhamos para uma montanha com a consciência comum. Nossa mente está voltada para fora e segue nossos olhos em direção à montanha, e talvez nos venha à mente qual foi a última vez que vimos essa montanha, ou qualquer outra, com quem estávamos na época, se o clima ou a hora do dia eram melhores na experiência anterior ou agora, ou se estamos com fome ou felizes. Ou verifique as vezes em que usamos a consciência comum para pegar a chave e o celular antes de sair de casa. Repare que esse processo muitas vezes inclui a ansiedade de estar atrasado ou sobre qual caminho fazer para chegar ao nosso compromisso, ou podemos até fantasiar a respeito da volta para casa antes mesmo de sairmos.

Com a consciência meditativa, tentamos remover esses filtros e reduzir as projeções. Voltamo-nos para dentro e reconhecemos a consciência plena como uma qualidade da própria mente. Quando olhamos para a montanha, há menos tráfego mental entre nós e a montanha, menos conceitos e ideias. Vemos coisas sobre a montanha que não havíamos visto antes: a forma como os sulcos são delineados pela forma das árvores, as mudanças na vegetação ou o céu que circunda a montanha. A mente clara dessa consciência plena está sempre conosco, quer a reconheçamos ou não. Coexiste com a confusão e com as emoções destrutivas e o condicionamento cultural que dão forma ao nosso modo de ver as coisas. Mas, quando nossa percepção muda para a consciência meditativa ou consciência plena estável, ela não é mais reduzida pela memória e pela expectativa; tudo o que vemos, tocamos, saboreamos, cheiramos ou ouvimos tem maior clareza e nitidez, e vivifica nossas interações.

Pouco depois de começar a estudar com meu pai, recebi dele ensinamentos sobre a consciência meditativa. Um dia eu estava no telhado da minha casa, apenas olhando à volta de uma maneira distraída e casual, e percebi que, na parte de cima de Shivapuri, montanha que fica atrás do Nagi Gompa, havia trabalhadores consertando uma trilha que atravessa um dos lados da montanha. Umas seis pessoas estavam usando pás, picaretas e carrinhos de mão para nivelar o caminho, remover a terra e as pedras desmoronadas. Sentei e fiquei observando o trabalho lá do telhado. A seguir, me veio o pensamento: *devia estar meditando*.

Seguindo as instruções do meu pai, voltei minha mente para si própria sem mover meus olhos. Continuei a ver as pessoas trabalhando, a ouvir o som das picaretas quebrando as pedras; a ver o carrinho de mão despejando terra para o lado. Mas, de repente, também vi o lindo céu azul e as nuvens passando por cima, e vi folhas se movendo ao vento, senti a brisa em minha pele e ouvi pássaros cantando. Antes, com a consciência comum, meu foco se restringiu e eu não sentia nem via nada, a não ser os trabalhadores na estrada. A consciência meditativa — também chamada de consciência plena estável — nos introduz a olhar para a natureza da própria consciência plena.

Uma vez que nos familiarizamos com a consciência plena estável, ainda nos movemos com frequência entre esse estado e a consciência comum. Apesar da diferença entre eles, os dois tipos de consciência existem dentro de um construto dualista: há algo observando e algo sendo observado — a experiência da consciência plena reconhecendo a si mesma. Quando essa dualidade é eliminada, entramos no que chamamos de consciência plena pura — ou não dual.

A não dualidade é a qualidade essencial da consciência plena, mas, quando falamos de três tipos — comum, meditativa e pura —, estamos falando de um processo experiencial gradual que vai dos estados dualistas para os não dualistas, da mente muito confusa para a mente que está cada vez mais liberada da reatividade habitual e de ideias preconcebidas de como as coisas devem ser. Essas categorias da consciência plena não são nitidamente delineadas, e o nosso reconhecimento da consciência plena pura também tem muitas gradações. Podemos ter vislumbres ou lampejos com diferentes graus de profundidade ou clareza. Eu conhecia um pouco da consciência plena pura. Parte da minha intenção para esse retiro era intensificar o modo como me relaciono com esse aspecto da realidade e esperava conseguir isso saindo da minha vida normal.

Quem estava prestes a entrar na estação ferroviária de Gaya no meio da noite? Minhas vestes marrons, camisa amarela e cabeça raspada me identificavam como monge budista tibetano, um lama por profissão — um perfeito disfarce para a mistura desordenada de curiosidade, ansiedade e confiança que acompanhava cada batida do meu coração que, de muitas maneiras, ainda procurava a resposta à pergunta do meu pai — *Quem é Mingyur Rinpoche?*

Eu havia adquirido a habilidade de reconhecer a consciência plena — dentro do ambiente monástico e dos templos, e em minha esteira de meditação, sempre na minha zona de conforto, e sempre perto de discípulos e atendentes. Embora tivesse meditado por toda a minha vida e passado muitos anos em monastérios budistas, estava começando agora um tipo diferente de retiro. Meus títulos e atribuições seriam jogados na fogueira. Queimaria as proteções e as estratégias sociais externas comuns para ser livre — não *da* vida, mas *para* a vida, para viver todos os dias com um envolvimento sempre novo para com qualquer coisa que surgisse. Não voltaria simplesmente para os caminhos recompensadores que conhecia tão bem. Suspeitava que esses papeis tinham se tornado profundamente arraigados e não conseguiria lidar com eles até que algum grau de ruptura os trouxesse à tona.

Parti sozinho para intencionalmente procurar esse rompimento por meio do que eu pensava ser uma missão de suicídio do ego. Queria explorar as profundezas de quem eu realmente era no mundo, anônimo e sozinho. Queria testar minhas próprias capacidades em situações novas e desafiadoras. *Se eu puder realmente romper com minhas rotinas estabelecidas, encontrar meu próprio limite e continuar prosseguindo, vamos ver o que acontece com meu reconhecimento da consciência plena, ver o que acontece com as virtudes da paciência e da disciplina quando ninguém está vendo, quando ninguém sabe quem eu sou; quando talvez nem eu saiba quem sou.*

O táxi fez um barulho longo e estridente até parar. Estava na hora de descobrir. Paguei o motorista e saí do táxi. Como se para afirmar que todo refúgio mundano é tão efêmero quanto fumaça, parei em frente à estação e virei, olhando o táxi desaparecer.

2. Reconheça a onda, mas fique com o oceano

A estação Gaya está dia e noite repleta de viajantes, mendigos, peregrinos e crianças chorando. Famílias inteiras sentam-se em cima de seus pertences, ou se espalham pelas plataformas esperando os trens, ou porque não têm outro lugar para ficar. Os carregadores equilibram caixas pesadas nas cabeças enroladas em turbantes. Vacas, pombos e cachorros perambulam entre os ocupantes da plataforma, onde também há pássaros engaiolados e cabras presas a cordas. Um sistema público de avisos anuncia as rotas e os horários. Ambulantes mascateando chá e lanches gritam enquanto abrem caminho por entre a multidão. Homens e mulheres mastigam nozes de bétel e depois cospem o sumo vermelho, que cai no chão como gotas de sangue. A estação é barulhenta, turbulenta e suja, características que me eram familiares apenas de longe. No passado, eu teria ficado em um salão privativo enquanto um monge assistente compraria as passagens e arrumaria um carregador. Agora eu caminhava entre a multidão envolta em sombras devido à fraca iluminação.

Eu nunca havia comprado uma passagem na vida, e nunca tinha carregado mais peso na minha mochila do que uma garrafa de água, talvez óculos escuros e um chapéu. Agora também trazia na mochila dois textos budistas escolhidos para essa viagem. As dez mil rúpias que carregava (cerca de 150 dólares americanos) vinham dos vários envelopes colocados na mesa dos meus aposentos como oferendas dos visitantes. Lama Soto os recolhia rotineiramente antes de se retirar todas as noites, mas, por várias semanas, escondi um pouco de dinheiro todos os dias.

Estudei os painéis escritos a giz na tentativa de descobrir a fila certa do trem para Varanasi. Aquela seria minha primeira viagem na classe mais baixa. Não havia nenhuma marcação de lugares. Assim que comprei minha passagem, fiquei próximo à parede da plataforma lotada, esperando que o trem chegasse no horário, o que era pouco provável. Tênues anéis de fumaça dos pequenos fogareiros sufocavam o ar e realçavam a visão cinematográfica de um mundo subterrâneo. À medida que a atmosfera se tornava cada vez mais claustrofóbica e esmagadora como um peso físico, o plano de pôr mais lenha na fogueira progressivamente tornou-se uma realidade — e isso foi apenas o começo. Investigar a verdadeira natureza do meu ser fez a fogueira arder um pouco mais cedo do que previra.

Por hábito, percebemos nós mesmos e o mundo à nossa volta como algo sólido, real e permanente. No entanto, sem muito esforço, podemos facilmente concluir que não existe um aspecto sequer dentro do sistema do mundo todo que não esteja sujeito à mudança. Tinha acabado de estar em um lugar e agora estava em outro; experimentei diferentes estados mentais. Todos nós deixamos de ser bebês e viramos adultos, perdemos entes queridos, vemos as crianças crescerem, passamos pelas mudanças das estações, dos regimes políticos, dos estilos de música e da moda, tudo muda. Apesar das aparências, nenhum aspecto da vida permanece o mesmo.

A desconstrução de qualquer objeto — por mais denso que pareça, seja um transatlântico, nosso corpo, um arranha-céu ou um carvalho — revelará que a aparência de solidez é tão ilusória quanto a permanência. Tudo o que parece substancial se dividirá em moléculas, em átomos, elétrons, prótons e nêutrons. Todo fenômeno existe em interdependência com uma miríade de outras formas. A identificação de qualquer forma só tem significado em relação à outra. *Grande* só tem significado em relação a *pequeno*. Confundir nossas percepções errôneas habituais com a totalidade da realidade é o que entendemos por *ignorância*, e essas ilusões definem o mundo da confusão, ou samsara.

A vida é mudança e impermanência — esse era outro princípio fundamental do meu treinamento. *Mudança e impermanência. Impermanência e morte.* Eu tinha alegremente antecipado a morte das minhas atribuições e a minha transformação em um iogue itinerante, sozinho no grande mundo caótico; porém, a mudança de sempre ter um atendente para estar totalmente sozinho me atingiu como um raio. Já sentia falta dos ombros largos do Lama Soto e de sua postura firme e aberta. Não me sentia seguro sozinho. *Reconheça a onda, mas fique com o oceano. Ela vai passar... se eu deixar.*

Fiquei parado bem ereto, um pouco esnobe — como era meu hábito — e olhei para os mendigos que se instalaram para passar a noite, alguns largados como bêbados. *Poderia ter viajado de primeira classe e esperado no saguão com os ventiladores de teto. Mas isso é o que eu queria... condições tão incomuns que me tornariam um desconhecido para mim mesmo. Estava longe do meu monastério há uma hora. Já cheguei ao meu limite? Claro que não.* A timidez e a vulnerabilidade não eram novidades para mim, mas há décadas não surgiam com um impacto tão inesperado. Queria me esconder, mas não tinha para onde ir. Podia sentir a tensão e a resistência no meu corpo e reconheci o quanto a superfície da minha mente estava sendo agitada pelo desconforto e pelos julgamentos. Ao mesmo tempo, uma sensação de estabilidade, cultivada por uma vida inteira de prática, também estava presente — mas parecia frágil de uma maneira a que não estava acostumado.

Nunca imaginei que seria fácil pedir esmolas ou dormir na rua. Havia escolhido esse tipo de retiro por causa dessas dificuldades. Tinha estudado os mendigos que faziam fila no caminho para o Templo Mahabodhi e me imaginado entre eles. Havia projetado minhas reações a estranhos que se afastariam da minha tigela de esmolas. Na minha imaginação, às vezes enfrentava sua apatia com genuína preocupação pela sua indiferença; outras vezes, reagia com raiva. E me perguntava até que ponto eu iria para conseguir comida; me imaginava fuçando no lixo como um porco selvagem. Eu era vegetariano e comia alguns doces, mas, nas últimas semanas, me vi comendo carne e migalhas de biscoito que haviam sido descartadas. Até imaginei se a fome me induziria a comer tripas de peixe cru, como o grande praticante indiano Tilopa.

Tilopa (988-1069 EC) buscou o anonimato em regiões remotas bem distantes dos monastérios. No entanto, seus encontros ocasionais com aqueles que buscavam desenvolver a espiritualidade deixaram uma série de histórias maravilhosas que só elevaram sua reputação. Quando a notícia da extraordinária sabedoria de Tilopa chegou a Naropa, o grande sábio de Nalanda imediatamente reconheceu suas próprias limitações e abandonou sua elevada posição para ir em busca de um mestre que soubesse mais do que ele. Por fim, encontrou o excêntrico iogue nas margens de um rio em Bengala. Tilopa estava completamente nu, comendo vísceras cruas dadas pelos pescadores após estriparem suas presas diárias. Esse encontro foi o primeiro de muitos testes para Naropa, mas sua fé nesse místico provocativo sustentou suas provações e, por fim, levou-o à própria iluminação.

Eu projetara a possibilidade de comer tripas de peixe e usara minha imaginação para me familiarizar com a fome, o frio e a solidão extremas... Mas, de alguma forma, não imaginei a estação de trem, nem a agonia de ficar sozinho naquela imundice sombria e pulsante, sentindo-me tão isolado dos viajantes que esbarravam nas minhas túnicas, que poderia muito bem estar na lua. Não demorou muito para que sentisse a indiferença que se demonstra a um homem sem nenhum nível social. Mesmo usando minha túnica de monge, me senti objeto de escrutínio, mas não de respeito. Os monges não são respeitados na Índia. Mesmo os *sadhus* hindus não são respeitados nas cidades, só nas aldeias. Era diferente no Tibete antigo, onde as pessoas dedicadas à atividade espiritual eram reverenciadas. As crianças cresciam reverenciando monges e monjas.

O Buda não é apenas uma figura histórica, mas também uma presença viva simbolizada pelas vestes dos monges; por essa razão, demonstrações públicas de menosprezo sempre me deixavam um pouco triste. Quando o trem chegou, os passageiros pegaram seus filhos e animais, suas malas enormes, seus sacos gigantescos amarrados com cordas que recaíam sobre suas testas, e começou o empurra-empurra para entrar no vagão. Minha mochila ficava presa o tempo todo e tinha de dar trancos para frente para soltá-la. Fui o último a entrar e comecei a viagem de trem aterrorizado, esmagado contra a porta, com a cabeça, o tronco e as pernas entre a porta e os corpos humanos. Não conseguia ver nada, mas podia sentir o cheiro horrível. Tive que abrir a boca para respirar qualquer ar disponível. Nos vários minutos que se seguiram, não consegui manter minha mente longe de me sentir arrasado.

Meu treinamento me introduzira à consciência plena espaçosa da minha mente natural. Comparamos essa consciência ao céu aberto e aos oceanos — referências destinadas a invocar a vastidão incomensurável, apesar de a consciência plena ser mais imensurável do que o céu e os oceanos juntos. Quando aprendermos a reconhecer a qualidade sempre presente da consciência plena, abrir mão da mente condicionada e contingente e reconhecer que *somos* essa consciência plena espaçosa, nossos pensamentos e emoções se manifestarão como ondas ou nuvens inseparáveis da consciência plena. Com esse reconhecimento, não mais seremos levados pelas histórias que mantêm nossa mente girando em ciclos repetitivos, ou pulando como um macaco enlouquecido.

Se mantivermos nossa mente enredada nessas histórias, será difícil reconhecer a consciência plena. Como todos sabemos, as condições climáticas dentro da consciência muitas vezes se tornam muito tempestuosas. Porém, quanto mais nos familiarizamos com a consciência plena como uma qualidade inata da mente, menor é o efeito do clima sobre nós. As ondas surgem e as nuvens se movimentam; se não estivermos presos a elas, elas perdem seu impacto. Nossa sensibilidade se aprofunda e aprendemos a confiar na capacidade de conhecimento da mente consciente. Havia tomado contato com ondas que tinham a força de um furacão no decorrer da minha vida — mas não por muito tempo. E agora, no trem lotado, eu não sabia se minha respiração apertada vinha da pressão no meu rosto ou do medo no meu coração.

Depois de alguns minutos, a intensa energia do medo começou a diminuir. Minha respiração desacelerou. Ao mesmo tempo, a consciência plena espaçosa se apresentou — como que para receber a onda. Às vezes isso acontece. É como se a força da própria turbulência permitisse que a consciência plena seja mais facilmente reconhecida do que em outros momentos, e uma grande emoção possa levar a uma mente tão ampla como o céu. Não estava mais sendo arrastado pela onda e não mais sentia como se estivesse me afogando. O que tive que fazer foi apenas deixar ser. Não havia sentido em tentar fugir. A onda estava lá. Embora preferisse estar em outro lugar, pude apenas reconhecer isso e ficar com a situação — a consciência plena espaçosa e a sensação desagradável. Quando continuamos com uma realidade mais vasta que o céu, o impacto destrutivo das nossas reações descontroladas e perturbadas diminui automaticamente. No entanto, as nuvens — ou as ondas — não desaparecem; elas se dissolvem e surgem outra vez.

A cada parada do trem, as pessoas se empurravam para sair e mais gente embarcava. Avancei um pouco mais até conseguir encontrar um lugar no chão e me sentei de pernas cruzadas com a mochila no colo, outra experiência inteiramente nova. Dentro da cultura tibetana, mestres reencarnados, como eu, ocupam assentos mais altos do que os das outras pessoas, e é um tabu os tulkus se sentarem no chão. Os tibetanos teriam se afligido de me ver assim. Mas ninguém ali se importava comigo ou com o meu status e, de qualquer maneira, a fim de manter minhas intenções, eu teria que me livrar de muitos costumes sociais.

Eu não era frequentador da primeira classe, mas estava plenamente ciente do meu desconforto nesse ambiente inteiramente novo. As paredes e bancos eram de uma espécie de verde pútrido e, à luz soturna, tudo parecia estar cheio de bolor.

Lembrei a mim mesmo: *planejei viajar com pessoas consideradas sem importância no mundo e que não são valorizadas pela sociedade.* Então, quem está passando por tal desconforto: o admirado Rinpoche? O abade privilegiado? Ou será a mente fixa tentando manter esses reverenciados títulos?

Os meus olhos não estavam em ponto morto. Eles não viam apenas, nem apenas repousavam nos objetos. Em vez disso, as figuras ao meu redor se tornavam criaturas alienígenas, *outros, aqueles lá.* Suas roupas sujas turvavam o meu coração. Atribuía a culpa a seus pés descalços e rachados, mas logo os meus iam parecer igualmente imundos. O odor dos seus corpos era repulsivo, embora a umidade, o calor e a ausência de ar-condicionado devessem ter deixado o meu corpo com o mesmo cheiro pois a minha camisa debaixo do manto estava colada ao meu corpo por causa do suor.

Mais uma vez, meu corpo estava em um lugar e minha mente em outro. Um deles estava envolvido na persona do monge, mas minhas experiências eram moldadas por julgamentos do tipo mais comum. Era como sonhar acordado. Esse sonho tinha a estranheza de um ambiente que é familiar, mas de alguma forma diferente. Ou talvez eu que fosse diferente. Eu me sentia deslocado. *Estava* fora de lugar neste novo mundo. Era quase como se tivesse entrado no sonho de outra pessoa — e o sonho não me quisesse, tanto quanto eu não queria estar no sonho. No entanto, lá estava eu. Afinal esse era o meu sonho, o sonho que eu escolhera. *Não tenho que gostar desse sonho. Apenas deixá-lo acontecer. Não ficar preso a ele. Deixá-lo acontecer por si mesmo.*

Não sentia nenhuma conexão com aquelas pessoas. Apesar de anos de práticas que ativam a compaixão espontânea, tive que recordar lembretes básicos: *todos desejam ser felizes, ninguém deseja sofrer. Essas pessoas também conheciam a alegria e a desilusão, tal como eu. Também perderam seus entes queridos. Também conheciam o medo e a bondade. Iriam morrer também, assim como eu.* Por alguns minutos, repeti esses lembretes com genuína sinceridade; daí a aversão ressurgiu novamente.

Até aquela noite, imaginara meu cenário de retiro em termos de cavernas e lagos cristalinos nas montanhas, e vielas nas aldeias. Um amigo que viajava de trem na classe mais baixa descrevera as viagens como muito agradáveis: *os bancos são duros e às vezes os vagões ficam lotados, mas as janelas ficam abertas e o ar fresco pode entrar e, além disso, você pode comprar chá em todas as paradas.* Aquilo me pareceu ser uma coisa boa. Nunca havia imaginado nada semelhante ao que presenciava.

Nas horas seguintes, tornei-me tanto o professor como o aluno, revendo as lições como se estivesse de volta ao jardim-de-infância do monastério. *De onde veio essa aversão? Como surgiu? Veio da minha mente, do meu corpo ou do mundo exterior?* Minha respiração estava mais superficial do que o habitual. Intencionalmente, desacelerei e aprofundei minha respiração. Mas minha mente continuou a questionar e a comentar, fazendo julgamentos sobre cada detalhezinho. Ao perceber isso, entendi que tinha que voltar a minha atenção para a própria mente julgadora. *Minhas reações são verdadeiras? Minhas suposições estão corretas? De onde elas vieram?* Fazia as perguntas que meu tutor havia me feito no início do meu primeiro retiro de três anos.

Quando tinha treze anos, meu tutor Saljay Rinpoche me pediu para identificar sensações agradáveis e desagradáveis no meu corpo. Continuei tentando usar conceitos para provocar sentimentos: *pensar em chocolate gera sensações agradáveis. Pensar em lixo gera sensações desagradáveis.*

Mas essas imagens eram comuns, não me surpreendiam e nem geravam nenhum impacto no meu corpo.

Saljay Rinpoche dizia: *Você não precisa pensar. Apenas sinta. Sinta o que está presente no seu corpo.*

Eu não conseguia e perguntei o que fazer: *devo morder a minha língua ou cravar as minhas unhas nas palmas das mãos?*

Não. Você não precisa criar sensações. Tal como você está agora, sinta o que é agradável e desagradável.

Eu não conseguia entender.

Um dia, Saljay Rinpoche começou a lição dizendo: *tenho boas notícias. Amanhã as aulas estão canceladas. Teremos folga e podemos sair. O que poderíamos fazer?*
Folga! Eu adorava piqueniques e sugeri irmos a uma região especialmente bonita chamada Manali, ao norte do Sherab Ling, ao pé do Himalaia. Ela me fazia lembrar da minha cidade natal, Nubri, distrito no norte do Nepal, na parte sul da fronteira entre o Nepal e o Tibete. Saljay Rinpoche adorou a ideia.
Você está feliz? Saljay Rinpoche perguntou.
Sim! Exclamei.
Qual é a sensação no seu corpo?
Maravilhosa, disse a ele. *Sinto o meu coração aberto e feliz, e essa sensação se irradia como o sol e se espalha pelos meus membros.*
Essa é a sensação agradável, explicou Saljay Rinpoche.
Uau, finalmente consegui! Mais alegria! Mais sensação agradável!
Tanto um piquenique quanto um chocolate são imagens mentais; mas, no meu caso específico, um causou um impacto mais forte no meu corpo. Comia chocolate apenas ocasionalmente, mas não era algo tão raro quanto um dia de folga das aulas com direito a um piquenique. Na verdade, sempre ocorre uma sensação no corpo em resposta à atração e à aversão — mesmo quando ocorre em um nível sutil demais para ser detectado. Por exemplo, flores geralmente criam sensações positivas. São objetos de beleza e apreciação, usados para celebrar casamentos e homenagear os mortos. Aniversários são comemorados com flores, e as levamos para amigos doentes a fim de animá-los. Flores valorizam e animam a vida, e as oferendas de flores comunicam amor, cuidado e devoção. Quando chegamos à idade adulta, essas associações predominam na nossa relação com as flores; e, quando isso acontece, paramos de perceber a presença da resposta sensorial. A mente fica tão presa à sua própria história circular com as flores que não presta atenção ao corpo. No entanto, quando prestamos bastante atenção ao corpo, descobrimos que a sensação está sempre presente, não importa quão sutil ela seja.

Quando comecei a trabalhar com as sensações, precisava de gatilhos exagerados. Por exemplo, depois que Saljay Rinpoche criou uma sensação sem dúvida agradável, ele disse: *na verdade, não podemos ir. Eu estava apenas brincando.*

Meu lábio inferior esticou um beicinho e, de repente, me senti pesado e triste.

Diga-me agora, disse Saljay Rinpoche, *qual é a sensação no seu corpo?*

Meu coração parece fechado e apertado. Minha mandíbula está cerrada, e essa sensação desagradável de aperto está se espalhando por todo o meu corpo.

Comecei a rir. Finalmente identifiquei a sensação sem pensar. Sentado no chão do trem, pude ver que precisava rever essa lição pois *imaginara* a viagem de trem, mas não a *sentira*... até agora. Evocara o mundo exterior, mas havia excluído a sensação; contudo, os universos paralelos de corpo, mente e fenômenos externos são sempre interdependentes. A sensação é o elo entre o objeto e a mente; e parte do treinamento da mente diz respeito a tomarmos consciência das sensações mais sutis — conectar a mente a elas e ver como nos influenciam. Só então podemos nos distanciar da nossa reatividade e isso nos leva à liberação. Sem essa consciência, podemos nos perder completamente no mundo exterior.

Não fuja desses sentimentos desagradáveis. Não os manipule em sensações agradáveis. Fique com aquilo que é, com o que quer que surja. Eu estava tentando... mas a novidade de tudo acontecendo de uma só vez, e especialmente o impacto de estar sozinho, continuou me deixando transtornado. *Finja que você é um velho vendo as crianças brincarem,* sugeri para mim mesmo. *Apenas observe, encantado, mesmo sabendo dos obstáculos, dos desgostos, das tristezas, dos solavancos. Você conhece essas coisas. Agora é sua vez de ficar na beira do rio e observar a água passar. Apenas observe, sem ser levado pela correnteza.*

3. Nascido em berço de ouro

Para usar uma expressão que aprendi no Ocidente, *nasci em berço de ouro* — segundo os padrões nepaleses. Enfrentei problemas pessoais quando era mais novo, incluindo ataques de pânico graves; no entanto, as dificuldades enfrentadas pela maioria das pessoas nunca atingiram a minha vida. Não se tratava só de privação extrema, o que aparentava afligir os meus companheiros de viagem. Eu nem sabia como comprar uma passagem de trem ou ficar em uma fila. Pedir um táxi e pagar o motorista foram experiências inéditas. Tentei observar como os outros compravam seus copinhos descartáveis de *chai*, para o caso de querer comprar um.

Jogar lenha na fogueira me arrancaria do berço de ouro, embora, naquele momento, enquanto me sentava rígido e ereto no meio daquele pesadelo, cada uma das minhas células parecesse protestar contra o que me cercava. A cada parada, passageiros desciam e outros entravam. Nenhum deles havia demonstrado sinal de respeito pelos trajes do Buda.

Enquanto o trem balançava de um lado para o outro, as pessoas que tentavam caminhar pelo corredor para usar os banheiros não conseguiam deixar de pisar ou cair em cima das que estavam sentadas no chão. Cada vez que isso acontecia, eu recuava. Talvez tenha sido mais vaidade que aspiração o que motivou essa aventura. Afinal, passei toda a minha vida em comunidades fechadas, *uma após a outra. Que arrogância pensar que eu poderia imediatamente brincar nas ondas desta aventura da meia-noite.*

O ambiente excepcionalmente protetor em que fui criado não tinha residências palacianas douradas nem confortos luxuosos de um reino dos deuses, mas oferecia o mesmo isolamento e proteção. Quando criança, eu dividia o ano entre a casa simples dos meus avós em Nubri e o modesto convento do meu pai. Dentro dessas condições despretensiosas, eu tinha comida em abundância, roupas quentes, muita segurança e amor. *Reino* é um termo que usamos na minha tradição para descrever as emoções negativas. No reino dos deuses, as emoções dominantes são o orgulho e um desejo excessivo de prazer e conforto, que pode ser expresso de muitas maneiras diferentes. Por exemplo, aqueles que vivem no reino dos deuses — ou o desejam — são muitas vezes acalentados pela fantasia e seduzidos pelo conforto. A forma desse reino pode ser a de uma cobertura, a de preocupações com a mídia social ou um modo de ser negligente. Seja qual for a forma, quando somos vítimas das condescendências da mentalidade de um deus, perdemos o impulso de buscar significado, nos deixando cheios de uma ignorância presunçosa.

Meu treinamento monástico tinha como objetivo combater as aflições que caracterizam esse reino. Os mosteiros em que cresci eram bem vazios, sem nenhuma das conveniências associadas ao mundo moderno — nada de água quente, nem aquecimento e a dieta era limitada. Embora estivesse distante do mundo do prazer e do conforto, essa vida também me separava dos tipos de problemas que muitas pessoas enfrentam. Não conhecia nada a respeito da fome, do preconceito de casta ou do racismo; não vivi guerras nem reinados de terror. Não conhecia nenhum dos desafios enfrentados por tantas pessoas no mundo de hoje, tal como sair de casa para estudar ou trabalhar.

Nunca tive que encontrar um lugar para morar, me preocupar em pagar as contas ou comprar um carro. Muitas pessoas trabalham enquanto criam filhos e, muitas vezes, vivem bem longe das suas famílias. Nunca tive essas responsabilidades. Alguns de meus amigos são pais divorciados vivendo separados de seus filhos e isso, por si só, cria estresse e tristeza. Outros lutaram contra o vício em álcool e drogas, enfrentaram reveses financeiros ou desarmonia familiar — só tomei contato com os infortúnios comuns da vida moderna com as pessoas que conheci em minhas viagens para ensinar mundo afora. Tudo sempre tinha sido providenciado para mim por conta da minha posição e status.

Quando criança, eu era miúdo e tímido, e meu temperamento era obediente e respeitoso. Queria ser robusto como meu extrovertido irmão, Tsokyni Rinpoche, mas, comparado a ele, eu parecia meio insignificante e um pouco patético. Meu tamanho e meu comportamento devem ter sugerido que eu não poderia sobreviver sem medidas adicionais de precaução, pois sempre tive mais proteção do que precisava. Certa vez, minha mãe, um monge assistente e eu saímos de Samagoan — nossa aldeia em Nubri — para fazer uma longa viagem de ônibus até Gorkha, cidade administrativa do nosso distrito. Eu precisava de um carimbo do setor de passaporte para a próxima viagem ao Tibete.

Minha mãe conhecia um funcionário no escritório e pensou que ir pessoalmente aceleraria o processo. Quando chegamos a Gorkha, ela me deixou em um restaurante, pediu minha refeição e disse para eu ficar lá até que ela e o monge assistente retornassem. Meia hora depois, o monge voltou para se certificar de que a refeição tinha chegado. Explicou que minha mãe estava se encontrando com os funcionários e precisava voltar até ela, e que eu deveria esperar no restaurante. Depois de um tempo, fiquei entediado e fui para a rua. Entrei no prédio da administração e encontrei minha mãe. Ela ficou alarmada em me ver. *O que aconteceu? Por que você está andando sozinho?* A seguir repreendeu o monge assistente. *Por que você deixou o Rinpoche andar sozinho?* Mas a questão era que eu não tinha sete anos. Tinha dezessete.

Para quebrar o padrão do meu condicionamento, eu precisava fazer algo um pouco radical. Para romper nosso condicionamento e confrontar velhos hábitos, precisamos deliberadamente reverter um padrão comum, pelo menos por um tempo limitado: se habitualmente pegamos uma xícara com a mão direita, fazemos o compromisso de usar a mão esquerda; ou nos comprometemos a não olhar nossos dispositivos de mídia mais de uma vez a cada hora; ou por uma semana prometemos nunca exceder o limite de velocidade ao dirigir. Eu não dirijo, mas me disseram que isso pode ser bem difícil. Qualquer coisa que interfira na repetição cega pode funcionar como um chamado para despertar, um antídoto para o comportamento automático e desatento e para as fixações habituais.

A fim de estimular a curiosidade e a flexibilidade, é importante descobrir nossos limites e, depois, esticá-los um pouco mais. Em termos de estilo de vida, fazer um retiro como um monge itinerante para mim era, sem dúvida, uma expansão muito grande. Porque já tinha adquirido certo grau de confiança ao trabalhar com a mente e vencido os graves ataques de pânico sofridos na infância, abandonei o Tergar confiante na minha capacidade de superar obstáculos. Foi assim que acabei nesse trem, sozinho, no meio da noite.

Naropa deve ter partido do seu monastério cheio de confiança. Tenho certeza disso. Será que ele tinha algum dinheiro quando começou a viagem? Atualmente, as ruínas da Universidade de Nalanda são um local de peregrinação próximo a Rajgir, cidade situada no estado de Bihar, a poucas horas de carro de Bodh Gaya. Estive lá várias vezes. O caminho desse trem passaria lá perto. Na época de sua partida, Naropa era um estudioso renomado. *Será que ele levou textos clássicos com ele? Será que ficar sozinho foi difícil para ele? Onde será que passou suas primeiras noites?*

As pessoas à minha volta provavelmente teriam preferido a primeira classe. Mas eu estava aqui por escolha. Algumas pessoas optam por viver sem teto, mas muitas vezes ficam bastante perturbadas, talvez loucas, e não são bem-vindas em nenhum lugar. Essa não era minha história. Algumas pessoas estragam suas vidas por causa da depressão ou têm uma crise de meia idade.

Minha vida tinha sido excepcionalmente maravilhosa. Praticar a meditação, investigar a natureza do sofrimento e da libertação e ensinar o que aprendi com minha linhagem e minhas experiências eram as minhas paixões. Não havia mais nada que eu quisesse fazer — exceto aprender a aprofundar tudo o que estava fazendo. Meu intuito nesse retiro itinerante era criar deliberadamente problemas para mim — e talvez tivesse subestimado quantos problemas encontraria em tão pouco tempo.

Embora tivesse noção das muitas redes de segurança que haviam sustentado todos os aspectos da minha vida, nem sempre estivera pronto para rompê-las. Planejara esse retiro convencido de que o imenso valor das redes tinha se extinguido e que chegara a hora de conhecer o mundo sem elas. Eu também não estava imune aos atrativos da posição social e gostava do meu papel dentro da comunidade. Por mais que tivesse idealizado viver uma vida anônima, ser subitamente ignorado por todos ao meu redor era desorientador.

Então, pensei: *bem, isso não vai durar para sempre. Este retiro é um interlúdio precioso entre responsabilidades monásticas. Não estou fazendo o que Naropa fez. Ele nunca teve a intenção de retornar ao seu monastério. Nunca pensei em ficar longe para sempre. Voltarei e retomarei as minhas funções. Voltarei às minhas responsabilidades e à minha posição.* Além do status do meu pai, o pai de minha mãe, Lama Tashi, era um grande meditante cuja origem remontava ao rei Trisong Detsen. No século VIII, esse rei usou sua autoridade real para estabelecer o Budismo no Tibete. Ser o filho mais novo desta família proeminente me concedeu inúmeros privilégios. Logo fui reconhecido como um tulku —, um lama reencarnado — o que conferia ainda mais status à minha já eminente condição. Daí em diante, fui mimado e tive meus desejos satisfeitos, e cresci protegido como uma orquídea de estufa.

Certa vez, visitei um país europeu onde amigos me mostraram um documentário sobre sua família real. A princesa nunca teve permissão para andar sozinha na rua, e eu pensei: *igualzinha a mim.*

Eu também sou da realeza, um príncipe do Dharma de puro sangue. O que me deu na cabeça de passar minha primeira noite no mundo sozinho aprisionado em um trem calorento? Posso descer e comprar outra passagem para a primeira classe... Bem, esse foi um pensamento bobo... Preciso descobrir como lidar com o desconforto.

De acordo com os costumes, uma vez que uma criança é reconhecida como um tulku, ela é vigiada como um filhote de pássaro, cuidadosamente observada mesmo quando a mãe voa para longe. Durante os meses do ano que passava em Nubri, saía escondido de casa para explorar as cavernas ali por perto ou brincar com outras crianças. De alguma forma, minha avó sempre sabia onde me encontrar. Nunca preparei uma refeição, nunca limpei o meu quarto, nem nunca lavei as minhas roupas. A educação de um tulku consistia em aumentar o potencial para o despertar espiritual — um intenso treinamento da mente. Se eu tivesse que fazer tudo de novo, não escolheria outro caminho, pois, nas últimas horas, me senti resgatado pelo meu treinamento mais de uma vez, mesmo que ele tivesse me garantido as habilidades da vida prática de um cãozinho de estimação.

4. Impermanência e morte

Comecei a aprender sobre impermanência e morte muito antes de entrar no monastério, aos onze anos. A cultura tibetana tradicional estava tão intimamente ligada aos valores budistas que a tentativa de introduzir as crianças à realidade começava cedo, especialmente se alguém, como eu, cresceu dentro de uma família ligada ao Dharma. Digamos que você esteja chorando porque seu irmão bateu em você, ou que seu amigo tirou seu brinquedo. Alguém poderia lhe dizer: *chiwa mitakpa! Impermanência e morte! Não seja tão idiota. Se não pensar em impermanência e morte, sua vida nunca terá nenhum valor!* Isso pode ser comparado a um pai ocidental dizendo a uma criança: *não adianta chorar pelo leite derramado*. No entanto, no Tibete, o reconhecimento da impermanência e da morte era usado como a medida do que era realmente importante.

Um dia, vi uma bicicleta vermelha no mercado de Katmandu. Meus olhos se cravaram nela, e ela ficou estacionada dentro da minha cabeça. *Chiwa mitakpa*, meu pai me disse. *Esse brinquedo vai se desintegrar; vai morrer. Prender-se tão firmemente a um objeto que não tem nenhuma qualidade duradoura é como tentar segurar o ar em suas mãos. A bicicleta não pode lhe trazer a verdadeira felicidade.*

Entendi que o brinquedo poderia morrer, mas isso não tinha nada a ver comigo. Eu também queria crescer

Impermanência e morte

grande e forte como os meus irmãos mais velhos, mas crescer não tinha nada a ver com envelhecer. Não só este meu corpo nunca morreria, mas tinha certeza de que a ideia que eu tinha de *mim não mudaria*. *Eu apenas adquiriria atributos adultos como Mingyur Rinpoche*. Agarrei-me à suposição de que a personalidade individual era um processo de solidificação; como barro molhado, o meu tamanho e minha forma mudariam, mas isso não influenciaria o meu eu *essencial*, meu *verdadeiro* eu, mesmo sem ter ideia de quem era esse eu. Nem jamais saberia quem ele era — não nos termos que imaginara. Mesmo depois de ver que nossos carros param de funcionar e nossos computadores quebram, e de ter cuidado de animais de estimação e membros da família moribundos, não suportamos aplicar a certeza da impermanência a nós mesmos.

Desprenda-se do brinquedo. Não se apegue a ele, meu pai me dizia. *Quando nos apegamos a coisas que não duram — sejam brinquedos, alimentos favoritos, amigos ou lugares especiais —, estamos desperdiçando a nossa vida.*

Não estou desperdiçando a minha vida, me imaginei dando essa explicação a meu pai. *Não estou apegado aos papéis de monge, tulku, professor ou abade — embora pareçam ter uma força vital própria, à parte das minhas aspirações. Mas agora poderei vê-los melhor. Já conheço sua vacuidade essencial; sei que não são duradouros, não são sólidos e não existem como entidades independentes. Não tinha esse conhecimento no caso da bicicleta.*

A vacuidade refere-se ao fato de que as coisas não são tão sólidas e reais quanto parecem. Algo que seguramos em nossas mãos pode parecer totalmente sólido e imutável, mas isso é uma ilusão. Seja o que for, está mudando o tempo todo, e quando investigamos, encontramos mudança e fluidez onde antes supúnhamos haver permanência e solidez. Isso não torna o mundo fenomênico um *nada*; ao mesmo tempo, sua natureza essencial não é o que em geral pensamos que é. O constante reconhecimento da vacuidade — da claridade cognoscente e luminosa que existe além dos conceitos — é chamado estado desperto ou iluminado. Esse estado mental transcende palavras e conceitos.

Como esse estado não pode ser descrito por palavras e não pode ser imaginado pela mente conceitual, ele se presta a muitos nomes e descrições diferentes; é um paradoxo que embora nossa verdadeira essência seja vazia de pensamento conceitual, precisamos de conceitos para expressar a própria vacuidade. Todos nós temos dimensões da nossa mente que são luminosas, espaçosas e vazias. A questão é saber se reconhecemos esses aspectos ou não. A liberação surge apenas com reconhecimento, não pelo simples fato de termos essas qualidades naturais.

O reconhecimento da vacuidade não significa que nos afastamos dos nossos papéis na sociedade ou vivemos sem responsabilidades seculares. Mas sim que temos uma escolha em relação a onde colocar a nossa consciência plena. Com a sabedoria gerada pelo reconhecimento da vacuidade, podemos mudar a nossa conexão com as circunstâncias, mesmo com aquelas que não podem ser mudadas. E, apesar de nossas insatisfações serem inerentemente temporárias, insubstanciais e essencialmente vazias, isso não significa que possamos usar uma varinha mágica para fazer o câncer desaparecer, recuperar um relacionamento ou uma reputação ou ganhar um salário maior. Usar a vacuidade para justificar o abandono das responsabilidades cotidianas pode ser uma grande armadilha. Os tibetanos têm uma expressão que meu professor Guru Vajradhara Tai Situ Rinpoche muitas vezes repete: *mantenha a visão tão vasta quanto o espaço; mantenha suas ações tão refinadas quanto a farinha.*

A qualidade da vacuidade a que nos referimos nunca teve início; da mesma forma, não pode morrer. A natureza essencial da nossa vida nunca teve origem, é não nascida — como o próprio espaço. O espaço não nos oferece um lugar para residir, nem um ponto de apoio para firmar nossos passos. Na vacuidade, que é como o céu, não podemos ficar aprisionados. No entanto, cá estamos, vivos neste maravilhoso mundo de aparências, que sempre pode se beneficiar de um sábio discernimento. Com particularidades tão refinadas quanto a farinha, distinguimos as ações que têm a intenção de aliviar o sofrimento para nós e para os outros, e também para as que pretendem causar danos.

Ainda que estivesse usando as túnicas sem adornos de um monge budista, vi que provavelmente eu era a pessoa mais bem vestida do vagão. Minhas sandálias de borracha me tornavam um dos poucos passageiros usando calçados. Pensei em meus alunos leigos e imaginei como lidariam com essa situação. Suspeitava que viajassem principalmente na classe intermediária, e não na mais cara. Abaixei o olhar, endireitei as costas e perguntei: *o que estou sentindo agora?* Senti meu corpo inteiro travado pela tensão. Fiz um exame completo do corpo, um exercício que frequentemente faço à noite quando me deito para dormir.

Trouxe a minha atenção para o topo da minha cabeça e fui descendo muito devagar, permanecendo em alguns pontos para soltar determinados nós. Passei um tempo na minha testa e na área logo acima dos olhos e, especialmente, na região próxima às sobrancelhas. Estava tão contraída, como se estivesse presa a um alfinete de segurança. Desci então para as narinas, onde mantive a atenção até que relaxassem e parassem de arder. A área onde a mandíbula se conecta à cabeça sempre requer algum tempo. Movi a mandíbula para cima e para baixo para liberar esse nó resistente; a seguir, explorei o ponto médio entre a soltura e a tensão, o que me fez destravar os dentes. Os ombros eram outra área de tensão frequente que sempre levava algum tempo. Em seguida, prossegui para os pés. Não conseguia sentir a tensão nos meus pés, mas dediquei algum tempo a eles como uma maneira de trazer a energia da minha cabeça para baixo. Passei cerca de dez minutos percorrendo de cima para baixo. Depois disso, apenas repousei por mais alguns minutos, sentindo-me menos agitado do que havia me sentido por horas.

O exercício teve o efeito de trazer meus receptores sensoriais para dentro. Meus ouvidos e olhos permaneciam alertas, mas pararam de vaguear como localizadores de celulares. Cochilei por alguns minutos — até que fui acordado por um uivo cortando a noite como um relâmpago. Na fração de segundo que levei para reconhecer que era o apito do trem, já havia sido encurralado por uma multidão enfurecida ou atacado por uma explosão terrorista. O som não foi *apenas* um som. Foi um tiro ou uma bomba que prenunciava danos e destruição. Podia ouvir minhas projeções, mas não conseguia ouvir o som em si. Ironicamente, embora o som fosse tão alto a ponto de me dominar, ele não tinha interrompido minha mente interpretativa. Pensei nos bramidos graves e ressonantes gerados pelas trompas de bronze de quase dois metros de comprimento usadas nos rituais tibetanos — sons mais parecidos com buzinas de neblina do que instrumentos de melodia clássica, e que parecem ecoar do fundo de vulcões. Durante os rituais no mosteiro, às vezes eu ficava entediado e inquieto e começava a sonhar acordado. De repente, o toque das trompas cortava completamente a mente resmungona. O som invadia minha mente e meu corpo com um impacto tão explosivo que, por alguns segundos, não tinha nem mente nem corpo, e me tornava o som em si. *Por que será que isso não aconteceu com o apito do trem?*

Espere aí.... Preciso lembrar com maior precisão, pois nem sempre acontecia assim, especialmente quando eu era criança. Às vezes, durante os rituais que usavam muitos instrumentos, eu começava a entrar em pânico. Minha garganta começava a fechar e eu tinha que sair correndo do templo. Será que isso que ocorria agora era como naqueles tempos em que meu corpo repelia o som e a mente fixa se agarrava depressa ao medo?

Os cinco sentidos sempre comunicam informações neutras. Para o ouvido, o som é sempre apenas som, nada mais. O gostar e o não gostar são moldados pela mente interpretativa que lembra, adiciona, modifica e distorce os fatos: a mente interpretativa cria ficções completas em torno do som *apenas*, da visão *apenas*. A voz que fornece esse comentário recorrente é a mente do macaco. Ela tagarela, pula de um objeto sensorial para o outro, excessivamente ativa e bastante responsiva.

Tenho um aluno que uma vez alugou um chalé por uma semana na costa do Oregon. Todas as manhãs, acordava e deitava ouvindo os sons das ondas chegando na praia e retornando ao mar. *Swoosh, swoosh*, muitas e muitas vezes. Contou-me que nunca ouvira um som tão suave e que o som em si o fazia se sentir abraçado por um amor universal. No seu último dia, ele pôs as malas no carro e foi para a rodovia, planejando passar uma noite na estrada. Logo depois que escureceu, seguiu as placas rumo a um pequeno hotel, onde, exausto, deu entrada e logo adormeceu. De manhã, não conseguia acreditar na sua boa sorte ao despertar mais uma vez com o som rítmico e relaxante das ondas. Quando saiu da cama e foi até a janela, viu uma rodovia com seis faixas de tráfego na hora do *rush*.

Os erros de identificação das percepções sensoriais acontecem o tempo todo e fazem do corpo o melhor laboratório de aprendizado sobre a nossa mente. O que havia acabado de acontecer no trem? Meu ouvido havia detectado um som, não um som bom, nem um som ruim, apenas som, apenas o contato entre o órgão sensorial e o objeto. E depois? Minha mente foi engolida por uma história negativa a ponto de eu ter esquecido que as palavras, imagens e impressões que criaram a história não eram verdadeiras para nenhuma outra realidade além da que estava na minha mente. A mente do meu aluno foi absorvida em uma história positiva, mas, em ambos os casos, o fato de termos sido fisgados pela história significa que perdemos o contato com a percepção. Ambas as associações obscureceram a simplicidade do som *apenas*. É por isso que dizemos: *o corpo é a morada da mente que agarra.*

Ocorrem interpretações equivocadas sobre a fonte da sensação porque a percepção e a interpretação surgem quase que simultaneamente, tão próximas que se cria uma impressão forte, porém incorreta, de que a realidade interpretativa — seja ela boa ou má, cativante ou aversiva — está alojada dentro do próprio objeto e não na mente. Isso pode ser muito difícil. Quando ficamos com a cabeça presa nas nuvens — nuvens bonitas, nuvens feias — não conseguimos ver que elas são impermanentes, que têm vida própria e que vão passar, se deixarmos. Quando nos relacionamos com o mundo com uma mente cheia de prejulgamentos, erigimos uma barreira entre nós e a realidade *como ela é*.

Manter interpretações errôneas com uma mente rígida é o mesmo que agarrar-se a elas. Agarramo-nos ao que sabemos ou àquilo que se encaixa na nossa experiência limitada, e isso distorce a percepção direta e imediata. Quando nos sentimos ameaçados pela mudança, tentamos manter as coisas no lugar — o que é outra maneira de descrever o aspecto do eu que se recusa a deixar os padrões antigos morrerem. Mas, se não pudermos conscientemente permitir que os padrões morram, então não podemos aproveitar os benefícios energizantes da regeneração.

A impermanência — tal como a vacuidade — é uma característica inerente aos fenômenos. O reconhecimento da impermanência corrige as interpretações equivocadas de permanência; mas reconhecer a vacuidade diretamente é ainda mais útil para trabalhar com o apego. Reconhecer a fluidez de todas as formas enfraquece as falsas afirmações da mente fixa. Por sua vez, isso expande a nossa noção de quem somos e do que podemos fazer. Pode ser muito libertador saber que nossas histórias sobre o apito do trem, ou as ansiedades sobre nossos relacionamentos ou nossa reputação não estão inerentemente enraizadas dentro de nós, e saber que temos uma capacidade inata de transformação.

Porém, entender a impermanência como a camada exterior da morte pode ser ainda mais eficaz para cortar nossos hábitos mentais irracionais. Para que a transformação ocorra nos níveis mais profundos, não apenas reconhecemos a continuidade da mudança; reconhecemos que o processo de morte e regeneração fundamenta a verdade da impermanência. Esse é o maior encorajamento para a nossa liberação. Todavia, nosso medo da morte física nos faz resistir à ideia de morrer todos os dias. Confundimos as mortes renováveis dos nossos estados mentais com a morte definitiva do nosso corpo. Quando fazemos isso, toda forma de morte e de morrer aparecem no horizonte como um pesadelo inevitável, algo que passamos a vida desejando que não aconteça. Na verdade, com alguma investigação, podemos aprender que aquilo que mais tememos como um evento futuro está acontecendo o tempo todo.

Uma conversa que ocorreu entre duas mulheres americanas descreve essa relação íntima entre as formas de morte física e imaterial. Uma das mulheres veio me ver logo depois que seu único filho, de vinte anos, morreu após uma overdose acidental. Falamos sobre maneiras de ajudá-la a viver com essa perda trágica. Cerca de dois anos depois, a melhor amiga dessa mulher se viu passando por um divórcio muito doloroso.

A primeira explicou à amiga: *meu filho nunca mais vai voltar; não alimento fantasias sobre isso. Minha relação comigo mesma e o modo como eu me relaciono com o mundo mudou para sempre. Mas o mesmo é verdadeiro para você. Sua noção de quem você é, de quem está com você e de quem seguirá com você ao longo da vida, também mudou para sempre. Você também precisa chorar uma morte. Você está pensando que tem que aceitar esta situação intolerável fora de si mesma. Mas assim como eu tive que me permitir morrer depois da morte do meu filho, você deve morrer para o casamento que já teve. Choramos não só pela morte do que tivemos, mas também por nós mesmas, por nossas próprias mortes.* A profunda infelicidade da morte do filho dessa mulher abriu seu coração para a investigação da impermanência e da morte, indo muito além da sua própria história pessoal. Ela conseguiu ampliar seus limites, como explicou: *depois que perdi meu filho, não tinha mais nada a temer*. Ela transformou seu coração partido em sabedoria.

Podemos aprender com essa mulher sem precisar reviver sua tragédia. A morte do pequeno eu não pode ser realizada de maneira duradoura ou efetiva se negarmos ou contornarmos o medo da morte física; no entanto, trabalhar com pequenas mortes pode afrouxar as intensas ansiedades que envolvem a morte física. Existe um caminho natural entre a impermanência e a morte e, se continuarmos não querendo segui-lo, provocamos um curto-circuito nos notáveis benefícios da morte contínua. Abordar a finitude do nosso corpo sem prestar atenção às minimortes da vida cotidiana é como confundir diamantes com pedrinhas e jogá-los fora. Nada é permanente, salvo a mudança, e aceitar isso tem o potencial de transformar o medo de morrer em viver com alegria.

Agora eu estava morrendo, nesse trem, tendo começado essa jornada. Estava morrendo para a minha antiga vida. Estava fazendo o que planejara. Tinha tomado o táxi para Gaya e comprado sozinho a passagem para Varanasi. Agora, o desafio era abandonar a resistência às próprias mudanças que planejara e aceitar que os sons e cheiros desse trem poderiam ser tanto uma ocasião para viver com alegria quanto qualquer outra circunstância que um dia vivi.

5. Deixando a sabedoria emergir

Quando abandonamos a crença de que as coisas são imutáveis e aceitamos a experiência de que tudo é transitório, a tensão entre nossas expectativas e a realidade como ela é começa a se dissolver; nesse caso, saberemos que a perturbação desse momento vai passar e que, se mantivermos o reconhecimento da consciência plena, o problema se transformará sozinho. Não é necessária nenhuma ajuda da nossa parte para o problema ser solucionado. A natureza inerente de *todas as coisas* é a mudança. É a nossa preocupação com um problema que o entrava. Todavia, é mais fácil falar do que fazer. Não sabemos como permanecer com os aspectos não conceituais da nossa mente e, ao mesmo tempo, estar com a nossa experiência direta.

Estamos tão acostumados a nos identificar com as nossas ideias de quem somos e a fundir nossas identidades com pessoas, lugares e objetos, tais como nossos carros e casas, que a experiência da mente natural liberada de todas essas questões conhecidas pode ser assustadora. Pode ser mal interpretada como inexistência, como um tipo de aniquilamento; e, se não reconhecermos esse aspecto não conceitual como a nossa casa original, mais do que depressa nos esforçamos para fugir dele e buscar um lugar para aterrissar — o que significa que buscamos alguma identidade familiar com a qual possamos reemergir. Aqui, o mais interessante seria repousar a mente com suavidade nas qualidades da consciência plena. Vacuidade e consciência plena espaçosa têm qualidades cognoscentes, ou de conhecimento. Não se trata de inexistência. Da mesma forma que a respiração pode dar suporte à prática da consciência plena, as qualidades da consciência plena espaçosa podem, elas próprias, dar suporte ao repouso da mente em estados não conceituais.

Devido ao meu interesse em saber mais como meus alunos administram suas vidas em meio a horários irregulares, engarrafamentos, empréstimos estudantis, crianças chorando, tarefas domésticas e coisas assim, voltei a me perguntar que tipo de prática eles aplicariam à minha atual situação. Decidi que o exercício mais confiável para estabilizar a mente em meio às circunstâncias que estavam sendo vividas como aversivas, seria provavelmente uma simples meditação da consciência plena. A ideia é coletar as distrações da mente, movendo-a gentilmente para um objeto sensorial. Como os sons me causavam agitação, escolhi o som como objeto. Essa prática de consciência plena usa o som como suporte para a meditação: o objeto *dá suporte* ao nosso reconhecimento da consciência plena, mas não permanece sendo o seu foco.

Por cerca de um minuto, fiz uma avaliação de todos os diferentes sons ao meu redor. Então, selecionei o mais dominante: o ranger das rodas do trem. Direcionei a minha mente para repousar gentilmente nesse som.

Fique com o som.

Sem comentários.

Faça amizade com esse som.

Deixe os pensamentos, os medos, o estresse escoarem para o som.

Use apenas esse som para recolher a mente.

Se os pensamentos vierem, tudo bem. Apenas deixe-os ir. São como nuvens passando.

Retorne ao objeto.

Repouse.

Cerca de cinco minutos depois, removi a minha mente do objeto — o som do rangido das rodas — e deixei que minha

consciência continuasse aberta para que a minha mente reconhecesse vários sons — rodas, tosses, falas —, sem embarcar em nenhum deles. Damos a isso o nome de consciência plena aberta — ou *shamatha* sem objeto.
Deixe estar.
Seja o que for que surgir, não interfira, deixe estar. Fique com a consciência plena. Observe o som que surge dentro do reconhecimento da consciência plena.
Não vá em direção ao som. Não se afaste dele.
Sem escolhas, sem preferências.
Continue atento.
Repouse.
Logo os sons que tinham sido perturbadores se tornaram reconfortantes. Cerca de vinte minutos depois, consegui ter alguma distância entre mim e meu desconforto. A minha sensação expandida do meu eu tornou-se maior do que o problema. Foi capaz de acomodar a reação negativa ao som dentro de uma esfera maior, de modo que eu já não tinha mais o mesmo tamanho e a mesma forma do meu desconforto. A inquietação ainda estava lá. Não desapareceu, mas eu não estava mais preso dentro dela.

A consciência plena é a essência da nossa existência. Ela está ao nosso alcance o tempo todo e, no entanto, a maioria de nós não a reconhece. Uma lenda tibetana conta que uma família pobre vivia em um casebre de barro, com uma pequena fogueira no centro e um buraco no teto de palha para a fumaça sair. Punham galhos e gramíneas no espaço entre três pedras planas, dispostas a uma distância adequada para usarem uma pequena panela. Um dia, um caçador de tesouros chegou à aldeia e foi de porta em porta à procura de negócios. A mulher riu quando ele apareceu, explicando: *somos a família mais pobre da região e não temos nada que o interesse.*

De repente, o homem pulou da porta em direção à fogueira, seus olhos arregalados de surpresa. Examinou as pedras e disse a ela: *você não vê? Essas pedras contêm cristais de diamante! Vou vendê-las e vocês serão as pessoas mais ricas do vilarejo.*

Partiu com as pedras preciosas e, meses depois, voltou com moedas de ouro suficientes para transformar os indigentes em ricos donos de propriedades. Eles já eram ricos, mas não sabiam. Nossa consciência plena é o nosso maior tesouro, já o possuímos, mas não sabemos disso. Eu me senti restaurado por ter sido capaz de usar a minha mente de forma construtiva, mas isso não durou muito tempo. Durante toda a minha vida, me engajara em práticas de consciência plena em salas de meditação, viagens de avião, carros, palestras e reuniões. No entanto, continuava emergindo o pensamento de que jamais conhecera um ambiente mais desagradável do que o do trem. Essa era a mente do macaco em atividade, tentando me convencer de que havia um problema com o som, não com a minha mente.

Por meio da prática da meditação *shamatha*, os hábitos tumultuados da mente se acalmam; e então podemos investigar as características das águas calmas que estão além do controle do macaco. Isso é chamado *vipashyana* — ou meditação do insight. Eu conhecia intimamente a mente do macaco. Também sabia que quando desprezamos o valor de conhecer esse macaco, é como ter um carro sem saber como dirigir. Quanto menos conhecemos a voz tagarela e resmungona na nossa cabeça que nos diz o que fazer, em que acreditar, o que comprar, que pessoas devemos amar e assim por diante, mais poder damos a ela para nos comandar e nos convencer de que tudo o que ela diz é verdade.

Apesar do alívio que senti com a meditação do som, os sons intermitentes foram novamente condicionados pelo medo, e continuei oscilando entre sustentar a calma, o macaco descontrolado na minha mente e as contemplações nos sons. *Aqui e agora é onde o sofrimento surge,* pensei. *Entre o som e a projeção, entre as coisas-como-são e as coisas como-queremos--que sejam. Foi isso que o Buda ensinou: sofrer é perceber a realidade erroneamente.*

Mas, me questionei, *por que é tão difícil fazer a coisa certa? Neste trem, já passei pelo medo mais intenso que conhecera há muitos anos. E senti o meu corpo se contrair diante da resistência de estar onde estava. Sei que o medo de deixar as iden-*

tidades familiares — o próprio ego — é o medo da própria liberdade. E estou tentando...

Meu pai costumava me dizer: *se você não reconhecer a verdade da impermanência, não poderá alcançar a genuína realização. Precisa deixar a ilusão do ego morrer. Só então a verdadeira sabedoria pode surgir. Somente com a morte desse ego poderemos conhecer a liberdade.* Foi por causa disso que, afinal de contas, me empenhei nessa jornada. Mas não tinha previsto tanta novidade de uma vez só.

O termo *ego* — ou *eu-ego* — é frequentemente usado para descrever a camada externa autocentrada e fabricada do eu e, muitas vezes, falamos em deixar o ego de lado, dissolvê-lo ou transcendê-lo. Eu até havia pensado *que jogar lenha na fogueira* seria uma missão de suicídio do ego. No entanto, o uso comum do termo ego, tanto dentro dos ensinamentos budistas quanto no mundo como um todo, faz o ego parecer uma entidade que tem forma e tamanho, e que pode ser extraído como um dente. Não funciona assim. O ego não é um objeto; trata-se mais de um processo que acompanha a propensão de agarrar e continuar mantendo ideias e identidades fixas. O que chamamos de ego é, na verdade, uma percepção em constante mudança e, embora seja central na nossa história narrativa, ele não é uma coisa.

Portanto, o ego não pode realmente morrer e não pode ser eliminado ou transcendido. Essa tendência de agarrar surge quando percebemos erroneamente o fluxo constante do nosso corpo e da nossa mente e nos equivocamos ao ver esse fluxo como um eu sólido e imutável. Não precisamos nos livrar do ego — essa noção de um eu imutável, sólida e nociva — porque, em primeiro lugar, ele nunca existiu. O ponto chave é que não há um ego a ser morto. O que morre é a crença em um eu permanente e imutável. O termo ego ainda pode fornecer uma referência útil; mas precisamos ter cuidado para não iniciarmos uma batalha contra algo que não existe. Ironicamente, quando entramos em combate com o ego, fortalecemos as ilusões de um eu, tornando contraproducentes os nossos esforços para despertar.

Como o ego é muitas vezes identificado em termos negativos, especialmente entre os budistas, meu pai fazia questão de me lembrar de que também temos um ego saudável — ou um sentido saudável do eu. Isso diz respeito a aspectos do eu que distinguem intuitivamente o certo do errado, que podem discernir entre proteção e perigo, que instintivamente sabem o que é virtuoso e salutar. Só nos enganamos quando nos apegamos a esses instintos básicos e criamos histórias pretensiosas em torno deles. Por exemplo, usei o ego de uma maneira positiva para examinar e depois manter a disciplina monástica. Mas, se pensasse: ó, sou um monge tão puro, *mantenho meus votos com tamanha perfeição*; nesse caso, eu estaria em apuros.

Quando analisei minhas dificuldades de lidar com *muita novidade de uma vez só*, consegui ver o eu-ego como processo, não como uma coisa sólida. Não fui capaz de deixar que todas as minhas identidades anteriores morressem de uma só vez. Precisava de tempo. Precisava trabalhar com cada camada. Aceitei que os papéis que desejava jogar na fogueira eram fabricados, não inerentes ao meu ser. Mas eles não podiam ser extraídos como em um procedimento cirúrgico. Tinha crescido com eles e precisava me desenvolver para além deles.

Enquanto o trem rugia noite afora, eu continuava me sentindo estranhamente isolado dos meus companheiros de viagem, de mim mesmo e da vida de ontem. De certa forma, entendia o que estava acontecendo, mas nunca tive uma experiência tão visceral. Desejava descascar as camadas externas — mas elas não desgrudavam como fita adesiva. Nem permaneciam passivas no processo, ao contrário, lutavam para permanecer intactas, como se dissessem: *se não respeitarem as túnicas do Buda, eu as usarei com mais arrogância ainda. Se não puderem reconhecer que sou um homem diferente, então me isolarei, mesmo correndo o risco de mais infelicidade.* Oh, macaco traiçoeiro — que momento feliz estava tendo! Sua principal função é nos convencer de que o *verdadeiro eu* está nas profundezas desse emaranhado de fabricações aglutinadas, o eu real e fundamental que não pode mudar, que deve continuar sendo leal às suas ficções e hábitos neuróticos.

Com frequência eu retornava, como que repetindo um mantra, a lembretes fundamentais. *Mantra* significa "proteger a mente", e isso era exatamente o que eu estava tentando fazer, protegê-la de divagar demais em associações fixadas no medo. Mas esse esforço foi frustrado pela minha incapacidade de realmente transcender a minha própria reação às minhas circunstâncias, o que significava que *eu* estava orando por *eles* — os deploráveis *outros* que estavam no trem. Mais uma vez, desci em um reino gelado de constrição. Não queria que aqueles infelizes, com roupas rasgadas e cabelos emaranhados cheios de piolho, caíssem sobre mim toda vez que o trem chacoalhasse. *Sim, aspiro ser um iogue feliz em todas as situações... mas, esses bebês chorando... e o fedor dos banheiros transbordantes... Quem sou eu agora? Quem deixou essas irritantes sensações geradas pelos olhos, ouvidos, cheiros e toques tecerem uma teia que está me deixando encolhido, irritado e sozinho?*

Quando o trem fez uma parada, consegui passar do chão para um banco de madeira, e sentei com as costas contra as ripas do assento. Sabia que se realmente quisesse me tornar mais flexível, teria que descer para um lugar abaixo da separação entre coração e mente. Sentei ereto e abaixei o meu olhar. Por alguns minutos, apenas permaneci imóvel e fiz o possível para relaxar o meu corpo e a minha mente.

Primeiro, direcionei a minha mente para repousar suavemente na respiração e seguir seu ritmo.

A seguir, direcionei a minha consciência para as sensações nas bordas das narinas, onde o ar entra.

Consciência do frescor do ar ao inspirar.
Consciência do calor do ar ao expirar.
Consciência do coração batendo.
Consciência do sangue circulando.
Consciência da barriga se expandindo.
Contraindo.
Consciência do peito se expandindo.

Contraindo.

Depois de alguns minutos, acrescentei uma reflexão contemplativa. Isso quer dizer pensar mais com o coração do que com a mente. Permaneci consciente das sensações, mas acrescentei a dimensão da mudança. *Meu corpo está se movendo... mudando... a respiração entra e sai... mudando. Estou inspirando um ar novo, mudando, estou expirando o ar velho, mudando.*

Faço parte desse universo. Esse ar faz parte desse universo. Com cada respiração, o universo muda. Com cada inspiração, o universo muda. A cada expiração, o universo muda.

Cada inspiração enche meus pulmões. Cada inspiração traz oxigênio para o meu sangue. Mudança. O corpo mudando.

Cada sensação é temporária. Cada respiração é temporária, cada inspiração e expiração são temporárias. Tudo mudando, tudo se transformando.

A cada expiração, meu velho eu morre.

A cada inspiração, nasce um novo eu.

Transformando, renovando, morrendo, renascer, mudança.

Assim como o meu corpo está mudando, o mesmo acontece com todas as pessoas que eu conheço. Os corpos dos meus familiares e amigos estão mudando.

O planeta está mudando.
As estações estão mudando.
Os regimes políticos estão mudando.
Meus monastérios estão mudando.
O universo inteiro está mudando.
Dentro. Fora. Expansão, contração.

Continuei a manter a minha atenção ao movimento e às sensações e acrescentei o que me veio à mente: *este trem está mudando — suas peças estão ficando mais gastas a cada minuto. A estação de Gaya está lentamente desmoronando, o homem do outro lado do corredor de camisa xadrez está envelhecendo, o bebê abraçado à mulher de sari vermelho está crescendo, os monges do meu monastério estão aprendendo novas lições.*

Após cerca de dez ou quinze minutos, simplesmente repousei nessas sensações. Depois de mais alguns minutos, retirei a minha mente das sensações e apenas repousei na consciência plena em si — a qualidade viva e senciente que registra sensações com uma clareza imaculada além dos conceitos —, permanecendo assim por mais dez ou quinze minutos.

A confusão que surge quando nos apegamos às nossas crenças e expectativas obscurece a clareza inata da nossa mente desperta; ao mesmo tempo, essa mente conceitual confusa simplesmente não tem a capacidade de entender a mente além dos conceitos. Usamos a linguagem para descrever o despertar, a consciência plena, a vacuidade, a luminosidade espaçosa, a iluminação, a realização e todos os outros tipos de conceitos que desafiam descrições. Palavras podem apontar o caminho e, com certeza, podemos vivenciar o estado desperto interior; mas não podemos concebê-lo, e toda ideia que temos sobre o despertar fica muito distante da experiência. Isso fica óbvio quando começamos a trabalhar com a nossa mente.

A maioria dos iniciantes começa com a ideia de que a meditação é supostamente algo pacífico. Quando se sentem tranquilos, concluem que estão fazendo a coisa certa. Em breve, um pensamento ou emoção perturbadora irrompe, e isso é identificado como um problema. Não gostamos de perturbações. Começamos com essa preferência dualista. Queremos águas serenas no oceano, sem ondas. Quando as ondas vêm, dizemos que não conseguimos meditar; ou supomos que a presença das ondas significa que não estamos meditando corretamente. Porém, as ondas chegam de qualquer modo, sempre. O que muda é o modo como percebemos a sua chegada. Podemos nos relacionar com as ondas como se fossem monstros ameaçadores e tentar afastá-las.

Podemos aplicar certas técnicas mentais para abrandá-las; ou fingir que não as notamos e tentar negar sua presença. Mas não há libertação em tentar se livrar das ondas; e, na verdade, se examinarmos a mente que está tentando se livrar das ondas, descobriremos que ela está, de fato, presa ao problema. Está fazendo uma tempestade em um copo de água. Podemos também dizer a nós mesmos, intelectualmente, que *essas ondas são essencialmente vazias*. Podemos brincar com as ideias e os conceitos de vacuidade e usar a lógica intelectual para nos convencer de que a onda não é *realmente* um monstro. Mas o nosso coração ainda *sente* a ameaça e reage para nos proteger dela. Essa é a descrição do primeiro estágio de trabalhar com a mente.

No estágio seguinte, somos ensinados a repousar a mente no aspecto espaçoso e não conceitual da mente que transcende a dimensão de água abaixo da superfície, e isso nos dá mais confiança para deixar as ondas acontecerem. Ainda não as vemos como ondas *apenas*, mas a nossa perspectiva se tornou muito maior do que as ondas. Nossas histórias pessoais de medo e perda, de rejeição e autorrecriminação estão lá —, mas não permeiam cada pedacinho de espaço na nossa cabeça. Nossa mente fixa relaxou um pouco; e, uma vez que reconhecemos que nossa própria versão de realidade existe dentro de uma vasta experiência impessoal da realidade, as mesmas histórias não nos perturbam tanto.

Podemos começar a pensar: *ah, há uma onda se formando na superfície da minha mente. Ou há um monstro na minha cabeça. Está bem, sem problema.* Podemos reconhecer o problema sem reagir a ele. Vemos o problema, mas não o *sentimos* tanto como antes. A compreensão da vacuidade está saindo da cabeça do intelecto para o coração sensível da experiência. A proporção está mudando: quanto mais repousamos no reconhecimento da mente vazia e espaçosa, e quanto mais incorporamos a sabedoria da vacuidade, menor é o impacto das perturbações. A onda está lá, mas agora é apenas um pequeno movimento na vastidão do oceano. Mas, neste ponto, ainda estamos presos na superfície com as ondas e perdemos contato com o oceano abaixo delas.

No terceiro estágio, a onda não surge mais como um problema. Ainda é uma onda — grande ou pequena —, mas não ficamos presos a ela. Sentimo-nos confortáveis repousando dentro do próprio oceano.

O oceano não se transforma em algo calmo e parado. Essa não é a natureza do oceano. Mas, agora, estamos tão familiarizados com a vastidão do oceano que até as maiores ondas não nos incomodam mais. É assim que podemos, então, vivenciar nossos pensamentos e emoções — mesmo aqueles dos quais passamos a vida tentando nos livrar. Todo movimento da mente, e toda reação emocional, ainda é apenas uma pequena onda na vasta superfície da mente desperta.

Embora seja sempre livre, a mente permanece aprisionada em cerceamentos criados por ela mesma. A concentração em um objeto sensorial pode proteger a mente de se sentir dominada pelas ondas. Por exemplo, concentrar a mente em uma flor ou observar a fumaça de um incenso pode proteger a mente de ficar obcecada com as desavenças conjugais ou com um plano de negócios. Esse tipo de foco pode fornecer um alívio temporário. Ainda assim, não nos permite vivenciar a liberdade.

Quando nos conectamos com a nossa própria consciência plena, podemos conciliar o que quer que surja: as grandes ondas dos entes queridos morrendo e dos relacionamentos acabando, e as marolas dos computadores quebrados e dos voos atrasados. Nenhuma onda permanece a mesma; todas quebram na praia. Deixe estar. Deixe passar. Torne-se maior que o pensamento, maior que a emoção. Tudo está *sempre* em fluxo; ao deixar estar, simplesmente permitimos o movimento inerente. Podemos perceber a preferência e o desejo, mas ir ao encalço deles bloqueia o fluxo da mudança. A consciência plena contém a impermanência, não o contrário. Mas ambas têm isso em comum: a nossa liberação vem do reconhecimento.

Deixar estar nos possibilita ver que a nossa verdadeira natureza está livre de problemas, angústia e sofrimento — e que sempre esteve. Quando paramos de tentar acalmar a superfície — e aceitamos que a própria natureza do oceano é a mudança —, começamos a experienciar essa liberdade interior.

Mas não se trata de estarmos livres *do* sofrimento e *da* ansiedade. Trata-se da liberdade que pode ser vivenciada *com* o estresse e a ansiedade. Somos liberados do sofrimento ao perceber corretamente a realidade; isso significa que temos o insight e a experiência para saber que a nossa mente é muito mais vasta do que geralmente pensamos. Não somos do tamanho e da forma das nossas preocupações. Reconhecer a realidade *como ela é* torna o reconhecimento e a liberação simultâneos. No trem, todas as vezes que a minha mente foi tomada por ventos fortes, usei a continuidade da mudança para me levar de volta às percepções incondicionadas. *Deixe estar.* Se não tivesse confiado totalmente nas minhas próprias experiências e nos ensinamentos que recebi, de que a mudança é constante e que nunca estamos separados da mente espaçosa, que é como o céu, minha coragem para continuar poderia ter fracassado. Agora, mais do que nunca, sem amigos, sem abrigo, sem atendente, sem alunos, sem o papel de professor, a minha mente era a minha única proteção. E tive que confiar que a morte leva ao renascimento mesmo quando, no processo de morrer, essa confiança nos escapa.

A maioria de nós já experimentou renovação por meio de perdas muitas vezes. Um divórcio vivido como uma morte pode levar a outro relacionamento mais feliz e saudável. O pesadelo de ser demitido acaba sendo a melhor coisa que já nos aconteceu. Uma doença debilitante, inicialmente recebida com alarme e negação, se transforma em novas dimensões de compaixão. Mas tendemos a não confiar que essas sementes para o renascimento estão presentes dentro da mudança, dentro da perda e dentro da morte das circunstâncias. Mantive a confiança de que as chamas que deliberadamente alimentara conduziriam a transformações positivas, mas, neste momento, não tinha ideia de como isso aconteceria.

No trem, às vezes me lembrava de conversas tidas com meus alunos como uma maneira de ensinar a mim mesmo.

Um dia, uma jovem amiga de Hong Kong veio me ver. Não muito tempo antes, ela fizera uma grande mudança na sua carreira, deixando o mundo corporativo para assumir um cargo em uma ONG internacional. No entanto, descobriu que seu antigo emprego era mais agradável. As funções e atribuições da equipe eram mais bem distribuídas e suas metas alcançadas com maior eficiência. Ela se sentia mais produtiva em seu antigo cargo, e não conseguia deixar de comparar a nova situação com a antiga e encontrar falhas no trabalho atual.

Parece que você não está dando uma chance ao novo emprego, eu disse.

Ela concordou que não estava conseguindo abrir mão do que lhe era mais familiar.

Que tal pensar neste tempo como uma espécie de período de luto, perguntei. *Algo morreu e você está de luto pela perda. Continue presente com os sentimentos dessa perda e, quando sentir que encontrou uma solução, então poderá seguir em frente.*

Então ela disse: *entendo o benefício de reconhecer a mudança e a impermanência, mas ver essas mudanças como uma espécie de morte parece ser um convite para a morte.*

Respondi a ela: *sim, convide a morte, sirva-lhe chá e faça amizade com ela. Aí você não terá mais nada com o que se preocupar.*

Ela deu risada, mas prometeu tentar.

Eu mesmo havia convidado a morte. A morte das identidades. Conscientemente, deliberadamente, desejei deixar para trás o meu velho trabalho e queimar as identidades externas. Mas, como a mulher que mudou de emprego, estava resistindo à minha nova situação. *O que eu farei no bardo?*

6. O que você vai fazer no bardo?

O que você vai fazer no bardo? Meu pai indagou.

Um dos meus irmãos mais velhos havia se mudado para a área urbana densamente povoada de Katmandu e, depois de alguns meses, veio nos visitar no Nagi Gompa. Reclamou das buzinas e da fumaça dos carros e dos cachorros que latiam a noite toda. Encolhia-se todo ao descrever as canções românticas hindus estourando nos rádios de pilha e os falsos gurus fazendo sermões em alto-falantes.

Não consigo meditar, não consigo manter nenhuma serenidade mental. Meu sono é intermitente e me sinto estressado o tempo todo, explicou ele.

Com genuína preocupação, meu pai perguntou gentilmente: *o que você vai fazer no bardo?*

O que eu me recordo dessa conversa é que a cidade parecia emocionante e eu mal podia esperar para visitar o meu irmão lá; e, embora não fizesse ideia do que significava *bardo*, intuí que meu pai estava repreendendo o meu irmão mais velho e achei aquela conversa muito divertida.

Em minha tradição, investigamos seis estágios de transições entre a vida e a morte, chamados de bardos. A impermanência estrutura o ciclo todo e é particularmente proeminente no bardo natural *desta vida*, período que vai do primeiro ao último suspiro. Até que aceitemos a verdade da impermanência, a ignorância e a confusão vão obscurecer nossos dias. Fazendo uma breve introdução, o bardo desta vida inclui os bardos do *sono* e da *meditação*. Nesses primeiros três estágios do mapa do bardo — a vida atual, a meditação e o sono —, a ênfase está em se familiarizar com a mente durante o dia e durante a noite. Durante esta vida, não há nada melhor a fazer com a nossa preciosa existência humana do que familiarizarmo-nos com a nossa própria mente — e, basicamente, a meditação é a ferramenta mais eficaz para isso. Depois dessa vida, entramos no quarto bardo — o bardo da *morte*, que começa com o declínio irreversível do nosso corpo. O quinto bardo, chamado o bardo de *dharmata*, é uma transição semelhante a um sonho que leva ao último bardo, o bardo do *renascimento*. No final deste sexto bardo, nascemos em uma nova forma, e o bardo da vida começa outra vez.

Em linguagem coloquial, quando perguntou, *o que você fará no bardo*, meu pai estava se referindo ao bardo do renascimento, o estágio entre morrer e renascer — um período intermediário repleto de dificuldades para aqueles que não cultivaram nenhuma equanimidade mental nesta vida. Como parecia ser o caso dos dilemas do meu irmão, o termo *intermediário* também se aplica a uma mente agitada no curso desta vida. Meu irmão estava *entre* uma vida rural tranquila e uma experiência urbana barulhenta; estava entre o velho e o familiar, e entre o novo e o desconhecido; entre o passado e o presente.

A pergunta do meu pai, dirigida a cada um de nós, era: *o que você vai fazer em meio a sons assustadores? Ou em um trem lotado e fedorento? Ou em um ataque terrorista, ou em uma guerra, ou, ou... em qualquer um dos incontáveis eventos indesejáveis da vida: um diagnóstico de saúde debilitada, um pneu furado, uma percepção de ser menosprezado, desrespeitado ou rejeitado? O que você vai fazer quando sentir sua vida sendo interrompida por circunstâncias indesejáveis? Conseguirá manter uma mente estável capaz de acolher o que não deseja, e ainda ser de benefício a si mesmo e às outras pessoas? Ou implodirá de medo, raiva ou descontrole? Como agimos quando não obtemos o que queremos ou quando não queremos o que temos?*

Estou no bardo do renascimento agora, entre a morte do velho eu e o nascimento do que vem a seguir. Vir a ser e renascer, sempre no bardo do desconhecido, o incerto, o transitório.
Para os tibetanos tradicionais, os bardos categorizam os estágios do nascimento físico ao renascimento. Porém, muitos professores, incluindo meu pai e Saljay Rinpoche, transmitiam os ensinamentos do bardo como uma jornada interior da mente, e hoje esse também é o meu entendimento. Na versão convencional do bardo do renascimento, entramos no estágio intermediário entre a morte física desse corpo e o renascimento em uma nova forma; a mente perde a ancoragem vitalícia do corpo e prossegue para além da morte do corpo. Mas, se quisermos aplicar esse ensinamento de uma forma mais ampla, não precisamos esperar até a morte do corpo para conhecer o bardo do renascimento. A maioria de nós já teve a experiência de estar saudável e equilibrado — e, em alguns momentos, desmoronar.

Não conseguimos segurar as pontas; nossa colcha de retalhos se desfaz e perdemos o chão. Nós nos encontramos entre um estado mental e outro. Em casos extremos, nos vemos em cenários mentais totalmente desconhecidos e assustadores. Essas experiências de se desmoronar com frequência ocorrem em eventos traumáticos, incluindo violenta perturbação física ou psíquica. As ocorrências cotidianas de angústia e perda podem ser tão dolorosas e inesperadas que suspendem as ideias habituais que temos a respeito de nós mesmos. É o mesmo tipo de experiência que pode acontecer quando entramos em uma estação ferroviária infernal, na primeira vez que nos vemos sozinhos no mundo. A ruptura nos desmonta, e nos sentimos como se estivéssemos caindo ou nos afogando, descendo ladeira abaixo; nós nos esforçamos desesperadamente para voltar a um terreno firme, a fim de nos sentirmos seguros e apoiados — mesmo quando identificamos segurança como uma pequena ilha do território mental familiar acostumado a interpretações equivocadas.

O *bardo* pode ser entendido como "este exato momento." A momentaneidade deste instante é a suspensão contínua (ou pausa) entre nossas experiências transitórias, temporais e espaciais, como o pequeno intervalo existente entre essa respiração e a próxima; ou o surgimento e o desaparecimento desse pensamento e o seguinte. Esse intervalo também pode ser sentido como o *espaço entre* dois objetos: o espaço entre duas árvores ou dois carros — o espaço que fornece a definição; ou podemos entender esse intervalo como a vacuidade que nos permite ver a forma. Na verdade, *todas as coisas* estão *entre*. Por mais minúsculo que seja o intervalo, ele sempre existe; e está sempre entre parênteses. Dentro de todo o sistema do universo, tudo existe em relação a alguma outra coisa. Nessa perspectiva, referir-se ao estado entre a morte e o renascimento como *intermediário* é o protótipo das transições que ocorrem dentro desse ciclo de vida; os estágios do bardo esclarecem como essas transições emblemáticas da morte para a vida surgem na experiência cotidiana.

Sem algum entendimento das transições naturais, é fácil ficarmos presos a uma situação. Há muitos anos, li um artigo em um jornal sobre uma mulher que pediu o divórcio após trinta anos de casamento. Ao contrário das queixas mais comuns de infidelidade e abandono, essa mulher explicou ao juiz: *ele não é o homem com quem me casei.*

Agora eu me perguntava: seria possível entrar em uma relação tal como entramos em um trem? Sabemos que o trem vai andar, depois parar e se movimentar de novo, e as paisagens e o ambiente vão mudar. E se entrarmos em um relacionamento sabendo que a emoção do novo romance, ou a empolgação sobre a nova parceria comercial ou o encontro inicial com um mentor espiritual, no futuro, não será igual ao que foi no começo? E se a nossa expectativa for de que as novas circunstâncias positivas mudem, em vez de desejarmos que continuem as mesmas? O trem faz muitas paradas. Não tentamos prolongá-las, nem esperamos que ele fique em um lugar só. Ele passa por vários lugares, assim como passamos pelos bardos.

Os bardos nos mostram que tudo está sempre em transição. E, se *renascer* aplica-se às transições entre as identificações mentais no curso dessa vida ou ao longo de muitas outras, o desafio permanece o mesmo: nós nos libertarmos, abrindo mão de nos apegarmos às narrativas construídas pelo eu. Mesmo que não possamos identificar com precisão o início ou o fim de alguma coisa, incluindo os estágios do bardo, pode ser útil juntar as coisas em categorias. Cada bardo reúne características específicas de cada etapa da nossa jornada. As características do bardo natural desta vida oferecem oportunidades para despertar que são interdependentes, embora não sejam as mesmas oportunidades do despertar do momento da morte. Familiarizar-nos com as características que proporcionam o despertar em cada etapa significa reconhecer as grandes oportunidades para transformarmos confusão em clareza.

Com a ajuda dos exercícios de respiração, a velocidade da mente que deseja se apegar diminuiu, permitindo que eu me conectasse com o nível sutil da mudança constante. Cada ocorrência que traz a nossa atenção para a mudança nos ajuda a estabilizar o entendimento da impermanência como condição imutável da nossa vida. Como caminho para a liberação, o reconhecimento intelectual da impermanência deve ser incorporado pela experiência; então, podemos ter mais suporte para desistir de nos apegarmos àquelas coisas que não podemos manter, quer isso signifique o nosso próprio corpo ou as pessoas que amamos, os papéis que desempenhamos ou o nosso prestígio.

Mesmo no trem, tive lampejos da consciência plena nua, livre de ondas; não inteiramente livre, mas, sobretudo livre. Vislumbres de consciência plena pura podem ser transformadores, mas é preciso trabalhar para estabilizar a visão. É por isso que dizemos — *breves momentos, muitas vezes*. Muitas e muitas vezes. Sim, eu havia aprendido algo sobre a impermanência, e com certeza incorporara os benefícios do meu treinamento —, porém dentro de ambientes conhecidos, cheios de proteção e segurança.

7. As lições de Milarepa

Deixar a vida comum para virar um morador de rua diverge das convenções; contudo, eu estava seguindo os passos de Milarepa, o iogue mais querido do Tibete, assim como Tilopa e outros praticantes da minha linhagem. Durante os anos em que vivi como andarilho, esses predecessores foram meus companheiros; e, muitas vezes, estiveram comigo no trem a caminho de Varanasi, especialmente Milarepa, meu herói de infância.

Milarepa perambulou por um cenário parecido com a região de Nubri em que vivi. Minha aldeia situa-se na base do Monte Manaslu, a oitava montanha mais alta do mundo. Tremia diante da possibilidade de comer tripas de peixe como fez Tilopa, mas, mesmo que Milarepa tivesse ficado verde por comer urtigas todos os dias, eu ainda queria fazer o que ele tinha feito — dormir sob as estrelas e me sentir em casa na natureza. Mila, como é carinhosamente chamado, teve muitas encarnações em uma única vida, pois seu caminho foi entremeado de compaixão e violência, abundância e pobreza, infelicidade e bênçãos. Nada no meu entendimento, ou nas minhas aventuras, se compara às de Milarepa, mas a dimensão da sua vida — o que sabemos sobre seu início até o fim — abriu muitas portas de possibilidades para mim.

Quando criança, Mila passou por dificuldades que jamais vivi. Seu pai era um bem-sucedido comerciante de lã que morreu quando Mila e sua irmã mais nova eram crianças. Naquela ocasião, uma tia e um tio, aproveitando-se da viúva impotente, exigiram a posse das terras da família e forçaram os donos legítimos a se subordinarem a eles. Mila teve que se ajoelhar para suas costas servirem de assento para a tia, como se ela fosse a imperatriz da China; do mesmo modo, tornou-se suporte para o tio pisar quando ia montar seu cavalo. A mãe de Mila testemunhou essas humilhações e, quando o filho se tornou adolescente, incentivou-o a aprender magia negra com um feiticeiro local. Um ano depois, durante uma festa de casamento com a presença da tia e do tio malvados, uma tempestade de granizo invocada por Mila destruiu a casa, esmagando 35 convidados.

Até esse momento, Mila já havia nascido rico, renascido em servidão e renascido novamente em retaliação. A destruição de seus inimigos deixou sua mãe exultante, e ela desfilou sozinha pela aldeia, proclamando sua vitória. Mas Mila não participou dessas celebrações. Logo deixou a aldeia, tendo renascido mais uma vez na vida de alguém em busca de desenvolvimento espiritual, determinado a se redimir por causar tanto sofrimento.

Desde pequenos aprendemos com Milarepa que a felicidade não depende das circunstâncias. Seu infinito contentamento ao viver em temperaturas muito baixas, sem comida e sem roupas, transformou-o em um ser divino; porém, sua história humana tornou sua vida afável, mesmo que o elevado grau do seu entendimento permaneça inalcançável. Apesar disso, e apesar dos extremos da história de Milarepa, morte e renascimento caracterizam a história de todas as pessoas. Todos nós somos transformados pelo amor e pelas perdas, relacionamentos, trabalho, bondade e tragédias. No entanto, temos medo da mudança, pois quando nos identificamos com um padrão de comportamento, pode parecer que desistir signifique a própria morte. Muitas vezes, o temor inexprimível da morte física ainda distante se confunde com o medo mais próximo, diário e mais iminente — embora não reconhecido — da desintegração do eu. Em algum nível, sabemos que os rótulos que constroem nossas identidades não são reais; e podemos temer — talvez mais do que a própria morte física — que esses rótulos possam sumir, como uma série de máscaras em dissolução, expondo-nos de uma maneira que não estamos dispostos a arriscar. Muito do medo da morte física diz respeito à morte do ego, à morte das máscaras. Mas, se soubéssemos que existe uma realidade maior na qual vivemos, poderíamos ter menos receio da nossa própria autenticidade.

Quando saiu em busca de ajuda, Milarepa não tinha ideia de para onde estava indo. Porém, tinha algo que poderíamos chamar de *fé*, alguma confiança em sua própria capacidade de encontrar seu caminho. A confiança não pode amadurecer sem a aceitação da incerteza — uma lição que eu estava apenas começando a aprender. Quando cheguei ao Sherab Ling, eu era um dos muitos noviços que idolatravam Milarepa e aspiravam respeitar sua vida e sua linhagem, mas não sabiam a melhor maneira de fazê-lo. Como escrevi na carta que deixei para os meus alunos:

> ... durante o meu primeiro retiro de três anos, tive a sorte de estudar com um grande mestre, Saljay Rinpoche [1910-1991]. No meio do terceiro ano, eu e alguns dos meus companheiros de retiro fomos até o Rinpoche pedir seu conselho. Havíamos nos beneficiado tremendamente do retiro e perguntamos a ele como poderíamos ajudar a defender essa preciosa linhagem. "Pratiquem!" disse ele. O começo da vida de Milarepa foi cheio de dificuldades e sofrimento. Apesar de todo o carma ruim que criou na juventude, ele acabou superando seu passado sombrio e alcançou a completa iluminação enquanto vivia em cavernas isoladas nos recônditos das montanhas. Quando se iluminou, Milarepa pensou que não havia mais necessidade de ficar nas montanhas. Decidiu ir para áreas mais populosas onde poderia ajudar diretamente a aliviar o sofrimento dos outros. Uma noite, não muito tempo depois que decidiu partir, Milarepa sonhou com seu mestre Marpa. No sonho, Marpa encorajou-o a continuar em retiro dizendo-lhe que, por meio do seu exemplo, ele tocaria a vida de inúmeras pessoas.
>
> ... A profecia de Marpa se realizou. Embora Milarepa tenha passado a maior parte de sua vida vivendo nas cavernas em áreas remotas, milhões de pessoas foram inspiradas por seu exemplo ao longo dos séculos. Ao demons-

trar a importância de praticar em retiro, ele influenciou toda a tradição do Budismo Tibetano. Milhares e milhares de meditantes manifestaram as qualidades da iluminação por causa da sua dedicação.

Rinpoche respondeu: "Passei quase a metade da minha vida em retiro. Esta é uma maneira genuína de ajudar os outros. Se quiserem preservar a linhagem, transformem suas mentes. Vocês não encontrarão a verdadeira linhagem em nenhum outro lugar."

Ainda estava escuro, sem sinal do amanhecer. Mais pessoas dormiam do que conversavam. Estava neste trem há cerca de cinco horas, mas parecia uma vida inteira. Tinha passado por cenários bizarros, em um minuto habitando o reino dos infernos e, no próximo, ansiando por proteção como uma criatura no reino dos fantasmas famintos que jamais conhece satisfação. E, a seguir, retornando à meditação e ao recolhimento da minha mente para apenas ser — sem as distorções. Medo, desespero, vislumbres de coragem e consciência plena aberta. *Minha primeira noite. Estou aprendendo que não posso me apoderar da mente de um iogue andarilho da noite para o dia.*

A primeira vez em que aprendi sobre os seis reinos da existência foi em uma visita ao meu irmão mais velho, Chokyi Nyima Rinpoche, em seu monastério em Boudhanath, Katmandu. Devia ter seis ou sete anos. Um monge idoso foi designado para me mostrar o templo; paramos diante de uma grande pintura da Roda da Vida, e ele começou a explicar pacientemente a roda inteira, um intrincado diagrama de círculos concêntricos. O círculo maior é dividido, como uma torta, em seis reinos, cada um deles caracterizado por uma aflição proeminente; e cada aflição tem a capacidade de ser transformada em sabedoria. Yama, Senhor da Morte, segura a roda com suas garras. O velho monge e muitos disciplinadores da velha guarda, como acabaria descobrindo, concentravam-se nos reinos inferiores mais assustadores: os infernos, o reino dos fantasmas famintos habitado por criaturas esquálidas com gargantas compridas e estreitas e barrigas inchadas.

Ele falava em tom monótono, e fui ficando inquieto. Não queria seus ensinamentos sobre o samsara — o sofrimento e a confusão desta vida. Além disso, meu pai, que em minha opinião sabia mais de tudo no mundo que qualquer outra pessoa, já me explicara que o inferno era um estado de espírito, não um lugar. Ele insistia que as horríveis descrições dos infernos quentes e frios não se referiam à próxima vida, mas a esta. Explicou que a intenção real desses infernos era nos despertar para o castigo autoimposto infligido pela raiva. Quando agimos com raiva, punimos os outros e a nós mesmos. Nossa equanimidade evapora. Nosso coração se fecha. A capacidade de dar e receber amor congela imediatamente. Imbuídos pela nossa própria aversão, dizemos aos outros: *vão para o inferno*. Meu pai também explicou que, dentro da roda do sofrimento, nossos giros neuróticos contêm as sementes da liberação; e que o reino humano oferece a melhor oportunidade para despertar. Isso significava que eu poderia me iluminar nesta vida. Eu só queria aprender meditação e sair da roda, e o velho monge não estava me dizendo como fazer isso. Fugi dele e corri para encontrar o meu irmão.

Na roda, os seis reinos vão da aflição menor para a maior, embora não os vivenciemos em uma determinada ordem e não devam ser considerados de forma muito literal. Por exemplo, não precisamos ser ricos para conhecer as características do reino dos deuses; mas as características desse reino geralmente isolam a pessoa, e a riqueza pode ser usada para manter a pessoa isolada — ou acima — das outras. Meu próprio senso de separação era parcialmente resultado de minha criação privilegiada e da minha função e posição dentro do ambiente monástico. Essas circunstâncias são uma forma de separação, embora elas mesmas tenham me levado a correr os riscos das incertezas de um andarilho anônimo. Portanto, na estação de Gaya e no trem, o impacto de estar sozinho foi sentido como um reino infernal. Quando saí do Tergar pela primeira vez, e o táxi não apareceu, entrei na ignorância do reino animal, sem conseguir raciocinar; voltei à mente animal mais tarde, reagindo aos sons antes de investigar suas origens ou seu impacto. No reino dos fantasmas famintos de insaciável ganância, o desejo de proteção era como um anseio desmedido no meu coração. O reino dos semideuses manifesta a inveja, pois seus habitantes nunca deixam de desejar o reino dos deuses. Quando criança, minha inveja era dirigida àqueles que tinham mais liberdade social do que eu, especialmente quando era menino e desejava escapar dos olhos atentos dos meus cuidadores. Nessa viagem, me sentia um pouco magoado por ser totalmente ignorado; e minha mente saltou direto para o reino dos deuses, pois podia sentir o mau cheiro do orgulho.

Temos conhecimento do poder prejudicial das emoções negativas. Estudamos os reinos para aprender sobre a fluidez da mente. Qualquer coisa — incluindo a história de vida de Milarepa — que demonstre a constância da mudança ajuda a desmantelar nossos apegos à fixidez. Não me sentia sendo um hóspede antigo de nenhum reino; eu era um viajante, estava apenas de passagem e esperava poder me estabelecer no reino humano, onde dispomos de informação suficiente sobre o sofrimento para querer acabar com ele, e conhecemos o bastante sobre a felicidade para buscar um nível maior de satisfação.

A roda significa circularidade, perpetuação e sofrimento. No entanto, cada momento oferece uma chance de despertar. Se não nos conscientizarmos do motivo pelo qual nos comportamos da maneira que o fazemos, os padrões que nos mantêm girando no samsara são reforçados por comportamentos recorrentes. Nossas atividades de hoje tendem a se adequar às ideias de quem achamos que éramos ontem; e isso perpetua justamente o comportamento que limita a nossa capacidade de mudança e transforma nossas tendências em padrões aparentemente imutáveis. Essa é a natureza do carma.

Aspectos do nosso passado são levados adiante para cada novo momento. Ao mesmo tempo, cada novo momento também oferece uma chance de nos relacionarmos com os padrões antigos de novas maneiras. Se não aproveitarmos essas oportunidades, não haverá nada que interrompa o carma herdado dos estados mentais negativos. O livre-arbítrio é inerente a nós, mas ele só surge em uma mente que foi examinada. Nosso futuro é influenciado, mas não determinado ou predestinado pelo condicionamento passado. Até que aprendamos a examinar a nossa mente e direcionar o nosso comportamento, nossas tendências cármicas forçarão os hábitos a se ressemearem.

As pessoas da era atual costumam falar sobre si mesmas adotando posturas mentais estáticas, tais como *sou uma pessoa raivosa*, ou *sou essencialmente invejoso* ou *basicamente ganancioso*. A ênfase no traço dominante de um reino fortalece as tendências cármicas. Ao canalizar a nossa imensa complexidade para um contorno reducionista, somos levados a pensar que nos conhecemos, enquanto perdemos a maior parte do que existe ainda por conhecer. Isso nos mantém dando voltas em ciclos repetitivos e restringe nossas opções para descobrirmos quem somos. Esses reinos são considerados *aflitivos* exatamente porque nosso apego a eles restringe a nossa experiência. Todos nós passamos mais tempo em alguns estados do que em outros, mas, quando priorizamos um deles a fim de identificar o *verdadeiro eu*, diminuímos o acesso às intermináveis variações que influenciam como e o quê percebemos; e isso induz os nossos hábitos a se repetirem.

Os reinos podem nos ajudar a identificar emoções em termos de movimento, não como aspectos estáticos da nossa personalidade. Em vez de dizer: "*Isso é quem sou*," podemos reconsiderar e pensar: "é assim que às vezes *me sinto*." Dar um passo para trás cria algum espaço para manobras. A raiva, a ganância e a ignorância podem nos enredar — como armadilhas sedutoras para turistas —, mas não são residências vitalícias. O termo *reino* significa algo vasto, mesmo que não seja maior ou menor que a percepção que conferimos a ele. Dessa forma, o reino pode expandir a estreita largura da faixa do *eu*. Por exemplo, para saber como nos ver livres do inferno, devemos permitir a morte da agressão. Se habitarmos a raiva como se fosse a pele do nosso corpo, deixá-la se transformar é como se fosse a própria morte. Contudo, as tentativas de nos protegermos dessa morte apenas perpetuam as mesmas aflições que nos mantêm aprisionados.

É um hábito da mente experienciar a transição entre os reinos — entre respirações ou pensamentos — como sendo ininterrupta. No entanto, com a investigação, podemos aprender que há sempre uma lacuna, um momento de espaço entre as coisas que supomos ser contínuas, assim como as respirações e os pensamentos. Embora falemos de *momentaneidade* contínua, alguns momentos oferecem maiores oportunidades para reconhecer a lacuna e proporcionar um vislumbre da vacuidade. Vamos imaginar que inspiramos; cada momento ao longo do espectro da respiração é outro momento *agora*. No entanto, o momento que está mais próximo do final da inspiração — o momento existente no limite de uma evidente transição — intensifica nossa sensibilidade à mudança. Portanto, este momento tem maior potencial para acessar a percepção das lacunas que estão sempre presentes. No trem, eu estava no meio de uma grande descontinuação — uma descontinuação intencional e óbvia dos meus padrões. Estava no limite entre a inspiração e a expiração. Ainda não tinha partido e certamente não tinha chegado.

O sol acabara de nascer; não pude ver quando surgiu, apenas vi que já tinha nascido. *Estou no bardo do renascimento*, pensei, *atravessando reinos distintos*. Com o advento da manhã, mais vendedores de *chai* corriam até os vagões em cada parada e se aglomeravam ao redor das janelas. Mais embalagens plásticas dos pequenos pacotes de salgadinhos eram jogadas no chão. O trem estava atrasado, como de costume, mas logo chegaria à estação de Varanasi. *Estou no bardo da morte, tentando abandonar a minha antiga vida e ainda não nasci na minha nova vida. Pelo menos não estou aprisionado. Estou em movimento.*

8. Estação de trem de Varanasi

Pensei em usar a estação de Varanasi para iniciar a minha nova vida, passar alguns dias aqui e dormir no chão da estação. Definitivamente, parecia um ponto de partida. Contudo, essa jornada tinha raízes que remontavam à minha infância, embora fosse difícil identificar sua origem exata: as fantasias juvenis inspiradas em Milarepa; o momento em que saí do meu quarto na noite anterior; ou quando passei pelo portão principal; ou entrei no táxi ou no trem em Gaya. Cada evento foi um começo levando a outro começo.

O trem chegou por volta do meio da manhã. Me senti leve e cheio de energia só de conseguir sobreviver à primeira noite. Embora não tivesse dormido por mais de dez minutos a noite inteira, estava ansioso para ver o que o dia traria. Pela primeira vez desde que tinha saído do portão do Tergar, a emoção de novas possibilidades voltou e saboreei o cheiro da liberdade. Mas, enquanto caminhava da plataforma para essa estação cinco vezes maior que a de Gaya, eu aparentava estar mais confiante do que de fato me sentia, como que para disfarçar uma intuição assustadora de que a qualquer segundo eu poderia me sentir arrasado com tanta novidade, desmaiar ou fugir como um cavalo assustado.

Podia perceber a minha angústia crescente; assistia à antecipação como se visse um relâmpago se aproximando de um vale. Reconheci o desconforto no meu corpo.

Saudei essas sensações, curioso sobre o que poderia acontecer a seguir. Me senti como um daqueles bonecos de plástico, com a forma de um boneco de neve de tamanho natural, pesados no fundo. Podem ser golpeados de um lado para outro, mas não podem ser derrubados. Apesar da minha ansiedade, me senti pronto para continuar minha aventura.

Tinha uma ideia do que significaria tornar o mundo a minha casa. Sempre imaginei que a tranquilidade mental interior pudesse se estender a *qualquer* contexto, independentemente de se o meu corpo estava em um hotel internacional cinco estrelas, ou passeando nas favelas brasileiras, ou andando pela Times Square. Estar em casa em todos os lugares significava não ser fisgado pelas visões, sons e cheiros que atraem e repelem. Significava abandonar o impulso de escolher e aceitar os objetos que via, cheirava e ouvia, sem ir em direção a eles, mas sem me afastar deles; apenas permanecendo com a clareza da consciência plena e permitindo que todos os fenômenos ao meu redor, sejam eles quais fossem, passassem como nuvens.

Desejei entrar na estação de Varanasi com a tranquilidade que muitas pessoas reservam para voltar para casa depois de um dia duro de trabalho. Pensei nas pessoas da minha idade que haviam passado sua última década tentando conjecturar planos de longo prazo em relação a emprego, relacionamentos e estilos de vida; encontrar seu próprio caminho e estabelecer identidades pessoais. A tentativa de encaixar todos os planos poderia crescer a ponto de formar uma trincheira de proteção que ofereceria isolamento contra um mundo impessoal e desumano. Digamos que você vai para casa depois de um dia cansativo ou após percorrer um longo trajeto. Entra pela porta, muito grato por encontrar um refúgio contra um mundo incontrolável.

Você anda até uma estação de trem indiana em uma manhã quente de junho...

Tantos ratos e pombos. Com certeza, esta será um tipo de casa diferente de qualquer outra que já tive. A maioria dos meus amigos não convive com ratos e pombos. E ainda me pergunto quantos realmente se sentem em casa em suas casas. Não é isso

Estação de trem de Varanasi

que os leva a meditar e a conversar comigo? Não era isso que Saljay Rinpoche tentara me dizer quando eu tinha onze anos e, estando na Índia, sentia falta da minha família no Nepal, e ele me explicou que todos temos saudades de casa, todos ansiamos pelo nosso verdadeiro lar?

Quanto aos amigos da minha idade, na casa dos 30 anos e que vivem no mundo, eu conhecia um pouco da sua falta de motivação. Com frequência, a trincheira de proteção se transforma em uma rotina enfadonha, uma roda de *hamster* sem saída. As conquistas que antes prometiam propósito e satisfação não corresponderam exatamente às expectativas. O escritório com uma bela vista confere status, mas não a verdadeira confiança; a conta bancária talvez tenha aumentado em valor, mas nunca o suficiente. Tanto esforço para criar uma plataforma de pouso, mas as rodas do desejo e da insatisfação continuam derrapando. Na esteira das expectativas, segue-se a decepção. E, na maioria das vezes, vem acompanhada de recriminações. A culpa pode ter como alvo um cônjuge ou um chefe, uma cidade ou um presidente; então, mudar de parceiros ou de empregos ou de casa parece ser a maneira perfeita de regenerar uma vida que ficou paralisada. A dificuldade aqui é que essa repetição que parece benigna retém o desejo de liberdade logo abaixo da superfície. E a assim chamada atividade normal da roda do *hamster* mantém as pessoas fugindo de si mesmas. Isoladas, mas com muito medo de ficarem sozinhas. *Andar em círculos* descreve o mundo da confusão.

Minhas rotinas não se tornaram chatas ou insatisfatórias. Mas com certeza esta estação em nada se parecia com os quartos limpos e seguros do meu monastério, e eu só conseguia rezar para que essa jornada durasse tempo suficiente para descobrir por que não, para descobrir o que me refreou, o que me deixou tenso e desconfortável.

Ao longo do dia, perguntamos: *onde estão meus filhos? Onde estão minhas chaves? Onde está o meu celular?* Não temos a tendência de perguntar, *onde está minha mente?* Se pudermos nos treinar para desacelerar e observar os nossos pensamentos — não nos deixar levar por eles, mas apenas observar —, ficaremos maravilhados com os universos que atravessamos momento após momento. Em geral, não observamos a nossa mente e não sabemos muito sobre como ela funciona; o tempo todo, o alcance e a mobilidade dos nossos meandros mentais normais desafiam as ideias que temos sobre estarmos presos ou sermos incapazes de mudar.

Onde estava minha mente enquanto me aventurava pela imensidão da estação de Varanasi? Certamente, olhando para fora. Circulei pela desconhecida estação em um estado de alerta máximo para as ameaças. Pessoas caminhavam rapidamente em todas as direções. Alguns homens de negócios vestidos em roupas ocidentais carregavam maletas; garotas adolescentes de jeans apertados, camisetas e cabelos longos e lisos andavam de braço dado; os pais se debatiam com filhos e seus pertences; alguns viajantes puxavam malas atrás de si ou corriam atrás dos carregadores, e todos tinham que se deslocar quase colidindo uns com os outros.

Minha consciência comum não se apegou a nenhum objeto em especial, mas se movimentava enquanto eu examinava as áreas do meu novo habitat: onde os sem-teto tinham permissão para dormir; a área fervilhante do lado de fora da estação onde os pedintes se apinhavam; as pequenas barracas de comida gordurosa; as bancas de jornal; as portas para os salões exclusivos, os banheiros e os postos de polícia; as bilheterias e as entradas para as plataformas.

Esse passeio a pé pela estação foi típico de um estado mental intermediário. Tinha passado pelo portão do Tergar e saído da cidade. Não dormi em um lugar público e não tinha mendigado comida. Saí de casa, mas ainda não tinha me tornado um morador de rua. Desejara abandonar as túnicas de monge, mas ainda parecia um lama tibetano. Enquanto circulava em um ritmo lento e deliberado, imaginei que ia aparecer um local seguro para parar; e lá chegando, as ondas de desconforto se acalmariam.

Também me senti assim quando entrei no táxi, e quando finalmente encontrei um assento no trem — como se aquele local, um local arbitrário, pudesse aliviar o meu sentido de deslocamento. Isso não aconteceu, mas muitas vezes somos pegos na ilusão de que chegar a um destino predeterminado acabará com a agitação mental de se sentir *entre*. Isso acontece quando não conhecemos a continuidade da consciência plena — ou a conhecemos, mas ainda assim perdemos a conexão.

Dentro desta vida estou no bardo da mudança, transição, impermanência. Não morri a caminho de Varanasi e as formas externas que definiam Mingyur Rinpoche não se desintegraram. Nem eu era exatamente a mesma pessoa que havia deixado o Tergar. Passei uma noite como nenhuma outra, mas isso não me transformou em um fantasma, ou em um corpo transparente ou qualquer outra forma que possa se manifestar depois que meu corpo morrer. Entre Bodh Gaya e a estação de Gaya, eu também estava entre. Entre Gaya e Varanasi, eu estava entre. Nas últimas doze horas, minha serenidade tinha sido desafiada repetidas vezes.

No entanto, eu tinha o apoio da confiança de que os estados mentais eram tão transitórios quanto a própria vida, como a respiração. Desde o momento em que deixei o Tergar, eu estava literalmente *entre*. Mesmo entrando no trem e conseguindo um lugar para sentar, eu estava *entre* — como agora ainda estava, enquanto circulava pela estação. No entanto, o verdadeiro significado de *entre* não tem nada a ver com referências físicas, mas com a ansiedade do deslocamento, de ter deixado para trás uma zona mental de conforto e ainda não ter chegado a algum lugar capaz de restaurar esse conforto.

Na descrição literal dos bardos, *estar entre* descreve um estado de ser insubstancial e não material que está no processo de procurar retornar à substância. Procura se ressolidificar e, mais uma vez, tornar-se um corpo (tornar-se alguém). De dentro das nossas formas materiais, em geral sabemos que é simplesmente insuportável *não ser nada ou não ter um corpo (ou não ser ninguém)*. Nós, humanos, realmente não conseguimos suportar essa possibilidade — a menos que despertemos e percebamos que esse estado transitório e fluido é o nosso verdadeiro lar.

No entanto, estamos sempre em um estado de não saber e de incerteza. Essa é a natureza da existência. Como qualquer experiência da vida diária, o bardo do renascimento manifesta um estado intensificado de deslocamento, de desintegração, de não saber o que está acontecendo. As condições subjacentes aos momentos em que temos certeza e em que não temos certeza realmente nunca mudam. A mudança vem das nossas percepções. Quando entrei no táxi em Bodh Gaya, a ansiedade resultante do deslocamento diminuiu, mesmo o táxi correndo à noite a uma velocidade que ultrapassava em muito o limite de segurança. Quando estava na plataforma, imaginei que ao entrar no trem parte da ansiedade diminuiria. Mas o tempo em que passei comprimido contra a porta por uma parede humana provocou mais ansiedade. Presumi que as coisas seriam melhores quando encontrasse um lugar para sentar no chão, mas o contato contínuo com estranhos caindo sobre mim fez com que eu me sentisse isolado e agitado. Pensei que ficaria mais confortável quando encontrasse um lugar no banco, mas pouco depois entrei em pânico com o som do apito do trem.

Em nome da sanidade e do discurso social, falamos de inícios e términos. Iniciamos e terminamos uma viagem de trem, um telefonema, um dia. Começamos um programa de exercícios e chegamos ao fim das férias ou de um relacionamento. Falamos do bardo desta vida e do bardo da morte, seguido pela passagem onírica chamada bardo do dharmata e, a seguir, o bardo do renascimento. Porém, ao sair da conveniência da linguagem e de categorias, cada segundo manifesta o bardo do renascimento. Renascendo e renascendo. Todos os fenômenos sempre estão renascendo. É assim que a realidade funciona. Quando nos sensibilizamos para as transições sutis das emoções, ou da mudança do corpo, ou mudanças nas circunstâncias sociais, ou transformações no ambiente tais como diferenças de paisagem e luminosidade, ou o desenvolvimento da linguagem, da arte ou da política — vemos que tudo está sempre mudando, morrendo e renascendo.

Pensei que, da noite para o dia, eu poderia me tornar um sadhu, um iogue itinerante e abandonar todas as minhas funções externas de uma vez; mas não avaliei corretamente as maneiras pelas quais essas identidades haviam se instalado no meu corpo. Ainda tinha fé no plano de jogar lenha na fogueira e compreender o renascimento se queimasse a influência do eu sobre os sentidos. Sem fé na capacidade de regeneração, não podemos tirar o máximo proveito da morte a cada dia. Quando pensei em onde me sentar, nem sequer tive a ilusão de localizar um espaço seguro para me recompor. Encontraria um lugar para sentar, mas não seria um refúgio. Continuei a circular pela estação, o tempo todo me dizendo — e percebendo o paradoxo — que o ciclo do samsara não é predeterminado e que não estamos fadados a uma infeliz repetição.

Pensei nos amigos que haviam passado por mudanças de vida sem virarem seus mundos de cabeça para baixo. *Mas eu também não virei meu mundo de cabeça para baixo*, concluí. Estava claro que eu havia destruído o meu mundo intencionalmente; mas, em essência, estava aperfeiçoando um processo no qual estive mergulhado durante toda a minha vida. *Sim, estou jogando lenha na fogueira, mas esse fogo está ardendo há muitos anos. Não estou mudando de direção. Eu queimaria as identidades externas, contudo, em todas as formas internas importantes; esse retiro é uma extensão, um aprofundamento das mesmas aspirações que definiram a minha vida inteira.*

Um amigo de idade próxima à minha mudava de emprego a toda hora, às vezes pedindo demissão, às vezes sendo demitido. Eu não o via há alguns anos e, antes de sair para o retiro, ele veio me visitar. Dessa vez, ele estava dirigindo uma empresa de helicópteros muito bem-sucedida. Primeiro, teve que fazer um curso para tirar sua licença de piloto. Depois, alugou um helicóptero e começou a fazer serviços fretados. Agora, possuía quatro helicópteros e tinha dez empregados. Perguntei a ele qual era a explicação para o seu sucesso após tantas desventuras. Ele explicou que sempre foi muito orgulhoso para correr o risco de fracassar. *Até que estivesse disposto a falhar, realmente quebrar a cara, não consegui fazer nada.*

Agora, enquanto andava pela estação de Varanasi, me perguntei se estava pronto a fracassar, realmente quebrar a cara. Mas, além de voltar para o meu monastério, não conseguia imaginar como isso seria. Também pensei em uma mulher que tinha sido casada com um alcoólatra. Depois de muitos anos terríveis, o marido participou do programa de 12 passos e ficou sóbrio. Ela se sentia muito otimista sobre sua nova vida juntos. Um ano depois, eles se separam. Ela explicou: *enquanto ele era bêbado, eu sempre era melhor do que ele; quando se tornou sóbrio, não podia mais culpá-lo por tudo e me sentir superior.* Então, me contou que eles ainda eram próximos e vinham conversando a respeito de retomarem o relacionamento.

Eu perguntei: *o que seria necessário para isso acontecer?*

Ela disse: *teria de aceitar que sou merecedora de ser amada por alguém diferente de um bêbado.*

Perguntei: *e agora?*

Ela disse: *estou trabalhando para isso.*

Gostei da resposta dela e agora pensei, *eu também estou trabalhando para isso.* Trabalhando para ver todas as maneiras com que fui tratado como especial; e deixar isso fazer parte da consciência plena. *Sem pressionar. Sem rejeitar.* E ver também como tinha necessidade do tipo de proteção oferecida pelos meus atendentes e cuidadores — embora estivesse apenas começando a descobrir o quanto me tornei dependente dela.

Minha desorientação não diminuiu depois de conhecer a configuração da estação. Olhei para o meu relógio. Eram quase 11 horas. Logo a carta seria encontrada. Nela estava escrito:

... Nos meus primeiros anos, fui treinado de diversas maneiras diferentes. O tempo vivido com meu pai envolveu um treinamento rigoroso em meditação, mas eu não estava em retiro rigoroso, no sentido de que encontrava outras pessoas e podia ir e vir livremente. Meus três anos de retiro no monastério Sherab Ling, por outro lado, foi feito em isolamento completo. Éramos um pequeno grupo vivendo em um anexo fechado e não tivemos contato com o mundo exterior até o fim do retiro. Essas são duas formas de prática, mas não são as únicas. Como foi demonstrado pelo grande iogue Milarepa, existe uma tradição de vagar de um lugar a outro, ficando em cavernas remotas e em lugares sagrados sem nenhum plano ou programação fixa, apenas um compromisso inabalável com o caminho do despertar. Esse é o tipo de retiro que vou praticar nos próximos anos.

Alguns minutos depois que minha ausência fora descoberta, meu irmão Tsokyni Rinpoche e o meu único professor vivo, Tai Situ Rinpoche, seriam informados. Imaginei meu avô, que agora tinha 93 anos, sabendo do meu desaparecimento e dando seu sorriso desdentado de aprovação. Não me preocupava com ele, pois sabia que não ficaria preocupado comigo. Sua visão, tão infinita quanto o céu, poderia acomodar qualquer coisa. A notícia iria se espalhar, as pessoas expressariam preocupação. Para onde ele foi? Como vai se alimentar? *Quem vai contar para a minha mãe?*

Sentei no chão de pedra, na área designada para as pessoas passarem os dias e as noites. Os pedintes tinham que ficar do lado de fora da estação. Algumas dessas pessoas não tinham outro lugar para ir, porém outras estavam de passagem por Varanasi por uma noite ou duas, até tomarem suas conexões. Os trens na Índia são tão baratos que famílias inteiras podem viajar milhares de quilômetros para funerais e casamentos onde a comida deve ser abundante.

Cruzei minhas pernas e sentei com as costas retas, minha mochila no colo, as mãos sobre as coxas — a imagem perfeita de um monge disciplinado. Exceto que agora eu poderia me permitir observar o meu apego a essa função. Minutos depois também percebi que estava ficando bastante agitado de novo. O policial me olhou com um ar desconfiado. As pessoas à volta me olhavam. Minhas túnicas marrons atraíam curiosidade. Quando estudei os pedintes em Bodh Gaya, pensei: *eu consigo!* Passei horas me vendo segurando uma tigela de esmolas, sem banho, dormindo em um chão de pedra ou nas florestas. Mas a força do desamparo social com que tinha me deparado pela primeira vez na estação de Gaya escapara às minhas projeções.

Havia me concentrado na ausência de coisas como comida, colchões limpos e confortáveis, sabonete e banho quente. É claro que imaginei passar por essas austeridades dentro dos meus quartos impecáveis, comendo minhas comidas favoritas e cercado pelas pessoas que amava e que me amavam. O que me pegou desprevenido foi a sensação de constrangimento, de não ter um lugar para me esconder, de ser olhado, de me sentir consumido pelas minhas inibições.

Sabia qual era meu lugar entre as pessoas, e elas o conheciam muito bem. Quando viajava, o fazia como um emissário de uma esfera social seleta, e era tratado de acordo. Nunca superei completamente as inibições da minha infância. A alienação de mim mesmo transferiu-se para uma alienação em relação aos outros. Nem sempre tinha uma conduta pública relaxada ou um estilo social descontraído; o intenso constrangimento que estava sentindo agora era idêntico à onda que havia se abatido em mim quando entrei no trem na noite anterior. Dentro de minutos, eu não estava mais entre os humildes e indigentes, mas era alguém sendo olhado por lunáticos. Enquanto perambulava pela estação, vi pessoas se jogando nos trilhos para urinar e defecar.

Comecei a fazer o mesmo tipo de observação do corpo que tinha feito no trem, como uma maneira de relaxar — ou ao menos tentei, indo do topo da cabeça até as solas dos pés. Cerca de cinco minutos depois, o esforço se deslocou para sentir as mudanças dentro do meu corpo. Voltei a minha atenção para minha testa.

Sentado em quietude, tentei perceber qualquer sensação existente na testa, talvez calor, formigamento ou vibração.

Uma sensação sutil sempre ocorre, mas estava muito estressado para detectá-la.

Após um minuto ou dois, levei a mão à cabeça e mantive a palma a cerca de dois centímetros da testa, sem tocá-la, de modo que a palma da mão pudesse sentir o calor que vinha de dentro e o formigamento.

Estação de trem de Varanasi

Abaixei a mão e voltei a minha atenção para a testa. Mantive-a lá até que pudesse sentir uma mudança na sensação de calor à pressão, ao relaxamento.

Continuei atento a essa sensação, que sempre muda. *Deixe-a ir. Deixe-a estar. Mesmo que seja agradável, não se apegue a ela.* Tentei repousar na experiência da consciência plena estável.

A seguir, mantendo a consciência plena estável, desloquei minha atenção para o topo da cabeça. A intenção era me conectar com qualquer sensação. Senti meus nervos, músculos e pele tensos. Minha mente pairava sobre minha cabeça, contorcendo-se entre passado e futuro. Trouxe minha mente de volta para dentro da cabeça. Para dentro do meu corpo. *Tente sentir as sensações.* Se não pudesse sentir a sensação, tentava ficar com a consciência da ausência de sensação.

Observe se a sensação é sentida como agradável, desagradável ou neutra. A seguir, repouse.

Desloquei a minha atenção para a parte inferior da face, os músculos do maxilar, a boca, os lábios. *Fique com o que for que esteja acontecendo,* disse a mim mesmo, *e veja se consegue perceber mudanças, tanto nas sensações como na sua reação.* Queria reafirmar que cada átomo da superfície do corpo, cada pedacinho da pele, cada poro é um receptor sensorial que muda continuamente.

Precisava sentir novamente a continuidade da mudança, para lembrar que cada momento oferece uma chance para transcender a mente fixa — a base reprodutora da ansiedade e do estresse. Entre cada respiração e cada pensamento existem espaços totalmente livres de conceitos e memória, mas nossos hábitos mentais obscurecem essa informação. Como me permitiu reconhecer a mudança, essa observação do corpo me demonstrou que eu não estava fadado a esse intenso desconforto; porém, não conseguia relaxar e continuei sentado em rígida e obstinada determinação. O orgulho, a maldição do reino dos deuses, me impediu de me mover porque os ratos corriam entre os moradores do chão.

Em retrospectiva, é fácil entender porque eu chamava tanta atenção. Estava muito bem cuidado para me encaixar naquele contexto. Minhas túnicas ainda pareciam bem passadas, estava barbeado e minha cabeça recém raspada, tinha unhas cortadas e meus óculos ainda não estavam quebrados. Minha presença devia ser como a de uma experiência da classe média em uma favela. De certo modo, eu era. *Muitos dos meus alunos jovens andavam de mochilas, sem muito dinheiro. Eles têm uma casa para onde voltar... eu também. Suponho que a maioria deles viaja sozinho em trens, aviões e dirigem em rodovias. Certamente já compraram passagens de trem, cafés para viagem, programaram seus roteiros, pediram suas refeições e comeram sozinhos nos restaurantes.*

Levantei para usar o banheiro público e, quando retornei, uma família tinha sentado ali por perto. Pela primeira vez, alguém falou comigo. O homem perguntou: *você é da China?*

Sou do Nepal, falei.

Sua curiosidade se acendeu. Os indianos são indiscretos com os estrangeiros, porém, o Nepal não é tão estrangeiro assim, e não vale a pena conhecer os nepaleses. Ainda assim, ele foi amigável e quis conversar.

Ele usava um *dhoti*[1] esfarrapado e uma camiseta sem mangas. Tinha bigode, mas o resto do rosto estava barbeado. Ninguém na família tinha sapatos. A mulher usava um *sári* amarrotado de algodão leve, alaranjado desbotado, com uma das pontas amarrada frouxamente sobre a cabeça. O cabelo das crianças parecia desgrenhado, como se não tivesse sido lavado há tempos, e suas roupas não lhes serviam. Entre suas sacolas havia um grande saco de arroz e um fogareiro. O homem disse que pararam ali vindos de sua aldeia que fica ao leste, e iam visitar parentes mais ao sul. Viajavam muito nos trens de tarifa mais barata e o homem conhecia bem a estação. Começou a me contar quais as melhores barracas de chá, amendoins e biscoitos. Gostei de conversar com ele, mas logo virei meu corpo em um ângulo, e ele entendeu a mensagem para me deixar sentar em silêncio.

---

[1] N. T.: um dhoti é uma roupa indiana usada pelos homens; um tecido enrolado na metade inferior do corpo, ou entre as pernas, que depois é amarrado por um cinto. Já o *sári* é a roupa indiana feminina, um tecido longo (5 a 8 metros) que a mulher enrola no corpo.

9. Vacuidade, não inexistência

Um amigo inglês certa vez me deu um souvenir trazido de um tipo diferente de estação ferroviária, o metrô de Londres. Era um boné vermelho vivo onde se lia *cuidado com o vão*. Era uma advertência aos passageiros para ficarem atentos ao vão entre a plataforma e o trem. Caso contrário, poderiam cair no buraco e quebrar uma perna.

Cuidado com o vão, disse a mim mesmo, pois sempre existe um espaço entre reinos e entre pensamentos e emoções. No entanto, diferentemente do vão entre a plataforma e o trem, esse tipo de lacuna é sutil: difícil de ser percebido, fácil de ser perdido. Em uma visita a Singapura, fui levado a um restaurante elegante no topo de uma loja de departamentos no sexto andar. Enquanto subíamos a escada rolante, tive uma fantasia engraçada a respeito dessas lacunas. Imaginei que estava perdido no subsolo da grande loja de departamentos. Desnorteado e assustado, andava entre geradores e caldeiras escaldantes, canos de vapor, pistões sibilantes e motores hidráulicos barulhentos. Sem janelas. Sem ar. Sem coisas bonitas para comprar. Sem placas indicando a saída.

Em contraste com essa atmosfera infernal, o andar mais alto, o sexto — para onde eu estava sendo levado para almoçar — tinha um piso de mármore cor de rosa, paredes de vidro e varandas com plantas floridas. Vinte e quatro horas por dia, sete dias por semana, as escadas rolantes vão do reino dos infernos do subsolo para o reino dos deuses e voltam a descer, refletindo a fluidez contínua das transições mentais. Subindo pela escada, vi que não podíamos tomar a escada diretamente do térreo ao topo, ou no sentido inverso. Em cada andar, tínhamos que descer e pegar o próximo conjunto de escadas. Em outras palavras, há uma lacuna. Com treinamento, é possível se tornar consciente desse *espaço entre* — o espaço entre nossos pensamentos, nossos estados de humor, nossas percepções e respirações.

O que torna esse espaço tão precioso? Imagine que você olha para o céu nublado. Algumas nuvens são mais claras ou mais escuras que outras; movimentam-se rápido ou devagar, se dispersam, mudam de forma e se dissolvem uma na outra. Então, de repente, há uma abertura e, por um instante, vislumbramos o sol. Essa abertura nas nuvens é a lacuna. As nuvens representam todo o conteúdo comum da nossa mente indisciplinada, os intermináveis resmungos sobre nossos dias, nossas refeições, horários, doenças, nossos problemas do passado, nossas projeções. Além disso, esses pensamentos surgem orientados pela nossa história psicológica e condicionamento social, e passam pela nossa mente moldados pelos tons emocionais de desejo, ganância, raiva, inveja, orgulho e assim por diante. Uma nuvem após a outra entrando na mente, saindo da mente, devagar ou de modo turbulento, criando surpresas e incutindo medos. Somos tão capturados por essas histórias que contamos a nós mesmos, que nem tentamos olhar atrás das nuvens. Ou podemos confundir esse fluxo de nuvens-pensamentos com a mente natural que está abaixo delas. Mas, se prestarmos atenção, podemos reconhecer a lacuna, o espaço fugaz entre os pensamentos.

Um aluno certa vez disse: *queria apenas fechar a torneira.* Isso descreve a experiência comum da nossa mente do macaco: uma corrente de pensamentos em cascata, sem interrupção. Mas, por meio da consciência plena, podemos detectar que, embora os resmungos pareçam incessantes, existem lacunas, momentos *entre*, espaços vazios que oferecem oportunidades à nossa experiência para reconhecer essa mente aberta. Nesses espaços, vivenciamos a percepção pura. Sem tempo, sem

Vacuidade, não inexistência

direção, sem julgamento. As nuvens de resmungos e memórias desaparecem e o sol irradia. O espaço entre os pensamentos — como entre respirações e estados de humor — nos permite ter um vislumbre da mente nua, a mente que não é obscurecida por prejulgamentos ou padrões de memória. É aquele cintilar fresco que nos força a despertar e nos faz lembrar de que as nuvens são preocupações temporárias e superficiais, e que o sol brilha quer o vejamos ou não. A percepção desse espaço nos apresenta à mente que não se esforça para se apegar a uma história de amor ou de perda, ou a um rótulo de fama ou difamação, a uma casa, a uma pessoa, ou a um animal de estimação. É a mente livre das interpretações errôneas que nos mantêm presos a ciclos repetitivos.

Lacuna (ou vão) é outra palavra para "bardo." Fazer uma distinção entre o bardo desta vida e o bardo da morte nos oferece uma abordagem para o estudo dos estágios da existência; na verdade, esses estágios não têm limites ou fronteiras bem definidas, não têm um fim nem começo. Tudo está em fluxo. Tudo está continuamente emergindo, mudando, transformando, aparecendo e desaparecendo. Se a nossa mente não estiver presa a um reino específico, ou apegada a um conjunto limitado de identidades, e puder iniciar e responder ao movimento, e apreciar a transitoriedade, criamos uma atmosfera interior propícia ao reconhecimento desses espaços abertos.

A clareza que pode ser acessada por meio da lacuna é o estado desperto natural, não fabricado, que estava presente em mim nos reinos dos infernos da estação de Gaya e nos reinos dos deuses da minha vida anterior. Existia mesmo quando eu sentia nojo dos banheiros transbordantes, quando ansiava por proteção, ou quando me assustei com o apito do trem. Esse estado desperto não é dependente de condições. Ele existe agora. Nesse exato momento. Não aumenta nem diminui com atos de bondade ou crueldade. O que chamamos de *lacuna* refere-se ao momento fugaz da consciência plena nua, uma abertura de uma fração de segundo que nos introduz à nossa mente original e onde podemos provar o sabor de estarmos livres de confusão.

A resistência do eu para não se entregar pode ser bem violenta. Seu trabalho é permanecer no controle. O ego deste abade tinha vivido uma noite agitada. Mesmo que tivesse sido capaz de cortar as interpretações equivocadas, elas se reaglutinavam como bolinhos de *moti* — bolinho japonês de arroz glutinoso. Se os cortarmos ao meio, veremos como eles se grudam novamente. Essa é a tirania do eu que se apega. Porém, até um pequeno gosto de liberdade pode nos levar a uma nova direção.

A menos que tenhamos desenvolvido alguma compreensão dos muitos aspectos diferentes da mente, vislumbres da vacuidade não são necessariamente benéficos e podem, algumas vezes, criar perplexidade. As pessoas simplesmente não sabem o que fazer com eles. Uma amiga americana me descreveu um dia na praia, quando era adolescente. Era verão, estava relaxando com os amigos; de repente, ela "desapareceu." *Tudo estava lá — os amigos, a praia, a água — e tudo era cintilante e brilhante. Eu podia ver, podia ouvir, mas não estava lá.* Isso durou por dois minutos no máximo, e ela reportou não ter tomado nenhuma droga alucinógena. Não disse nem uma palavra sobre isso aos amigos. A experiência se tornou uma vergonha inexplicável, nunca compartilhada com alguém. Minha amiga pensou que talvez tivesse *perdido a cabeça*, que esse evento poderia ser um indício de insanidade. A associação entre psicose e essa ruptura/lacuna a assombrou por anos — até que começou a praticar meditação. Só então foi capaz de usar essa experiência espontânea para acessar camadas mais profundas do estado desperto.

Essa mulher também me contou que, décadas mais tarde, quando relatou esse episódio a amigos que também descobriram a meditação como caminho, muitos relataram momentos semelhantes de vislumbres espontâneos, assim como o receio de revelá-los. Ouvi esse tipo de histórias só de pessoas que praticavam meditação. Mas elas demonstram a natureza universal e inerente da nossa mente original, não fabricada.

Nas oito horas seguintes, o chão da estação parecia que ia me engolir. Meus ísquios, nádegas e joelhos doíam por estarem pressionados contra o mármore. Não tive a ideia de praticar sem uma almofada nos últimos meses. Estava muito cansado e percebi que a fadiga se misturava com aborrecimento. As pessoas à minha volta me pareciam muito hostis. Por fim, optei pelo dormitório do albergue do andar superior da estação.

Poderia ter seguido adiante com meu plano de dormir no chão da estação. Apesar dos obstáculos, e até por causa deles, ainda tinha bastante entusiasmo para enfrentar os desafios. Em um nível mais profundo, eu já tivera o reconhecimento da consciência plena há muitos anos e, mesmo quando perdia a conexão, confiava na sabedoria da vacuidade. Mesmo quando as ondas tinham sido muito mais fortes do que esperava, e mesmo quando me deixaram fazendo esforço para respirar, nunca perdi totalmente de vista a grande mente espaçosa e fui sustentado por ela. Nunca duvidei de fato da minha capacidade de permanecer com o reconhecimento da consciência plena, ou voltar a ela após algumas interrupções efetivas. Isso é o que teria me permitido dormir no chão se tivesse escolhido fazer isso.

Mas fiz outra escolha. Não queria bancar o super-homem. Não precisava provar nenhum ato heroico. E sabia que insistir nisso teimosamente complicaria a minha mente fixa. Exigiria muito esforço, e eu teria de entrar em guerra comigo mesmo. Não valia a pena. Decidi que, *se não consigo mudar da noite para o dia, tudo bem.* Paguei 100 rúpias (cerca de um dólar e meio) para um período de 12 horas e me deram um quarto que tinha cerca de vinte catres com armação de metal. O quarto não era nada amistoso nem limpo; era muito quente e não cheirava bem. Porém, depois do chão da estação, caí na cama como se tivesse caído no colo dos deuses.

Reconhecer o desconforto e dormir no dormitório estava mais alinhado com as minhas intenções — atiçar as chamas para que pudesse ver melhor o que ocorria dentro. Queria conhecer tudo que podia sobre esse constrangimento —, e não acabar com ele com o intuito de parecer confortável dormindo no chão da estação, quando não estaria. Sabia que, para uma emoção se transformar, ela precisava se tornar maior do que o habitual, mais clara, mais visível. Nos exercícios que fiz durante a viagem sempre havia uma testemunha; por exemplo, *eu*, aqui, trabalhando com esse som que acontece lá. O *eu* que testemunha nunca desapareceu. Havia sempre um observador. Agora, no dormitório, tive que perguntar: quem está sentindo o constrangimento? Quem era o "eu" a que o monge Nagasena se referia em uma das minhas histórias favoritas da infância?

Deitado no meu catre, me deixei levar pela história de um rei e um monge. Cerca de 150 anos após a morte do Buda histórico, um rei de nome Menandro encontrou o venerável monge budista Nagasena. O rei não conhecia esse monge e perguntou seu nome. O monge disse seu nome, mas acrescentou: *isso é apenas um nome, uma denotação, uma questão de uso convencional. Não existe uma pessoa individual que possa ser encontrada aqui*, explicou ao rei. *Nagasena é apenas uma designação.*

Mingyur Rinpoche também é apenas uma designação. Não sou o meu nome. Nem o meu título. Nem as minhas túnicas. Medito com a mesma aspiração que me levou a deitar nesse catre do albergue da estação: me desidentificar com o nome, com os títulos, as túnicas; e, assim, me conectar com a mente incondicionada. Somente com a mente incomensurável posso prestar incomensurável serviço aos outros.

O rei Menandro, então, perguntou: *quem está usando túnicas, quem gosta delas, quem medita, quem pratica?*

O monge respondeu: *a designação Nagasena.*

Quem está deitado aqui nesse dormitório na estação?

A designação Mingyur Rinpoche.

Instigando-o ainda mais, o rei indagou Nagasena: *será que os cabelos da sua cabeça são Nagasena?*

Não, disse o monge.

O rei perguntou se a verdadeira identidade deveria ser encontrada em outras partes do corpo, tais como *unhas, dentes, pele, carne, tendões, ossos, medula, rins, coração, fígado, membranas, baço, pulmões, intestinos, estômago, excrementos, bile, catarro, pus, sangue, suor, gordura, lágrimas, saliva, muco ou urina? Quem sabe no seu cérebro?*

Examinei o meu corpo, do mesmo modo que fazia quando era criança, à procura de mim mesmo. Com certeza *não sou as minhas unhas, os meus dentes, a minha pele*. O monge disse ao rei que sua identidade não poderia ser encontrada em nenhuma dessas partes do corpo.

O rei, então, perguntou se o monge era... *uma sensação de prazer ou dor, uma percepção, um impulso, ou um estado de consciência?*

Era mais fácil ter certeza de que eu não era uma parte do corpo do que ter certeza que eu não era uma percepção ou estado de consciência, pois várias vezes durante o dia anterior os meus sentimentos acabaram com minha serenidade mental. Poderia apostar a minha vida que eu não era o meu constrangimento, nem o meu fracasso, ou o meu orgulho ou pânico. Todavia, essas *coisas*, onde quer que se escondessem, estavam atormentando os meus sentimentos.

O rei, então, acusou o monge de mentir para ele: *você disse que é Nagasena quando não existe tal pessoa.*

Nesse ponto, o questionamento teve seu curso revertido. Foi o monge quem agora perguntou ao rei como ele havia chegado naquele lugar. O rei respondeu que tinha vindo de carruagem.

O monge indagou sobre a carruagem: *será a carruagem o eixo, as rodas, o estribo, as rédeas? O trem para Varanasi era as rodas, o vagão, a turbina, a armação de metal, o motor?*

O rei disse que a carruagem não era nenhuma dessas partes específicas.

O monge, então, perguntou se existia uma carruagem separada dessas coisas. *Não*, disse o rei.

Com isso, Nagasena sugeriu que o rei também estava mentindo: *você disse que veio até aqui de carruagem, mas não consegue dizer o que é uma carruagem.*

O rei respondeu: *não estou mentindo, porque é devido a essas partes que uma carruagem existe como um nome, uma denotação, um uso convencional.*

Exatamente, concordou o monge. *Por causa do meu corpo, da sensação, da percepção e coisas do tipo, Nagasena existe como uma denotação, um uso convencional, um nome. Mas, em última instância, não existe nenhuma pessoa a ser encontrada. Cheguei ao fim do diálogo tal como consegui me lembrar. Tudo bem, então eu não era a minha meditação, não era as minhas atribuições habituais, nem o meu status especial. Quem se levantará desse catre? Quem estava estressado no saguão de espera? Onde moram a paranoia e o constrangimento? Como eles surgem? Se não podem ser localizados, ou percebidos pelos sentidos, se as suas formas — tamanho e peso — se movem como nuvens, eles vão passar. Passar para onde? Minhas mãos não conseguem segurá-los. Oh, essa minha mente, quantos problemas ela me causa!*

Mentes vazias, corpos vazios, emoções vazias, mas não inexistência. As ondas que emergem na forma de emoções, desejos e aversões são também vazias, e sua força também é vazia. Entretanto, a força vazia da onda vazia tem um poder vazio de abalar uma mente também essencialmente vazia, mas que não sabe que é vazia, e está recheada de ideias. Mesmo se não criarmos uma história em torno da onda, teremos água vazia dissolvendo-se em um oceano vazio, como água sendo derramada em água. Sem problemas. As emoções em si não são o problema, mas sim como nos relacionamos com elas.

Mesmo que nossos sonhos nos façam acordar sorrindo, chorando ou gritando, dizemos que eles não *são reais* — enquanto insistimos que o medo, o pânico, o orgulho e o constrangimento *são* reais. Colocamo-nos dentro dos nossos sonhos e dizemos que isso não é meu eu real. Colocamo-nos dentro dos nossos medos e confusões e insistimos que são o eu real.

Esse corpo é real? Existe tal coisa de um eu "real" ou "falso"? Nagasena disse que seu nome, posição, partes do corpo e assim por diante não são falsos. Do mesmo modo, meu nome, corpo, medos ou aflições não são falsos. O termo *não eu* não se aplica a um "eu falso". No entanto, não é *real* da maneira que imaginamos. Nem nós nem o mundo à nossa volta é composto pelas qualidades sólidas, independentes, duradouras que projetamos. Nossas percepções são falsas. Os objetos da nossa percepção não são nem falsos nem verdadeiros.

Milhões de pessoas morrem todo ano, mas, se nós, ou alguém próximo a nós, for diagnosticado com uma doença terminal, perguntamos: *como isso aconteceu?* Uma questão ainda mais espantosa é: como é que mantemos dentro de nós essas interpretações equivocadas tão óbvias? Não podemos agarrá-las com as nossas mãos. Nem acorrentá-las. Só a mente tem o poder de aprisionar as afirmações totalmente falsas a respeito de quem somos. Há apenas um obstáculo para reconhecer minha própria vacuidade essencial — *a mente-nuvem que ficou presa na fixidez do constrangimento, ou apegada à minha posição, e a incapacidade ou falta de vontade de deixar essas nuvens passarem.* A informação não foi suficiente para gerar tranquilidade, mas me permitiu regenerar o entusiasmo para jogar mais lenha na fogueira.

Para entender que a própria vida é mudança, precisamos apenas olhar para nós mesmos e para as pessoas próximas a nós. Isso nos trará mais informação do que precisamos. Porém, não estamos dispostos a ver isso, e a negação causa *dukkha* — cuja tradução é "sofrimento". *Dukka* vai do tormento e agonia, a insatisfação, angústia, agitação e aborrecimento. Cada variedade reflete uma perturbação mental que surge quando substituímos a realidade como-ela-é pelo que desejamos que seja.

Minha própria experiência me ensinou que aprendemos essa lição — e aí os velhos hábitos retornam, e temos que aprendê-la outra vez. E outra vez. O embuste da mente habitual me foi apresentado em um incidente bem específico da minha infância em Nubri. Nossa casa ficava no topo de uma colina, e os garotos da minha idade moravam na parte de baixo. Nosso modo secreto de nos reunirmos era eu sair de casa primeiro, colocar as mãos em torno da boca e fazer um assobio parecido com um pássaro — *ca-cooooo*. Se me ouvissem, eles assobiavam de volta e corríamos para um bosque cheio de árvores bem altas. Os troncos e os galhos foram ficando retorcidos com o passar dos anos, alguns formavam arcos, uns se enroscavam nos outros ou tombavam para o chão.

No bosque, competíamos para ver quem conseguia subir mais alto e mais rápido. Como um macaco, me pendurava em um galho com uma mão, depois me balançava para outro galho acima deste. Um dia, balançava de galho e galho e, de repente, ouvi um estalo. Cai no chão de costas com minhas túnicas cobrindo o meu rosto. Ainda estava segurando o galho quebrado. Quando finalmente descobri minha cabeça, vi minha avó olhando para mim. Fiquei imóvel, esperando receber uma bronca por ter saído escondido. Em vez disso, ela me disse gentilmente: *dê-me o galho; quero lhe mostrar uma coisa*. Sentei e lhe entreguei o galho. Ela disse: *você pensou que ele era forte e resistente, mas veja*. Debaixo da casca, a madeira estava apodrecida e era macia como terra.

Nos dias que se seguiram, passei horas pensando naquela árvore, tentando compreender que as coisas não eram como pareciam ser. Meus olhos me enganaram. A árvore me traiu. Se não pudesse confiar nas aparências, então com o que poderia contar? Eu queria certezas. Queria que o galho me prometesse que não ia quebrar e que eu não ia cair. *Como podemos viver em um mundo sem nenhuma certeza, onde nem uma única entidade permanece confiável por um segundo sequer?* Que ideia insuportável era aquela!

Depois disso, quando competia com outros meninos, testava cada galho de cima antes de soltar o que estava embaixo. Mas o mais importante foi que a experiência me trouxe uma lição que precisaria aprender repetidas vezes. O que seria necessário para perceber uma árvore como um processo e não como um objeto, como uma forma que vive, cresce, envelhece, morre e se transforma? Sem falar das pessoas que mais amamos, ou... nós mesmos?

As lições sobre impermanência não são absorvidas de um dia para o outro. Nossos hábitos são arraigados demais. Aprendemos, temos insights, mas não os aplicamos, ou somos muito ameaçados por eles. O Buda mostrou que confundir impermanência com permanência era uma das principais causas do sofrimento. Conhecido como o Médico Supremo, Buda ofereceu a cura para a doença do samsara. No entanto, até que identifiquemos essa doença por nós mesmos, não aceitaremos a cura.

10. Se vir alguma coisa, avise!

Na manhã seguinte, retornei ao chão de pedra, com a intenção de dormir lá. Depois de passar a noite no dormitório, descer as escadas foi como descer de novo para o inferno, embora em uma versão menos densa que a do dia anterior — um inferno com mais ar, mais luz. As pessoas pareciam menos bravas, não faziam tanta cara feia, o policial pareceu menos ameaçador e o barulho não era tão alto.

Tinha bebido água, mas não comido nada desde que saí do Tergar. Fui procurar uma barraca de lanches, onde comprei um pacote de biscoitos e um copo de chá de masala — chá preto forte e delicioso feito com leite fervido e açúcar. Normalmente bebo chá sem açúcar mas, naquela manhã, pensei: *tudo está mudando, não existe nada normal*.

Levei meu café da manhã para um banco no saguão de espera principal. Os biscoitos, feitos de amendoim e lentilhas amarelas, eram deliciosos, porém salgados, e logo voltei à barraca para comprar outro copo de chá. E depois outro. No início, tinha guardado alguns biscoitos para comer mais tarde, mas acabei devorando todos.

Voltei para o mesmo lugar no chão de pedra, entretanto estava com tanta sede depois de comer os biscoitos salgados, que após um tempo me levantei e saí da estação para comprar água de um vendedor ambulante. Também comprei algumas castanhas torradas que vêm enroladas em um cone de jornal sujo. Depois voltei para a estação. *Que tipo de pedinte compra água engarrafada? Será que esse monge é um impostor? Talvez alguém me denuncie como elemento suspeito.*

Em uma visita a Nova York, vi comunicados nas estações de trem que diziam: se vir alguma coisa, avise. A intenção era alertar o público sobre atividades suspeitas, como o tipo de vadiagem que eu estava fazendo, embora em Varanasi eu fosse um entre muitos. Ainda assim, de Nova York a Varanasi, vi algumas coisas que pareciam muito semelhantes: a todo o momento passamos por mudanças físicas, atravessamos vários reinos de sofrimento a cada dia, e passamos por essas mudanças contínuas e incessantes na nossa vida diária e no nosso meio ambiente. O tempo muda, nossa mente muda, nosso corpo muda. Mudamos de emprego, de casa, de lugar.

Aceitar intelectualmente a impermanência é a parte fácil. Mas parece que nos falta um bom entendimento de como usar essa informação, como colocá-la a serviço do enriquecimento da nossa vida e das outras pessoas. Ao sair de casa, sem contar para ninguém onde estava indo, planejando viver na rua, eu confirmava a verdade da impermanência e também tirava proveito dela. Não precisava ficar preso à minha identidade de Mingyur Rinpoche. Não faria isso. É isso que não vejo: é isso que está me impedindo agora. Que confusão nossos hábitos criam prometendo tanto conforto, mesmo quando trabalham contra nós! Baseado naquilo que vejo, digo que a resistência à mudança nos coloca em desacordo com a realidade, e isso gera uma insatisfação *sem fim*.

Minha expectativa era a de que os templos, as imagens de Budas e os textos sagrados da vida no monastério fossem substituídos por florestas e praças nas aldeias; os outros passageiros seriam a minha sangha — meus companheiros — no caminho; essa estação seria o meu templo; os viajantes correndo para seus destinos seriam uma expressão viva dos bodisatvas de pedra do Templo Mahabodhi. Mas, naquele momento, gostaria de ter olhado em um caleidoscópio e chacoalhado a composição do sonho, pois não conseguia ver tudo isso como um reino búdico. Não conseguia ver que cada pessoa nesse lugar tinha natureza búdica — ou seja, a capacidade inata de sabedoria e compaixão —, exatamente na mesma medida que eu, nem mais nem menos.

Por volta do meio dia, eu estava faminto. Comida significava arroz e *dal* (ensopado de lentilha). Independentemente do que mais eu comesse, se não tivesse arroz e dal, era como se não tivesse comido. Agora, já fazia um dia e meio desde que comera o último. Olhei à volta e localizei o homem com quem tinha conversado no dia anterior. Pedi-lhe que recomendasse um bom lugar para comer arroz e dal. Ele me levou a uma barraca fora da estação. Perguntei onde ele iria almoçar. Respondeu que não tinha dinheiro e que ele e a família iriam cozinhar seu próprio arroz para o jantar. Disse a ele: *hoje vou pagar o almoço para você e sua família.* Juntaram seus pertences e nós cinco fomos para a barraca, comemos um monte e nos divertimos. Depois, todos voltamos para o chão de pedra.

Os estados mentais continuaram a se movimentar como se fosse uma porta giratória. Do mesmo modo que tinha acontecido na viagem de trem, os momentos de tranquilidade eram seguidos de aversão, irritação e julgamentos. Depois, aos poucos, os sons assumiam a posição de agente dominante da angústia, e, em especial, os avisos públicos que anunciavam aos gritos os números das plataformas.

Lembrei-me de um aluno do leste europeu, um homem imenso que dava dois de mim. Ele era um pouco grosseiro, mas nunca rude. Explicou-me que o rigor intelectual do Budismo Tibetano lhe interessava muito, mas que achava a tradição muito ligada à própria cultura e por demais *religiosa* — uma palavra que pronunciava com especial desdém. O que o incomodava mais eram os cantos no início de cada sessão de prática. *Quero só sentar e meditar,* reclamou.

Tudo bem, disse a ele. *Sem problemas. Faça isso.*

Ele tentou fazer isso durante o nosso retiro em grupo, mas descobriu que era impossível porque a sala era muito barulhenta.

Sugeri que dedicasse aquele tempo para praticar a meditação do som.

Ele tentou, porém não conseguia praticar a meditação do som porque estava muito irritado com o som do canto. Sugeri que usasse o tempo para se perguntar, *onde a irritação começa?*

Ele reconheceu que, mesmo antes de entrar na sala de meditação, já estava tão apegado à sua aversão que sua mente não tinha nenhum espaço para indagações.

Onde minha própria irritação começou?

Cada hora que passei planejando esse retiro tinha me enchido de alegria. Estava me sentindo muito confiante. Nos meses antes de partir, houve momentos em que tive medo que meu entusiasmo acabasse revelando o meu segredo — em especial quando estava perto do meu irmão, Tsokyni Rinpoche. De todos os meus irmãos, ele é o mais próximo de mim em idade, e compartilhei mais da minha vida com ele do que com qualquer outra pessoa.

Atravessar o portão do Tergar teve um impacto tão importante — como um choque, um raio caindo sobre a mente do macaco. Foi como se, por um minuto, todos os resmungos, todos os comentários conceituais tivessem cessado abruptamente. Foram interrompidos. E o sentimento era maravilhoso. A mente além das palavras, além dos conceitos. Reveladora, vívida. Mas daí o táxi não veio, escorreguei na lama, tive medo de ser visto e não tinha um atendente. Foi *aí que a irritação começou. Essa explicação é muito simples.* Sabia que eu mesmo não era o rótulo de Rinpoche, ou qualquer outro título. Porém, pensei que essas realidades ilusórias poderiam ser mais facilmente descartadas do que seriam — afinal, nada mais eram do que ideias. Eram apenas conceitos vazios. Não existiam de verdade. Não faziam parte do meu verdadeiro eu. Tinha até suspeitado que essas identidades estivessem vivendo mais profundamente dentro de mim do que fora capaz de reconhecer na rotina dos meus dias, mas não conhecia a extensão com que tinham se instalado em meu corpo. Como eram fabricadas, construídas, não inerentes, sim, poderiam ser transformadas —, mas com mais trabalho, mais tempo e mais paciência do que eu havia previsto. Não seriam obrigadas a parar de funcionar por volição, como tirar um chapéu de sol à sombra. Isso seria como dizer: *eu sou vacuidade, comida é vacuidade, fome é vacuidade*, e a seguir morrer de inanição, sem beneficiar ninguém.

Sentado no piso da estação, sabia que, por essas sensações serem tão intensamente perturbadoras, significava que deveria estar me interpretando mal. É assim que o sofrimento sempre funciona — nossas interpretações equivocadas nos transformam em alvos. Lembrei-me de quando observava as pessoas nos parques no sudeste da Ásia praticando a arte marcial do tai chi chuan. Olhava-as de lado, maravilhado em descobrir que a defesa era baseada em fluidez e não em resistência. No tai chi, para um mestre das artes marciais, o golpe do oponente não tem um lugar para atingir. O mesmo acontece com um mestre da mente. Quanto mais rígido for nosso sentido do eu, mais superfície oferecemos para a flecha atingir. *Quem está recebendo essas flechas? Quem se ofende com esses barulhos ensurdecedores? Quem a não ser o grande lama de boas e impecáveis maneiras, enojado com o mau cheiro dos banheiros e odores dos corpos. Gostaria de poder ver esses mendigos com o mesmo amor e apreciação que tenho pelos meus alunos... mas essas pessoas não estão me venerando, não estão se prostrando para mim e não me respeitam.*

Você pediu por isso! Sim, sim. Eu sei... mas... ainda estou usando meus chapéus superiores em minha cabeça superior, mas ninguém consegue vê-los. Essas pessoas ao meu redor, cegas ao Mingyur Rinpoche, não estão agindo adequadamente, e isso é confuso, e não sei o que fazer.

Sentei em silêncio enquanto minha respiração voltava ao seu ritmo regular. Durante vários anos vinha percebendo um crescente apego ao meu papel de professor — crescendo como cracas. De modo imperceptível, aderindo um pedacinho de cada vez. Compartilhar o Dharma era profundamente gratificante. Era a coisa que eu mais queria fazer nesse mundo. Porém, havia intuído que começara a me inflar como um pavão com a atenção que recebia nas viagens pelo mundo, sempre sendo tratado como alguém especial e importante. Podia quase me pegar — mas não muito — me voltando em direção à bajulação, como uma flor se curva em direção ao sol.

Isso me fazia sentir acolhido e alimentado até que, aos poucos, os perigos ocultos começaram a ficar evidentes, e eu me senti saindo do meu caminho. Meu pai havia me dito muitas vezes para não deixar de cortar meus apegos tão logo pudesse. Cortar meu apego ao fato de ser um professor tinha sido parte da minha motivação para fazer esse retiro, embora nunca tivesse vivenciado esse sentimento com tanta precisão. Meus silenciosos acessos de raiva em direção às pessoas ao meu redor eram como se um furúnculo tóxico tivesse estourado, e agora a cura poderia começar a acontecer.

Precisava me movimentar e levantei para comprar outra garrafa de água. Fiquei por ali perto da barraca. Perambulei pela estação por alguns minutos e depois voltei para a mesma área. A família para quem havia pagado o almoço cochilava tranquilamente, as crianças usando os pais como travesseiros. Senti falta da minha família. Senti falta de ser cuidado — não apenas da proteção que o cuidado proporcionava, mas do afeto também, e lutei contra as lágrimas.

11. Uma visita do pânico, meu velho amigo

Depois de uma hora sentado em relativa calma, o desconforto aumentou novamente como espinhos perfurando a pele. Logo concluí que esse sonho ruim extrapolava os ataques de pânico dos quais sofria na infância. Eles começaram quando eu tinha nove anos e, por mais ou menos cinco anos, o gatilho desses ataques era o clima inóspito tais como chuvas de granizo, trovões e relâmpagos, e também quando estava cercado de pessoas estranhas. Começava a ficar tonto e nauseado e, a seguir, paralisava como um veado diante de um farol. Minha garganta se fechava. Começava a engasgar e a suar. O acesso à razão desaparecia. Não conseguia ser confortado nem ouvir explicações lógicas dos adultos confiáveis. Não conseguia discernir adequadamente a minha situação. Minha mente era capturada pelo medo e, à medida que os ventos se enfureciam, começava a tremer em um canto como um cachorrinho doente.

Minha esperança era a de que, quando aos 13 anos começasse o retiro tradicional de três anos, vivendo recluso no monastério, eu magicamente superaria esses ataques. Porém, eles continuaram e muitas vezes eram precipitados pelas sessões de grupo. A comunidade se reunia duas vezes ao dia no salão principal para as preces e cerimônias. O canto era acompanhado por uma trompa tibetana de bronze comprida e bastante estridente, címbalos enormes e tambores pequenos e grandes. Eram cerca de vinte monges, todos na mesma sala, envolvidos pela fumaça densa do incenso. Com certeza, tudo era uma manifestação de um reino búdico de paz e preces —, mas não para mim. Em alguns dias, quando o barulho chegava a um crescente ensurdecedor, minha garganta apertava e eu pensava em fugir desse recinto claustrofóbico para a solidão do meu quarto. O pânico capturava a minha mente como um exército invasor e passei a detestar essas sessões.

Em um encontro individual com Tai Situ Rinpoche, abade do monastério, contei a ele sobre esses ataques, e sobre o medo e a ansiedade que os acompanhavam. Disse que as sessões de prece estavam me enlouquecendo. Ele respondeu: *quando as aflições das emoções negativas estão ardendo como fogo, a sabedoria também está ardendo como fogo.* Isso pareceu encorajador, mas eu o entendi mal. Pensei que *sabedoria* queria dizer uma abordagem mais hábil ou mais complicada para me livrar do pânico, não a sabedoria que pode ser acessada quando nossas aflições estão ampliadas como se estivessem em um telão no céu. Não conseguia lidar com a possibilidade de que o pânico e a sabedoria pudessem coexistir.

O pior e último ataque ocorreu quando eu tinha quase 14 anos. O primeiro ano de retiro estava perto de acabar. Não conseguia ser maior do que o som, ou o medo, e me sentia humilhado por me perceber, e ser percebido pelos outros, como fraco e frágil. Mas, como qualquer pessoa no inferno do ódio bem sabe, nada nos prende mais ao objeto de ódio do que a nossa própria aversão. Ainda assim, estava determinado a não passar meus próximos dois anos de retiro daquele jeito. Usaria os ensinamentos e as práticas e os aplicaria a esse pânico. Afinal concluí que, se a árvore com o galho quebrado não era permanente, então com certeza meu pânico não seria permanente. Será que os trovões, as chuvas de granizo e os estranhos poderiam não ser o problema? Será que esse sofrimento intenso dentro do meu corpo — e não um brinquedo ou um galho lá fora — era também um produto de distorções mentais? Será verdade que, como o Buda ensinou, em última instância, o sofrimento é autocriado?

Passei três dias no meu quarto sozinho, examinando a minha mente. Apenas observando; sem controlar; sem manipular. Só observando para ter certeza de que nada perdurava; tudo estava em movimento — percepções, emoções, sensações. Cheguei a aceitar que tinha contribuído para consolidar esses ataques com os dois aspectos do desejo: *afastar* o problema a fim de me livrar dele, o que somente alimentava o medo do pânico assim como o medo do próprio medo; ou *provocá-lo,* querendo trazer para minha vida aquilo que gostaria que fosse o oposto: *ah se apenas pudesse me livrar do pânico, minha vida seria maravilhosa.* Ainda estava dividindo o mundo entre opostos: bom-mau, claro-escuro, positivo-negativo. Não tinha entendido que a felicidade não está em uma vida livre de problemas.

Estava começando a entender alguma coisa a respeito de como contribuía para minha própria angústia, mas isso não era suficiente para abrir mão dos meus padrões. Estava preso em uma nuvem escura de pânico e não conseguia me separar dela. Sentia como se os ataques de pânico fossem pedras rolando sobre mim, esmagando a minha capacidade de vivenciar qualquer coisa diferente da pressão das pancadas. Porém, quando o pior dos ataques passou e tentei examinar o que tinha acontecido, as pedras se fragmentaram e se transformaram em uma matéria tão macia e cheia de ar como creme de barbear. Desse modo, pude realmente ver a mudança nas minhas próprias percepções. Mas, para me convencer de um modo definitivo, teria que reafirmar a impermanência de todos os modos possíveis.

Para fazer isso, cada objeto ou evento se tornou uma oportunidade de confirmar que meu pânico era impermanente: cada respiração, cada som, cada sensação. *A árvore do lado de fora da minha janela vai crescer e morrer. Saljay Rinpoche é velho e vai morrer. As pinturas das deidades no templo vão se desintegrar, os cachorrinhos da vizinhança vão crescer. Minha voz está mudando. As estações estão mudando. As chuvas das monções vão cessar.* Quanto mais examinava a natureza transitória de todos os fenômenos, mais confiante me sentia de que meu pânico era apenas outra nuvem temporária; e, depois de um tempo, não conseguia mais identificá-lo como a única coisa no mundo incapaz de mudar. *Tudo bem, então ele também muda. Essa nuvem não tem uma âncora. E agora? Só porque pode mudar, não quer dizer que vai mudar!*

A essa altura, eu estava aprendendo alguma coisa a respeito de como repousar na consciência plena e me tornando mais confiante em relação à capacidade da mente de conhecer além dos conceitos. Trazer a mente de volta impedindo-a de se perder nos objetos dos sentidos ou nos problemas não significa que a mente desapareceu ou morreu. Muito pelo contrário. Tirar a mente da sua preocupação com uma série interminável de objetos, pensamentos ou problemas específicos tornava a mente maior: vasta, clara e além da imaginação.

Cheguei à conclusão de que, se permitisse a presença do pânico e ficasse com o reconhecimento da consciência plena, veria que o pânico era apenas a manifestação da minha mente. Dessa forma, o pânico se autolibertaria, ou seja, o pânico, tal como nossos pensamentos, emoções e percepções, já é livre em si e de si mesmo. A libertação vem com uma mudança na percepção. Nossos problemas não precisam ser libertados por alguma força externa. Vi que a libertação não viria — nunca viria — se me concentrasse no pânico, ou em qualquer problema, e tentasse me livrar dele. O melhor é deixar estar, então a próxima nuvem se formará e se dissipará, e ondas calmas virão assim como ondas turbulentas. Os problemas da vida nunca vão acabar, e as pessoas que eu amava não iriam viver para sempre, e eu encontraria novos medos e ansiedades.

Mas, se ficasse com o reconhecimento da consciência plena, eu ficaria bem. Seria capaz de lidar com as nuvens e as ondas, surfar e brincar com elas, seria derrubado, mas não afundaria. Não ficaria aprisionado. Finalmente descobri a única libertação confiável do sofrimento: não tentar me livrar do problema. Então a onda parou de tentar se livrar de mim. Estava lá, mas não era prejudicial. A percepção crítica veio das contemplações sobre a impermanência. *Meus pensamentos não duram, esse corpo está mudando, essa respiração está mudando. Meu pânico está mudando, a vida que quero ter vai mudar. Tudo o que experienciamos é como uma onda na superfície do oceano se erguendo e se dissolvendo.* Lentamente, em vez de me referir ao pânico como um bloco imóvel de ferro, consegui identificar uma visão maior e impessoal do movimento incessante: nuvens, plantas, aviões, pessoas — indo e vindo, aparecendo e desaparecendo, a barriga se expandindo e se contraindo.

Entendi que, em vez de precisar me livrar do meu pânico, tive de me familiarizar com o rígido sentido do eu que tentava manter as coisas no lugar. Poderia deixar o pânico ter vida própria. Ele se dissolveria para sempre ou talvez ressurgisse novamente e, ainda outra vez, mas, de qualquer maneira, conseguiria viver com isso; e vi que, mesmo se me livrasse do meu pânico, outras ondas surgiriam e sempre haveria circunstâncias difíceis, tristeza, doença, ansiedade e emoções fortes. Mas, sem uma mente fixa, esses problemas da vida diária poderiam retornar à mente oceânica mais ampla e mais espaçosa. Tentar parar as ondas seria como tentar parar a mente ou agarrar o ar em nossas mãos. Não é possível.

Desde aquele último ataque de pânico, nenhum sofrimento maior havia surgido, e não imaginara que ele surgiria de algum modo. Desejei fazer um retiro itinerante exatamente por conta das suas dificuldades; contudo, depois de sofrer os ataques de pânico, presumi que nenhum obstáculo derrotaria os meus esforços. Tinha matado um dragão ao ver a sua verdadeira natureza e, por mais de 20 anos, todos esses demônios se mantiveram afastados — até enfrentar um constrangimento excruciante e o medo da rejeição que havia sentido pela primeira vez na estação de Gaya, agora intensificado em Varanasi.

Quando criança, acabei aceitando que o próprio medo do pânico poderia provocar um ataque, como se o poder da projeção impelisse o evento a se materializar. Desse modo, além do pânico, o medo também passou a ser o inimigo, outro tormento para rejeitar e desprezar. Tudo o que desejava fazer com as partes de mim das quais não gostava era me livrar delas, jogar fora como lixo. Não entendia o seu valor como adubo para a minha sanidade.

Apaixonado pelo mundo

Agora, no piso da estação, podia ver o medo emergindo como vapor na abertura entre mim e os outros. Relacionar-me com os outros como *outros* os transformava em presságios de calamidade. Para que o medo fosse eliminado, eu teria que *me tornar* o outro — o que não era diferente de morrer como Mingyur Rinpoche. Todavia, nesse momento, ainda nem 48 horas fora de casa, sozinho pela primeira vez e, apesar das minhas expectativas ingênuas de instantaneamente abrir mão das minhas identidades, elas se tornaram ainda mais sólidas. *Mas tive que abrir mão dos ataques de pânico e deixar aquele menino que eu era morrer. Uma vez pensei que o pânico me atormentaria pelo resto da vida, mas ele acabou se tornando essencialmente vazio. Minhas responsabilidades na minha comunidade eram essencialmente vazias, mas, na minha experiência, significava que não poderiam ser "nada".* Estavam satisfatoriamente adormecidas por um bom tempo. Não esperava a ativação dos dragões adormecidos no início da minha jornada mas, agora que vieram à tona, acolhi a oportunidade de vê-los à luz do dia. Percebi tudo isso e depois concluí que fiz o melhor que pude naquele dia. Em vez de passar a noite no saguão principal, voltei ao dormitório da estação, pagando novamente 100 rúpias por mais 12 horas.

Eu não sou o meu constrangimento, disse a mim mesmo, *nem a minha confusão ou a minha paranoia* — mesmo quando esses sentimentos pareciam sólidos o bastante para serem tocados. O monge Nagasena havia concordado, afirmando que, *por causa do meu corpo, sentimento, percepção e assim por diante, Nagasena existe como uma denotação, um uso convencional, um nome. Mas, em última instância, não existe nenhuma pessoa a ser encontrada.*

Mas, mas...

Minha segunda noite em Varanasi me encontrou novamente em um catre no dormitório da estação ferroviária, desta vez com a postura mental de um pequeno boxeador. Com os punhos erguidos, lutava com Nagasena, como fazia quando criança, do jeito que costumava discutir com o meu tutor, Saljay Rinpoche, insistindo: *estou aqui; eu existo. Como posso não estar aqui?*

Repetidas vezes, Saljay Rinpoche me disse: *Você está aqui e não está aqui. As duas coisas. Como a corda de capim e a corda de cinzas. A mesma coisa, porém diferentes.*

Encontrados em toda a Índia e o Nepal, rolos de corda de capim são às vezes usados como combustível para cozinhar. Quando o grosso rolo é queimado, a corda se transforma em cinzas. A forma permanece exatamente a mesma, mas vazia de massa. Saljay Rinpoche estava comparando a corda de capim ao eu, e a versão de cinzas ao *eu simples*. Este *eu simples* é o *eu* totalmente funcional, livre de preocupações egoístas. É o eu desperto, livre do eu que deseja agarrar — e, portanto, livre do apego aos rótulos que constituem a nossa identidade. Este é o eu saudável, tomando a direção da sua própria sanidade, e não tiranizado pelos hábitos do apego. *Simples* enfraquece a percepção equivocada de um eu imutável, e *a simplicidade* se torna mais como um holograma, uma forma visível que não é onerada pelos padrões habituais do anseio e pela tendência de fundir as nossas identidades com os fenômenos externos.

Todos nós temos as partes do corpo, as emoções e as percepções que Nagasena listou —, no entanto, o que Nagasena tentou demonstrar é que elas não se somam a um *eu* coeso e inerente. Portanto, é possível funcionar como o eu *simples*, como alguém desprovido de enganos sobre o eu e liberto de visões errôneas — especialmente do engano de que a compilação das partes resulta em algo real e independente em si mesmo, não contingente a narrativas e circunstâncias. Somos todos vítimas autoinfligidas de uma identidade mal interpretada. Quando confundimos todas as peças com um *eu* essencial e imutável, entregamos o controle ao ego. Mas podemos aprender a fazer o ego funcionar em nosso benefício de maneira saudável e construtiva. O *eu simples* funciona sem apego; nem sempre está envolvido em manipular o mundo para sua própria satisfação.

Buscamos a liberação que vem do reconhecimento do eu que não é definido pelo anseio e, portanto, é capaz de reconhecer seu estado original. *Então, por que estou nessa jornada e o que estou procurando? Neste momento, estou procurando deixar de lado os chapéus ilusórios que uso nessa cabeça ilusória, e que vivem dentro dessa mente falsificada pela confusão e embaralhada pela percepção equivocada, chapéus que nunca existiram, todos eles identidades falsas, criadas por uma mente de identidade falsa, sustentada por um eu construído, fabricado, confirmadas por percepções deturpadas, mantidas pelo hábito... E, como não são reais, podem se transformar, e não estou preso a elas, não vou ficar preso a elas. Vou jogá-las na fogueira. Vou jogar o rolo da corda de capim dos chapéus das minhas identidades no fogo. E depois? Vou me transformar em cinzas, me tornar "simplesmente" Mingyur Rinpoche? Ou será que me tornarei um cadáver — um cadáver vivo ou um cadáver morto? Estar vivo sem despertar para a verdade da vacuidade é como se juntar aos mortos-vivos.* Deitei no meu catre, nem corda, nem cinzas, mas em algum lugar entre um e outro.

12. Um dia nos *ghats*

No meu terceiro dia em Varanasi, desci do dormitório e saí pela entrada principal, evitando a plataforma da estação, e continuei em direção aos *ghats* que ficam a uns cinco quilômetros de distância. Cada *ghat* é um conjunto de altos degraus de pedra que descem em direção ao Ganges. Em Varanasi, uma extensão com mais de oitenta *ghats* consecutivos constitui o sagrado coração do Hinduísmo.

Peguei uma estrada ao longo do rio. Meu ritmo não era nem lento nem rápido, mas logo o andamento da caminhada fundia-se com a relaxada sensação da meditação andando. Expandi a minha consciência para absorver a experiência do movimento. Percebi as sensações nas minhas pernas e pés enquanto se movimentavam, o som sutil dos pés tocando a estrada poeirenta e as cores e os cheiros fortes que me rodeavam. Por algum tempo, observei as sensações e deixei a minha consciência se mover com elas. Depois de alguns minutos, a minha consciência se expandiu ainda mais para absorver os pensamentos e impressões que circulavam pela minha mente. Os pensamentos não são necessariamente um obstáculo à meditação; podem ser usados como suporte para a meditação quando os trazemos à consciência, tal como a respiração. Abri a minha mente e deixei todas as experiências fluírem como nuvens de variadas formas e tamanhos se movendo no céu.

Meus pensamentos se voltaram para minha última visita aos *ghats*, e o movimento do meu corpo — erguendo um pé, movendo, colocando um pé na frente do outro — acompanhou o movimento dos meus pensamentos. Alguns anos antes vim até aqui com uma comitiva de monges e cerca de quinze ou vinte estudantes. Ficamos em um hotel quatro estrelas em um antigo acantonamento atrás dos *ghats*. (*Erguendo, movendo, colocando*). Na primeira manhã da nossa visita, fora organizado um passeio de barco no Ganges ao amanhecer. Entrei no saguão e fui recebido por monges e alunos sorridentes, com mãos em prece se curvando para mim, alguns oferecendo um lenço cerimonial branco. (*Erguendo, movendo, colocando.*) Entramos em uma limusine e fomos levados para o rio onde um grande barco nos aguardava. Uma almofada com um tecido bordado cobria o assento de madeira reservado para mim. (*Erguendo, movendo, colocando.*) Os remadores nos afastaram da costa enquanto o sol se erguia, transformando em cor-de-rosa os degraus de pedra calcária, e as pessoas começaram a se reunir à beira do rio para fazer suas abluções matinais. (*Erguendo, movendo, colocando.*) Tínhamos comprado guirlandas de malmequeres, colocando-as no rio, algumas como oferendas para aqueles que tinham acabado de morrer, e também oferecemos velas acesas sobre folhas de palmeira flutuantes.

Peregrinos percorrem grandes distâncias para se banharem neste trecho do rio Ganges. Vêm para purificar suas almas (*erguendo, movendo, colocando*) e serem libertados dos ciclos do samsara. Aqueles que morrem em Varanasi são considerados abençoados, e as pousadas atendem especificamente os devotos hindus que aqui vêm para morrer e serem queimados na beira do rio. As famílias, se puderem, levam seus mortos para serem colocados em piras de madeira e espalhar suas cinzas nas águas consagradas. O cheiro de incenso e carne queimada paira no ar. Voltamos ao nosso hotel e nos sentamos diante de longas mesas em um jardim exuberante, onde garçons serviam tigelas de frutas frescas, coalhada, croissants e café com leite. (*Erguendo, movendo, colocando.*) Naquele momento pensei que estava longe do Tergar há apenas alguns dias, mas aquela lembrança parecia pertencer a outra vida.

A seguir, pensei em um dos meus amados professores, Nyoshul Khen Rinpoche. Ninguém nunca andou nessa terra com maior desenvoltura do que ele. Atravessava uma sala com a graça de um patinador artístico. Seus pés não pareciam subir e descer, mas apenas deslizar. Entre meus principais professores, só ele viveu nas ruas como um *sadhu*. Teve uma origem humilde e quase não sobreviveu à sua fuga do Tibete; pedir esmolas não teria sido sua primeira experiência de fome. O título *khen* significa um praticante avançado que também é um estudioso de textos tradicionais. Como não havia sido identificado como um *tulku*, reencarnação de um exímio praticante, ele não herdara responsabilidades do passado; e tinha menos obrigações formais de manter os monastérios do que muitos outros lamas respeitados.

Soube pelo meu pai o quanto Khen Rinpoche era especial. Isso não tinha nada a ver com fatos que meu pai contava. Era evidente como se enchia de felicidade só de se referir a Khen Rinpoche, e o nome dele sempre vinha acompanhado pelos mais alegres sorrisos. Não cheguei a conhecer Khen Rinpoche até meus dezessete anos, em 1991. Estava fazendo uma pausa entre o primeiro retiro de três anos e o seguinte, quando iria desempenhar o papel de mestre de retiro, e fui convidado para ir ao Butão para participar das cerimônias da cremação de Dilgo Khyentse Rinpoche, grande mestre do Budismo Tibetano. Como o Butão era o país de residência de Khen Rinpoche, combinei de me encontrar com ele. Na época, mencionei a possibilidade de estudar com ele, mas isso só aconteceu muito depois. Ele tinha vivido nas ruas muitos anos antes de começar o meu treinamento, e cresci ouvindo a história de como ele decidiu se tornar um mendigo.

Em algum momento no final dos anos 1960, tanto o XVI Karmapa, reverenciado líder da escola Karma Kagyu do Budismo Tibetano, quanto Khen Rinpoche se juntaram a outros lamas e funcionários do monastério em uma conferência em Delhi. O encontro foi organizado para discutir o destino do Tibete e da comunidade no exílio. Quando se encontraram, o Karmapa olhou para Khen Rinpoche com muito carinho e disse, em um tom um tanto provocante: *você é um khenpo; não deve se envolver em política.* Khen Rinpoche levou isso a sério. Logo depois, um monastério pediu que ele se tornasse o tutor pessoal de um de seus tulkus. Khen Rinpoche aceitou o trabalho. O tulku, que na época tinha cerca de 20 anos, precisava ir a Calcutá e pediu a Nyoshul Khen para acompanhá-lo. O tulku reservou um hotel cinco estrelas para ambos. Depois de dois ou três dias, dizendo ter negócios na cidade, ele disse a Khen Rinpoche: *Fique aqui, voltarei em poucas horas.* Porém, jamais retornou. Khen Rinpoche não tinha dinheiro e a conta já estava gigantesca; depois de mais um dia ou dois, explicou a situação ao gerente do hotel. O gerente se enfureceu, mas, por fim, disse: *você pode pagar a dívida lavando a louça.*

Nyoshul Khen não falava híndi, mas gostava do trabalho e dormia contente nos aposentos dos criados. Enquanto isso, as pessoas ficaram preocupadas com o seu desaparecimento. Após cerca de três semanas, localizaram-no no hotel, pagaram as contas e o levaram para um monastério. A essa altura, ele decidiu ver o XVI Karmapa novamente e foi para Rumtek, sede do Karmapa no Sikkim.

O Karmapa disse: *Khenpo, você tem muita sorte. Sabe por que tem tanta sorte?*

O khenpo disse: *eu não, por que tenho tanta sorte?*

Porque, disse o Karmapa, *você foi demitido por aquele tulku e agora está livre.*

O khenpo voltou para o seu quarto ainda pensando: *por que tenho sorte?* Relembrou seus encontros com o Karmapa. *Primeiro, ele me disse que não sou bom para fazer política. Agora, diz que tenho sorte.* De repente, pensou: *A vida toda treinei para transformar obstáculos em oportunidades. Hoje, finalmente entendi. Vou aproveitar o fato de não ter emprego, nem dinheiro, nem nenhuma responsabilidade.*

Naquele momento, ele tomou a decisão de vaguear livremente. Durante três anos, alternou entre viver em monastérios e viver como um *sadhu* nas ruas. Tudo sobre Nyoshul Khen me inspirava: a maneira graciosa como ele andava, mantendo consistentemente sua consciência plena, seu modo de ensinar e o fato de viver como um pedinte. Ele havia morrido doze anos antes, e cada vez mais sentia a sua falta. Gostaria de ter perguntado como ele tinha vivido nas ruas.

Afastei-me do rio para poder atravessar as ruas estreitas que levavam ao topo dos *ghats*. Há muitas lojas nessa área que vendem tecidos, e parei para comprar roupas de *sadhu*. Comprei duas tiras largas de algodão tingido de açafrão, uma para enrolar na cintura como as calças do tipo *dhoti* e a outra para enrolar nos ombros. Não usei meus xales de *sadhu* para sair da loja, mas os coloquei na mochila. Embora pudesse ter dito corajosamente ao rei Menandro — *não sou as minhas túnicas* —, agora ficara evidente que parte da minha identidade residia em dois metros por três de algodão marrom. Embora desistir das minhas vestes monásticas pudesse ter sinalizado a morte pela qual eu ansiava, eu simplesmente não estava pronto. Será que Khen Rinpoche havia mudado as suas roupas para as de *sadhu*, ou será que mantivera suas túnicas tibetanas? Gostaria de ter lhe feito essa pergunta. Será que tinha usado sandálias ou andado descalço?

Desci mais ou menos metade de um conjunto de degraus e encontrei uma loja de chá ao ar livre, à sombra. Pedi *chai* doce de masala e sentei-me olhando para o calçadão que percorre toda a extensão dos *ghats*. Estava quente demais para muitos turistas, mas os macacos, como de costume, estavam atentos aos petiscos. Alguns *sadhus* e *Shaivites* seminus pintados com cinzas — hindus que reverenciam Shiva como um deus supremo — moviam-se lentamente no calor escaldante com seus tridentes pontiagudos.

Sentado na loja de chá, eu não estava menos *entre* do que estivera em nenhum momento nos últimos dois dias, especialmente porque ainda vestia minhas roupas tibetanas. Já tinha estado nos *ghats* muitas vezes antes, e a familiaridade tornou essa hora do chá um intervalo particularmente relaxante antes de retornar à estação tumultuada e continuar com o meu retiro — ou continuar o retiro que havia iniciado e estava fazendo agora. Ainda me sentia desconfortável por estar sozinho, pedir chá e lidar com dinheiro, mas estava aproveitando esse momento de tranquilidade.

Na tradição tibetana, prestamos atenção a três aspectos de retiro: externo, interno e secreto. *Externo* refere-se ao ambiente físico. Alguns ambientes são mais propícios do que outros para interromper os nossos hábitos repetitivos e dar suporte a uma investigação do cenário mental interno. No entanto, o caminho do Dharma nos incentiva a cultivar qualidades inerentes e duradouras que não dependam das situações externas. Se tivermos acesso a circunstâncias favoráveis, é maravilhoso; isso é muito útil, especialmente para os iniciantes. Mas é uma armadilha confundir ambiente e vestimentas com necessidades. O que é necessário é uma disposição para conhecer as profundezas da sua própria mente.

Meu entendimento fora o de que, com a intenção correta, a estação de trem de Varanasi era perfeitamente adequada para a meditação, tanto quanto um santuário ou um jardim de flores. Afinal, deduzi, eu não era um iniciante, e a percepção define o contexto, não o contrário. No entanto, a estação de Gaya, e daí a viagem de trem e depois sentar entre os mendigos, foram situações que perturbaram a minha serenidade mental. Nesse momento, eu precisava trazer o meu corpo para lugares que acalmassem a minha mente. Mais uma vez, *não havia sentido em fingir que eu seria capaz de conseguir fazer mais do que podia.*

Retiro *interno* refere-se ao corpo físico. Como criamos ou diminuímos o sofrimento por meio das ações do corpo e da fala, o retiro interno significa criar um ambiente que nos proteja dos padrões comuns da fofoca e da calúnia, dos assuntos que obscureçam a mente ou das situações domésticas nas quais tenham se formado padrões de indolência ou impaciência.

Desde a infância, tinha estado imerso nos preceitos que orientam o comportamento e a fala, e não questionava com seriedade a minha disciplina em relação a esses princípios. Também sabia que precisaria estabelecer a diferença entre quebrar as convenções culturais e quebrar os verdadeiros votos válidos. Por exemplo, para um tulku, sentar no chão era quebrar um costume tibetano. Em algumas tradições monásticas, não se servem alimentos depois da refeição do meio-dia; em outras, é permitido engolir à noite — beber suco ou tomar sopa —, mas não mastigar. Eu tinha desistido de comer carne, mas, no caso desse retiro, aceitaria tudo que me fosse dado, e não conseguiria controlar a hora de receber comida. Os principais preceitos que se referem a não causar danos, roubar, mentir e assim por diante, não eram apenas regras específicas de comportamento, mas tinham o objetivo de promover vigilância e nos sensibilizar para as tendências que levam ao se apegar e não ao deixar ir. A confissão, o ato de reconhecer quando um preceito é quebrado, pode ajudar a purificar a mente e redefinir o equilíbrio cármico. Mas, sem purificar a mente do apego em si, o comportamento negativo tende a se repetir.

Quando era pequeno e ainda morava no Nagi Gompa, meu pai tinha um aluno alemão que tinha a mais cara *mountain bike* que o dinheiro podia comprar. Ele costumava vir de bicicleta de Kathmandu até o Nagi Gompa, não pelo caminho estreito de terra, mas andando pelo bosque. Ele conseguia fazer a bicicleta saltar sobre as valas e os córregos e, às vezes, subia direto no topo da Shivapuri, a montanha detrás do convento, e parecia voar pelos ares em vez de manter as rodas no chão. O homem era um excelente ciclista e ocasionalmente ganhava algum dinheiro competindo com os nepaleses no vale.

Um dia ele disse ao meu pai: *ouvi você ensinar sobre a importância de deixar ir, e eu não sei o que fazer a respeito da minha mountain bike.*

Meu pai disse: *sei que você ama a sua mountain bike. Mas livrar-se dela não ajudará a quebrar o seu apego. Na verdade, pode até fortalecê-lo.*

O homem ficou ao mesmo tempo aliviado e confuso. Meu pai explicou que o desejo de *se livrar* também surge da mente fixa. *Se estiver apegado à bicicleta e doá-la, sua mente vai continuar ligada à bicicleta, quer você a tenha ou não, e talvez você até sin-*

ta orgulho da sua ação. Se não trabalhar com a mente do apego, a mente vai continuar se atendo a uma coisa ou outra. Você tem que liberar o apego e depois pode optar por manter ou não a bicicleta. Não afaste, não desperte o desejo. Trabalhe com o meio termo e, aos poucos, você transformará o apego em uma mente aberta que lhe permitirá fazer escolhas apropriadas.

Com relação ao retiro interno, eu sabia que estar sozinho no mundo apresentaria opções diferentes das que já conhecia e que, até certo ponto, meus votos monásticos haviam sido salvaguardados pelas minhas túnicas budistas. Trocá-las pelas novas roupas de iogue significava desistir da proteção que elas ofereciam. Até esse momento, ainda me sentia vulnerável demais para fazer isso. Mesmo que ninguém ao meu redor estivesse aqui para espelhar o significado das túnicas, ou refletir o seu status, na privacidade da minha mente as túnicas desempenhavam o papel de testemunhas. Por enquanto, continuaria a usá-las.

Retiro *secreto* se refere à intenção. Durante toda a minha vida fiz votos de ajudar a libertar os seres sencientes do sofrimento autocriado e introduzi-los à sua própria sabedoria. A intenção para este retiro não era diferente da intenção de qualquer outro retiro ou prática que já fizera.

Fiquei surpreso quando alguns ocidentais me pediram para explicar o benefício de fazer um retiro itinerante. Parecia algo egoísta para eles — uma ideia que nunca ocorreria a um tibetano. *Por que não ficar por perto e continuar ensinando o Dharma — para ajudar os outros a despertarem? Você poderia apoiar os esforços para limpar o lençol freático de Bodh Gaya; ou interceder na educação de meninas. Tantas causas valiosas; por que sair em retiro sozinho?*

As pessoas em toda parte se esforçam tanto para tornar o mundo melhor. Suas intenções são admiráveis, porém buscam mudar todas as coisas, menos a si mesmas. Transformar-se em uma pessoa melhor é tornar o mundo um lugar melhor. Quem constrói indústrias que poluem o ar e a água com lixo tóxico? Como nós, humanos, nos tornamos imunes à situação dos refugiados, ou insensíveis diante do sofrimento dos animais criados para o abate? Até que nos transformemos, somos como multidões de pessoas furiosas clamando por paz. Para transformar o mundo, devemos ser capazes de ficar quietos dentro dele. Agora, mais do que nunca, coloco minha fé na abordagem de Gandhi: *seja a mudança que você deseja ver no mundo*. Nada é mais essencial para o século XXI e para além dele do que a transformação pessoal. É a nossa única esperança. Transformar a nós mesmos é transformar o mundo. É por isso que eu estava em retiro, para desenvolver mais plenamente a minha habilidade de levar as pessoas a conhecerem a sua própria sabedoria e suas próprias capacidades de viver uma vida pacífica.

Pensei em um conhecido americano que havia visitado os *ghats* em sua primeira visita à Índia. Tinha ido à Índia como estudante universitário em um programa de estudos para estrangeiros e foi levado para o passeio de barco no rio Ganges. Ficou chocado e apavorado ao ver pessoas tomando banho, até mesmo lavando suas bocas a uma curta distância de onde os corpos estavam sendo queimados e suas cinzas eram espalhadas no rio. Um tronco humano flutuava na água e ele ficou devastado com a intensidade da experiência. Até aquele momento, imaginara que o caminho espiritual era de pura ordem — limpo, agradável e tranquilo, e o associava a monastérios Zen impecáveis e meditações silenciosas. Naquele dia, ele aprendeu que não existe uma realidade espiritual separada da vida cotidiana e que, para conhecer alguma coisa de valor sobre si mesmo e sobre a vida no mundo, teria de fazer uma viagem profunda para dentro de si.

Para voltar à estação, dei a volta por uma estrada mais distante do rio. Parei para comprar um pacote de macarrão instantâneo seco e o comi no saco plástico mesmo. A estrada passava por uma zona pastoril, área verde com menos pessoas e carros. Fazia um calor escaldante e sentia falta da sombra de um guarda-sol. Em um campo fora da estrada, vi dois cavalos pequenos e parei para olhar. Um campo de grama exuberante se estendia atrás deles. Como se fosse para provar que a grama *dos outros* é sempre mais verde, seus pescoços estendiam-se entre as tábuas da cerca do pasto enquanto se esforçavam para comer a grama do outro lado. *Tal como nós! Continuamente ansiando pelo que não temos. A grama de lá é melhor do que a de cá — todos os dias.*

Nossa agitação contínua revela uma insatisfação oculta que nunca cessa totalmente, exceto por alguns momentos de pico aqui e ali. Ficamos inquietos com esse cheiro de algo melhor por perto, mas que está fora de alcance. É como ter uma febre não muito alta. Ela não nos preocupa tanto para irmos procurar o médico, mas também não nos sentimos bem. Estamos convencidos de que a temperatura perfeita ou o parceiro, ou o trabalho, perfeito, está logo ali na esquina, ou por cima da cerca; imaginamos que as nossas compulsões vão enfraquecer; que vamos superar nossos desejos imaturos, que alguma nova amizade ou trabalho nos livrará do ódio por nós mesmos, da solidão, ou de sentir que estamos sempre cometendo erros. Ilogicamente, essas fantasias de mudança para o bem persistem — mesmo por décadas — enquanto muitas delas, ou nenhuma, jamais se concretizam. Mas a orientação de nossas fantasias e desejos está sempre ligada à satisfação e bem longe da insatisfação.

Embora nossas aspirações continuem não sendo realizadas, essa orientação voltada para a felicidade e distante da insatisfação denota uma qualidade inata. Mesmo o comportamento que é impróprio ou destrutivo, como roubar dinheiro, ter relações sexuais impróprias ou usar substâncias viciantes, é motivado pelo desejo de felicidade. A constância universal dessa orientação para a felicidade é um reflexo da nossa bondade básica. Por mais equivocada que seja a expressão de felicidade, o anseio se baseia em um desejo inerente de cuidado, conforto e uma sensação de bem-estar e indica que o desejo de felicidade surge do âmago do nosso ser. Não poderia surgir de uma crença na bondade, da imposição de um dogma religioso ou de valores sociais. Crenças e valores são conceitos e, portanto, sujeitos a mudanças e caprichos. Essa orientação de sermos bondosos conosco — ou aquilo que chamamos de *bondade básica* — está dentro de nós, assim como a consciência plena, quer seja reconhecida ou não. Nunca vivemos sem ela.

Quanto mais reconhecemos a consciência plena, mais acesso temos às nossas próprias qualidades amorosas. Bondade amorosa e compaixão são as expressões naturais da consciência plena, pois expressões genuínas de um coração aberto transcendem ideias e atitudes conceituais e estão além da dualidade, além de palavras e lógica. As mesmas qualidades aplicam-se à consciência plena, e quanto mais repousamos na esfera ilimitada da consciência plena, mais o nosso amor e a nossa compaixão se tornam ilimitados.

Eu conhecia os ensinamentos. Confiava neles. Já os tinha vivenciado em diferentes níveis. Mas a diferença entre nunca ter ficado sozinho e me ver totalmente sozinho causou uma ruptura surpreendentemente difícil. Fiquei amedrontado e tenso de uma maneira que não sentia há décadas. Nesses momentos, desaparecem quaisquer ilusões que possamos ter a respeito de nossos pés estarem firmemente plantados na plataforma de uma estação, ou em qualquer coisa que pareça confiável. O que fazemos? Será que podemos aproveitar a oportunidade espontânea de explorar esse novo território mental de espaço indefinido que, na verdade, está sempre presente? Quase sempre nos ajeitamos rapidamente para retornar aos limites circunscritos dos componentes mentais ou físicos do nosso mundo conhecido.

A estação de Gaya oferecia uma chance muito grande para eu escapar pela lacuna criada pela descontinuidade e vivenciar o eu não condicionado —, explorar a realidade uma vez que a mente que agarra tinha sido desmantelada pelo impacto, e antes que pudesse se recompor. Uma hora antes da chegada à estação de Gaya, a emoção de andar na ponta dos pés descendo as escadas da minha casa, me esquivar da atenção do vigia e fugir pelo portão do Tergar também desmantelou a minha mente conceitual. No entanto, naquele momento, fui capaz de reconhecer o estado mental livre de prejulgamento. Isso permitiu que as qualidades luminosas e conscientes da mente nua prevalecessem e contribuiu para uma eufórica despedida. Mas aí eu escorreguei na lama... e o táxi não veio... e... esse vislumbre de vacuidade desapareceu como um arco-íris se dissipando.

Não pude aproveitar essa lacuna. Não pude me permitir estar naquele espaço sem forma e, em vez disso, lutei para recuperar o meu senso de *identidade*; o que significava, naquele momento, reconstruir a minha ideia de Mingyur Rinpoche o mais rápido possível.

Essas quebras no circuito mental não podem ser reconhecidas por um ato de vontade. No entanto, podemos treinar para nos tornar mais sensíveis à sua presença, especialmente no que diz respeito a ocorrências comuns — por exemplo, ao espirrar. Em muitas sociedades, atribui-se que os espirros oferecem proteção contra a invasão de um espírito maligno; ou acredita-se que o espirro pode ejetar a alma do corpo, e que dizer *Deus te abençoe* auxilia a alma a retornar para o seu lugar interior. Em todas essas considerações, um espirro é identificado — como é no treinamento tibetano — como uma interrupção da tagarelice mental habitual, uma lacuna. *Aaa tchim*! Por uma fração de segundo, o fluxo mental é interrompido. A mente resmungona é silenciada. Não pode coexistir com um espirro. Essa é a verdadeira bênção.

Isso também acontece quando levamos um susto repentino, ou vemos um animal selvagem, ou tropeçamos e caímos, ou recebemos um diagnóstico de uma doença fatal, ou vemos um fenômeno natural ou uma belíssima obra de arte, qualquer coisa que faça o nosso coração pular uma batida. Todavia, tendemos a colocar a mente lá — na causa projetada da nossa reação —, e não na própria mente. Sem olhar diretamente para a mente, não podemos reconhecer sua natureza clara, vazia naquele momento. Ainda assim, é importante saber que todos nós compartilhamos esses momentos comuns de mente nua. E podemos aprender a reconhecê-los.

Quando começamos a examinar esses momentos e desenvolvemos alguma aceitação de sua ocorrência comum, podemos nos surpreender ao descobrir a frequência com que momentos da vida cotidiana param a nossa mente. Então, podemos aproveitar esses eventos naturais para acessar informações extraordinárias sobre a verdadeira natureza de quem somos. Com esses lampejos de mente nua, ocorre uma minimorte. Por um instante, o eu que identificamos como sendo a nossa própria existência cessa. O *eu* que define a nossa identidade e dirige o nosso funcionamento morre temporariamente. Porém, não morremos para a inexistência; morremos em direção à consciência plena imortal.

Bocejar funciona de maneira semelhante a espirrar. Ultrapassar o limite também pode funcionar dessa maneira. Parar de repente depois de uma corrida ou outros esforços pode ter esse efeito. Uma vez que adquirimos alguma familiaridade com os eventos físicos que interrompem a mente, podemos explorar estados mentais semelhantes que surgem em situações mais ambíguas, como o sentir-se eufórico ao sair do escritório em uma tarde de sexta-feira depois de uma intensa semana de trabalho.

Muitas pessoas temem que o aniquilamento da mente conceitual leve à inexistência. Na realidade, ele revela a vacuidade luminosa da mente que está sempre conosco e, por conseguinte, acompanha a nossa jornada no momento da morte física. O que aprendemos ao tomarmos consciência do processo de morrer antes de morrermos é que morrer é renascimento. Reconhecer a vacuidade luminosa *é* um reconhecimento da morte. Desenvolver familiaridade com a vacuidade nesse momento diminui o nosso medo de perder o corpo pois, quando perdemos o corpo, tudo o mais continua. No que isso se baseia? No fato de que nunca foi construída. Todas as coisas condicionadas mais cedo ou mais tarde desaparecem. A confiança na realidade incondicional só pode vir com a experiência. No entanto, quando começamos a prestar atenção `a nossa mente cotidiana, a versão construída de nós mesmos desmorona — mas não morremos, e talvez queiramos investigar o que sobrou.

Uma grande pergunta existente no Ocidente é se algo de nós continua ou não quando nosso corpo físico morre. Se pudermos nos conectar com qualquer aspecto da realidade que esteja além dos limites normais da mente pensante, devemos perguntar de onde vem essa realidade e como ela surgiu. Se, por meio de investigação, pudermos provar a nós mesmos que ela não tem início, então talvez possamos aceitar que não há um fim.

Não precisamos de experiências dramáticas de luminosidade e que ameacem a vida para investigar essa questão. Podemos começar com espirros, bocejos ou exercícios de meditação, ou observar os detalhes da respiração — qualquer coisa que naturalmente inclua uma lacuna. Mas, para chegar a algum lugar em nossas investigações, temos que estar dispostos a relaxar nossa mente fixa e a deixar de lado nossas ideias sobre o que é real. Deixar ir é, em si, um exemplo de morte. Mas o reconhecimento dessa morte é o que nos permite habitar com tranquilidade no ciclo contínuo de morrer e renascer.

Além de minimortes que surgem com vislumbres de vacuidade, o sono oferece uma experiência mais profunda de morrer antes de morrermos, e isso pode ser entendido como uma espécie de morte mediana, que nos traz mais perto da grande morte final que ocorre quando nossos corpos chegam ao fim. Mais uma vez, o único benefício real vem com o reconhecimento, não só com o evento físico. Treinar a mente para estar ciente de todo o processo de adormecer não é fácil. Até mesmo fazer ajustes conceituais na forma como nos relacionamos com essa ocorrência diária altera a nossa relação com a morte. Por exemplo, os tibetanos têm o costume de virar a xícara de boca para baixo antes de dormir, significando não apenas o fim do dia, mas o fim da vida. De manhã, o primeiro pensamento é: *estou vivo, posso ver, posso ouvir, posso sentir*. Então, desviramos a xícara, para que fique com a boca para cima. *Minha nova vida começa e estou pronto para recebê-la.* De manhã, a mente está muito fresca, e apenas um momento de apreciação por estar vivo pode orientar todo o nosso dia e nos lembrar do ciclo contínuo de viver e morrer.

Após terminar o meu longo e quente passeio, entrei novamente na estação, agradecido por estar fora do sol e por ter comprado os xales de sadhu. Mas também estava um pouco apreensivo pois o albergue da estação impôs uma regra de não mais que três noites consecutivas, e esta seria a minha última. De volta ao dormitório, deitei-me no catre, igualmente cansado e inquieto. Como sempre, preparei-me para me dedicar à meditação do sono, o último exercício de treinamento da mente de cada dia. Estava pronto para morrer para esse dia e ansioso para ver o que o renascimento de amanhã poderia trazer.

13. Sobre sono e sonhos

Comecei a meditação do sono com um exame do corpo da cabeça aos pés, trazendo a consciência para o corpo e percebendo como os nós de tensão se dissolviam ao fazer isso. Depois, concentrei minha mente na dissolução dos sentidos à medida que começaram a enfraquecer: ver, ouvir, cheirar, sentir...

Tendemos a pensar que o sono é uma pausa biológica necessária à vida. Tomamos a dissolução dos sentidos como certa e geralmente não prestamos atenção ao que está acontecendo. Apenas perdemos a consciência, como se estivéssemos drogados ou bêbados. No entanto, esse processo de dissolução se assemelha à morte física; noite após noite, nós realmente passamos por uma minimorte. Vamos para a cama todas as noites com um sólido senso de identidade. À medida que ocorre uma redução da consciência, os laços que mantêm firme a mente convencional se soltam. O desligamento físico da rede fundamental do corpo absorve nesse processo os parâmetros fixos do pequeno eu — liberando-nos automaticamente em universos muito além dos limites da nossa vida desperta. O conteúdo dos sonhos nada mais é do que uma projeção da nossa própria mente, mas sem os controles ou manipulações impostos durante o dia.

A maioria de nós não consegue acompanhar a dissolução dos sentidos quando adormece; no meio do caminho desse processo, a nossa consciência se submete ao sono, assim como ocorre com os órgãos sensoriais. Ser capaz de manter o reconhecimento da consciência plena durante todo o processo requer muita prática e uma mente extraordinariamente sensível, tão evoluída quanto à de Sua Santidade, o 16º Karmapa (Rangjung Rigpe Dorje, 1924-1981). Quando falava em consciência, ele queria dizer consciência pura, não dualista, consciência plena sem um observador.

Nunca conheci o 16º Karmapa, mas um dos meus irmãos mais velhos foi seu assistente e contava uma história inesquecível. O Karmapa marcou um encontro com um notável monge erudito não sectário que havia ensinado Sua Santidade, o Dalai Lama. Queria tratar de um problema que estava tendo com a sua meditação. Meu irmão, travesso, serviu-lhes refrescos e depois se escondeu atrás da porta para ouvir a conversa.

O Karmapa relatou que conseguia manter sua consciência plena ao longo do dia todo e acompanhar as dissoluções até *quase* adormecer. Uma vez que já estivesse dormindo, conseguia reconhecer sua consciência plena novamente. Mas havia alguns momentos a cada noite, pouco antes de entrar no sono, quando perdia o reconhecimento da consciência plena e buscava conselhos de como eliminar essa interrupção.

O visitante ilustre ouvia atônito. Nunca tinha se deparado com um relato tão impressionante do reconhecimento contínuo da consciência plena e, imediatamente, fez prostrações à corporificação de sabedoria que estava diante dele. Disse então ao Karmapa que não poderia aconselhá-lo, mas discutiram textos que falavam da mente que não fazia distinção entre dia e noite.

Por mais inspiradora que fosse essa história, nunca cheguei nem perto desse grau de constante reconhecimento. Durante o meu primeiro retiro de três anos, meus esforços para praticar a meditação do sono mostraram-se difíceis. No currículo formal, tínhamos três meses para aprender essa prática. Quando nos aproximamos da marca de noventa dias, eu ainda caía morto de sono todas as noites. Então, um dia, tivemos uma reunião para fazer preces no salão principal que começava às cinco da manhã. Fomos instruídos a acordar às duas horas e fazer nossas práticas de meditação e recitação no próprio quarto, até nos reunirmos no salão principal. Naquela noite, não dormi bem. Já no salão principal, continuei caindo de sono. Tentei todos os truques para ficar acordado — revirar os olhos e cravar as unhas nas minhas coxas —, mas continuei cochilando. Então, pensei: *ok, vamos tentar praticar a meditação do sono.* No começo, senti como se estivesse caindo; então minha mente se acalmou, e fui capaz de repousar na consciência meditativa por cerca de cinco minutos antes de perder esse estado e adormecer como costumava fazer. Depois de alguns minutos acordei e, pela primeira vez, pude acompanhar a minha consciência plena enquanto adormecia outra vez.

Quando acordei, me senti muito descansado, muito leve e a minha mente estava em meditação. Tranquila e relaxada. Aberta com clareza. Essa foi a primeira vez. Para mim, o melhor momento para praticar a meditação do sono ainda é durante uma sessão de meditação, quando fico com muito sono e me permito adormecer — ou durante uma daquelas cerimônias indescritivelmente longas e entediantes.

Na minha última noite no dormitório da estação, demorei um pouco para adormecer e, em algum momento, perdi a consciência plena. Então tive um sonho que não me trouxe nenhum consolo: estava a caminho da minha cidade natal em Nubri, uma viagem que fiz muitas vezes. A pé, essa viagem leva cerca de oito dias, subindo perigosamente por caminhos estreitos com vista para os picos glaciais do Himalaia. Em alguns trechos, o caminho serpenteia precariamente ao longo de uma queda de mais de 300 metros até um rio enfurecido. Rochas sinistras se salientavam na lateral do penhasco. Se alguém caísse do caminho, seu corpo nunca seria encontrado.

No meu sonho, eu estava no caminho quando, de repente, um barulho forte e estrondoso encheu o ar, e as rochas começaram a desmoronar e a me esmagar. Acordei assustado. Sentei-me na beira da cama com o coração aos pulos e a boca seca. Olhei em volta para as fileiras de camas cheias de homens adormecidos, alguns roncando alto. Não tinha acordado, nem me tornado lúcido nesse sonho de ser esmagado pelas pedras — como fui treinado a fazer. Reagi como se fosse uma vítima indefesa. Me senti aliviado de estar fora daquele pesadelo, mas estava quase chorando, tentando me convencer de que esse sonho representava medos irracionais e não pressagiava a minha jornada.

Quando praticamos a meditação do sonho, treinamos para acordar dentro do sonho e saber que estamos sonhando. Muitas vezes falamos em iluminação em termos de *despertar* — o que significa ver diretamente as coisas como são. Durante o dia ou à noite, a mensagem é a mesma: desperte! Se as pedras estão caindo sobre nós e reconhecemos que isso é um sonho, então podemos sair do caminho — ou pular do penhasco para o rio e não nos machucar. Já sabemos que tudo pode acontecer nos sonhos: cair, voar, encontrar os mortos, mudar de forma e assim por diante. Sabemos que a realidade dos sonhos não tem limites nem inibições. No entanto, mesmo quando reconhecemos que o nosso corpo no sonho surge da nossa própria mente, continuamos afirmando que os nossos sonhos são *ilusórios*, não *reais*.

Os sonhos podem revelar informações psicológicas úteis que nem sempre podem ser acessadas com a nossa mente diurna; mas, quando usamos os sonhos para investigar a realidade, não tentamos interpretar ou entender seu significado nem procurar sinais e símbolos. Trabalhamos com a experiência direta que o sonho nos oferece para desafiar as nossas suposições e expandir as nossas percepções. Uma mente rígida exige que tudo esteja de acordo com as suas expectativas, incluindo os nossos sonhos. Por essa razão, quando sonhamos com entes queridos mortos, ou que estamos nos afogando ou voando, concluímos imediatamente que o sonho não é real. A realidade dos sonhos é desprezada, e as nossas percepções estáticas e confusas continuam sendo a tônica da realidade. Porém, essa visão muda quando iniciamos as nossas investigações do não eu, e o reconhecimento da impermanência começa a remover o nosso apego à fixação. Podemos ter então um novo olhar para os sonhos, pois eles apresentam exatamente o oposto de uma mente fechada e rígida. As imagens dos sonhos tendem a ser insubstanciais, transparentes, translúcidas, semelhantes a miragens e fora do nosso controle —, contudo, não fora da nossa mente. Podemos ficar atordoados com os nossos sonhos, ou tentar nos acordar dos pesadelos ou reprimir informações tabus que vêm à tona. No entanto, nós somos os nossos sonhos, pois essas imagens só podem surgir das nossas projeções.

Nada parece muito estável nos sonhos; na maioria das vezes, tudo é fugaz ou instável. Durante o dia, imaginamos um *eu* individualizado e controlador, ao passo que, nos sonhos, esse mesmo eu se liquefaz em todo tipo concebível — e inconcebível — de fenômeno.

O período de transição entre o sonho e a reentrada na existência diurna convencional oferece outro exemplo do bardo do renascimento. Podemos acordar nos sentindo assustados ou desorientados, tal como no sonho das pedras me esmagando; então, em vez de ficar com esses sentimentos para obter mais informações sobre o que eles oferecem, geralmente tentamos nos recompor em termos da realidade do ontem: *essa é a minha cama, este é o meu quarto, este é o meu corpo*. Mais uma vez, a ansiedade do deslocamento nos afasta daquilo que é transitório, desconhecido e insubstancial e nos move para as imagens familiares que parecem sólidas e duradouras. Queremos voltar ao que melhor se adapta às nossas expectativas. *Graças a Deus esse sonho não era real. Meu parceiro não me abandonou. Meu filho não está na casa em chamas. Não estou me afogando. Mais uma vez sou quem sou, quem realmente sou.* Fugimos do medo e buscamos conforto no que é familiar. Contudo, uma vez que aquilo do qual fugimos vem da nossa própria mente, estamos fugindo de nós mesmos e, como estratégia para a felicidade, isso nunca funciona.

Não fui esmagado pelas pedras. Isso não me torna sólido. Estou vivo. E estou morrendo dia após dia. Ainda faço a pergunta que meu pai fazia: você é Mingyur Rinpoche? Você é o mesmo ou diferente do Mingyur Rinpoche do sonho? Posso tocar o meu braço, o meu rosto. Se quiser tocar o eu do sonho, não sentirei nada. As pedras não me machucaram. Se o teto acima da minha cabeça caísse agora, eu poderia ser esmagado. Poderia sangrar. O mesmo ou diferente? Nagasena disse que ele existe apenas como um rótulo, uma denotação, um uso convencional, um nome, que ele não é o seu sangue. Mas ainda poderia sangrar. Quem então estaria sangrando?

Os sonhos são como todos os outros aspectos da nossa existência: acontecem, nós os vivemos, mas não são reais; sua aparência é enganosa e reconhecemos com facilidade esse aspecto irreal dos nossos sonhos. É por isso que os sonhos são tão valiosos para o entendimento do aspecto de vacuidade da realidade. Tudo é infundido com vacuidade, e isso inclui nosso corpo e nosso sangue, nossas pedras, nosso nome e nossos sonhos. Durante o dia, os fenômenos *parecem* mais densos. Isso faz com que a experiência diurna seja uma aula mais difícil para aprender sobre a vacuidade. É muito mais fácil reconhecer a vacuidade nos sonhos. Dizer que *a vida é um sonho* é reconhecer a qualidade incessante e ilimitada da vacuidade em nós mesmos, nos nossos entes queridos, nos nossos iPhones, nos aviões, na comida, na raiva, na luxúria, na riqueza — em todas as coisas. Os fenômenos não têm existência inerente; tudo surge da vacuidade e nunca se separa da vacuidade. No entanto, é muito mais fácil perceber isso com os sonhos noturnos do que reconhecer a nossa própria vacuidade ao olhar no espelho.

Acordei sabendo que tinha acabado de passar a minha última noite na estação de Varanasi. Fiquei pensando onde estaria na próxima noite, onde iria dormir. A incerteza era um pouco assustadora, mas também um pouco empolgante.

14. Aprendendo a nadar

Ao sair do dormitório do albergue pela última vez, voltei ao chão de pedra da estação de trem. Logo me senti perturbado sabendo que não poderia voltar ao dormitório. Não queria ficar na cidade de Varanasi, pois era um lugar muito popular para peregrinos e turistas, mesmo no calor do verão. Não estava pronto para dormir na área designada aos mendigos. Tinha desejado viver sem planos e sem olhar para o meu relógio o dia todo. Agora, esse horizonte em aberto parecia desconcertante. Tinha que tomar decisões — como antes.

Refleti sobre os últimos três dias e tentei examinar com cuidado a minha resistência, a minha vulnerabilidade e a minha aversão em relação às pessoas à minha volta. Não só tinha uma sensação de repulsa, mas sentia vergonha da minha aversão. Não queria ter essas sensações de novo. Não queria voltar à confusão. Essa estação ainda não era a minha casa, mas já não sentia a intensa alienação de mim mesmo e dos outros que percebera antes. Estava começando a baixar um pouco a minha guarda, pelo menos o suficiente para me aproximar das pessoas no chão ao meu redor com uma atitude de curiosidade e bondade.

Pude ver que cada movimento que eu fazia, de um piscar de olhos a uma respiração, comprar chá, até fazer projeções negativas — tudo se originava de um desejo de mudança, e que esse desejo era sempre orientado para a felicidade. Julgar alguém por parecer sujo ou cheirar mal, ou ser barulhento, ou *qualquer coisa*, é uma maneira bem neurótica de buscar a felicidade — mas nos oferece um ponto de apoio para nos elevar e gozar temporariamente da ilusão de que somos melhores do que a outra pessoa. Nunca se trata apenas de *eles são deploráveis*. Inclui também, *portanto, eu sou bom*. Vi que, mesmo dentro do meu cercado, eu ainda estava ansioso por me conectar com meu verdadeiro eu e com os outros. Até mesmo as distorções e projeções estavam ligadas a querer ser livre internamente, afastando a negatividade para fora de mim, para longe de mim — eram todos meios inábeis para a felicidade, mas as intenções eram basicamente sãs.

No trem, o meu corpo estava rígido e fechado, tornando as ondas grandes e fortes, mas não sabia como surfar diante de ondas tão fortes. Não conseguia me conectar com os outros de maneira sincera e empática. Não conseguia conhecer — conhecer totalmente, com meu corpo e minha mente — quais eram seus anseios de felicidade até que eu pudesse reconhecer o meu próprio.

Em Nubri, eu adorava ver as estações mudarem — os pastos verdes do verão tornando-se marrons, as árvores carregadas perdendo suas folhas no outono, o céu azul profundo se transformando no céu cinzento e cheio de neve do inverno, e o aparecimento dos novos brotos no início da primavera. Nossa casa tinha um pátio de pedra com uma sebe de flores, da qual meu avô cuidava com muito carinho. Esperava aquelas flores florescerem com grande entusiasmo, especialmente as dálias exuberantes tão queridas ao meu avô. Assim que os botões apareciam, todos os dias eu ia inspecionar as plantas. Em uma primavera, duas dálias floriram e, por vários dias, elas se tornaram o centro da atenção de todos. Esperei impacientemente os outros brotos crescerem.

E então tivemos uma inesperada tempestade de final de primavera e as temperaturas caíram. Na manhã seguinte, todas as plantas do jardim estavam mortas. Comecei a chorar. Meu avô tentou explicar que tudo era impermanente, e minha avó me deu doces, mas eu soluçava inconsolado. Aí meu avô me lembrou do quanto eu adorava ver as estações mudarem. *Esse prazer*, ele me disse, *vem da impermanência; as amoras de ve-*

rão *que você ama vêm da impermanência. Tudo surge da impermanência. Na próxima primavera, teremos um novo cultivo e novas plantas — por causa da impermanência.*

Quando vemos que as sementes da regeneração existem dentro da mudança, então podemos ficar mais à vontade com o processo de morrer todos os dias —, com a morte antes de morrermos, com o deleite em ver os castelos de areia serem levados pela água. Podemos nos sentir à vontade agora mesmo com o processo de dissolver e reagrupar. Podemos reformular a maneira como pensamos sobre o sono, o sonho e o despertar. Todas essas possibilidades do momento presente residem na impermanência.

Esse não é um projeto que acontece da noite para o dia. Velhos hábitos são difíceis de morrer, mas morrem. No trem, voltava continuamente a perceber que essa jornada dizia respeito à mudança e à transformação, e que as sementes da regeneração já estavam em fase de crescimento. *E não, não vão morrer ainda em botão como as dálias do meu avô*, disse a mim mesmo.

Que eu possa ter felicidade. Que eu possa ser livre.

Repeti esse refrão até sentir o significado escorrer pela minha garganta como um xarope espesso que leva tempo para descer, envolvendo pouco a pouco o meu coração, os meus pulmões, penetrando no meu estômago, adentrando pelas minhas pernas, escorrendo pelos meus pés. *Que eu possa ter felicidade. Que eu possa ser livre.*

Repeti isso até que o significado das palavras banhasse completamente o meu ser, até que me suavizasse, e meu coração se abrisse — não tão plenamente quanto já havia sentido em outras ocasiões, mas muito mais do que nos dias anteriores, e comecei a chorar de apreciação. *Que eu possa ter felicidade. Que eu possa ser livre.*

Após cerca de trinta minutos, senti-me suficientemente estabilizado em relação a mim mesmo para estender essa aspiração às outras pessoas. Ao invés da repetição dos lembretes no trem, não olhei para uma massa de *outros,* mas direcionei a minha atenção para uma pessoa em particular. Escolhi a esposa do homem com quem havia conversado e que veio almoçar conosco no dia anterior. Ela era tímida, mantinha os olhos baixos, sem falar muito, mas seus modos eram carinhosos e gentis. Olhei para ela o tempo suficiente para reter seu rosto na minha mente, depois abaixei os olhos e repeti: *Que ela seja feliz, que ela seja livre*. Pensei sobre a vida dela, sobre suas dificuldades. *Que ela tenha comida, que tenha abrigo. Que seus filhos sejam saudáveis. Que ela seja feliz, que ela possa ser livre.*

Repeti isso até sentir sua doçura, suas qualidades amáveis, seu merecimento de ser amada e respeitada tanto quanto eu. Compartilhamos a mesma sabedoria, a mesma vacuidade luminosa fundamental. Além de dualidades, vivíamos no ambiente mútuo e ilimitado do amor e da consciência plena incondicional. A compaixão que surge com empatia reconhece que a ignorância causa sofrimento. Não o sofrimento da pobreza e de não ter onde morar, mas o sofrimento da interpretação equivocada, de considerar os fenômenos como reais quando isso não é verdadeiro. *A mulher é tão preciosa quanto eu, mas não há sinais de que ela saiba libertar sua mente das interpretações errôneas.*

Mantive a imagem daquela mulher até sentir que a amava incondicionalmente. Amava seu marido e os filhos deles. Desejei que tivessem a mesma felicidade e fossem livres de sofrimento, a mesma aspiração que tinha pelas crianças da minha própria família e pelos mongezinhos do Tergar. Expandi o meu coração para todas as pessoas na estação — as pessoas sentadas no chão, as pessoas apressadas, os vendedores que me venderam arroz, *dal* e chá, o gerente do dormitório. Expandi o meu amor para incluir todas as pessoas naquele trem de Gaya, os que tinham pisado e caído sobre mim, e sabia, sem dúvida, que eles também desejavam ser felizes. Isso era válido para todas as pessoas neste mundo inteiro, o mesmo para cada animal de estimação, cada animal selvagem, todos os insetos, todos os ratos que correm em busca da felicidade em uma migalha.

Descansei. Quieto e calmo. Não alimentei ilusões de que essa pausa acabaria com as minhas dificuldades, mas isso deu às minhas ansiedades uma lição sobre não ter nenhum lugar para ir. As imagens de mim como nadador iniciante continuaram emergindo. As fortes correntes, especialmente a vulnerabilidade que advinha de estar sozinho, haviam me afastado de minha própria proteção interior. Tinha mantido a minha cabeça fora da água, mas com muito esforço. Agora a maré tinha mudado e estava subindo. Imaginei um bom nadador se sentindo corajoso na água. Não, não só destemido; não bastava apenas negar o medo. Um bom nadador receberia as águas agitadas como um desafio. Na estação de trem mais suja de toda a Índia, eu aprenderia a nadar. *Sim, eu posso fazer isso!*

Saí de casa e segui o meu plano de vir para Varanasi. Agora eu não tinha mais planos. Contudo, poderia dirigir o meu futuro. Tinha muitas opções. Poderia voltar a Bodh Gaya, ou a Katmandu, talvez até mesmo seguir para o norte, para o meu monastério no Tibete. *Não, não me sinto atraído por esse tipo de guarida, apesar das dificuldades dos últimos dias. Quero renascer como um iogue andarilho. Estou tomando essa decisão voluntariamente, conscientemente. A chance de fazer este retiro é uma dádiva que provém de práticas anteriores. Estas são as minhas sementes cármicas e não vou desperdiçá-las. A alegria e o entusiasmo de fazer este retiro surgiram da minha prática. Minha confiança e coragem são a realização dos meus estudos — práticas de consciência plena e insight, meditações do sono e do sonho, práticas de vacuidade, práticas de compaixão, todas essas.*

Não estou desistindo. O constrangimento ainda está aqui. O impacto no meu corpo está comigo. Mas ainda posso direcionar o meu futuro — não prosseguir sem esses companheiros não planejados, mas sim continuar com eles. Consciência plena imutável em meio à turbulência. Estou direcionando este corpo para continuar com o constrangimento e o impacto de estar sozinho, sol e nuvens ao mesmo tempo. Nu e vestido. Aprendendo a nadar com as ondas.

15. Memento mori

Como as regras da estação me proibiam de voltar ao dormitório, era hora de parar de sentar no chão de pedra. Tinha que pensar em qual seria o meu próximo passo. Percebi um grupo de ocidentais ali perto me olhando e, rapidamente, abaixei a cabeça e fiquei muito quieto, examinando-os com os olhos semicerrados. Homens e mulheres, talvez um pouco mais novos do que eu, brancos, ingleses, talvez americanos. Vestidos de modo casual, mas bem cuidados. Tinham mapas e guias e estavam planejando visitar Varanasi e, a seguir, Sarnath, onde o Buda havia ensinado pela primeira vez. Ao contrário da família ao meu lado, ocupavam muito espaço, gesticulando com mãos e braços voando para longe de seus corpos, em pé com as mãos nos quadris, cotovelos afastados dos seus troncos.

 Pareciam impetuosos, confiantes, talvez arrogantes. Vi um jovem caminhar até uma barraca de chá, tão seguro de si, mesmo sendo estrangeiro. No entanto, estavam aqui porque claramente queriam algo deste canto sagrado do mundo antigo que não puderam encontrar em suas vidas modernas. Talvez estivessem em busca de transformação interior. *Espero que encontrem alguma coisa benéfica, um modo de entender o mundo e seu lugar nele que possa ter uma influência positiva em suas vidas, e possam compartilhar com seus amigos quando retornarem para casa. Espero que não sejam seduzidos pela máquina moderna de ganância, do dinheiro e do poder que está des-*

truindo o nosso planeta. Com certeza irão para os ghats, *onde os rituais públicos para os mortos criam uma intensa experiência espiritual para os vivos. Os visitantes vêm aqui para visitar os* ghats. *Fico imaginando que impressão terão desse lugar.*

Certa vez ouvi uma história sobre um homem que estava esquiando nos Alpes franceses. Sem qualquer sinal de alerta, uma nevasca com muita nebulosidade envolveu a região e ele se perdeu de seus amigos. Andou por muitas horas em meio à ventania feroz da nevasca até encontrar um remoto monastério católico. Já estava muito tarde e escuro e não havia nenhum sinal de vida. Bateu ruidosamente no portão de entrada de madeira e, até que enfim, apareceu um monge ancião que o deixou entrar. Deram-lhe uma tigela de sopa quente e ele foi levado para uma cela com uma cama de solteiro. Acima de sua cabeça estava pendurada uma imagem de Jesus Cristo. Tinha acabado de cair em um sono profundo quando ouviu uma batida forte. Abriu a porta e viu um monge carregando uma lanterna. O monge disse: *Memento mori*. Então, continuou andando pelo corredor, batendo na porta de cada cela: *Lembre-se da morte*. Exausto, o esquiador olhou para seu relógio. Concluiu que este era um ritual da meia-noite e caiu em sono profundo novamente. Uma hora depois veio a mesma batida, o mesmo monge e a mesma mensagem: *Memento mori*. A cada hora, durante a noite toda. Nunca era permitido a esses monges esquecer a morte.

Os jovens ocidentais estavam se preparando para partir. Especialmente entre pessoas parecidas com eles, ser lembrado da morte a cada hora não poderia ser mais discrepante da visão dominante de que contemplar a morte é mórbido, e falar sobre ela em público é indelicado. *Talvez estejam indo para os ghats agora mesmo. Se tiverem sorte verão um corpo queimando na beira do rio, inspirarão o cheiro de carne queimada e, sem dúvida, entenderão que também vão morrer.*

Depois que eles se foram, levantei-me e comecei a perambular pela estação, tentando descobrir para onde ir. Parei em uma banca de jornal e peguei um guia sobre a Índia que tinha ótimos mapas com rotas e distâncias de uma cidade à outra e um tour especial aos quatro locais principais de peregrinação budista. Seguindo a convenção linear, o tour começava no local de nascimento do príncipe Siddhartha Gautama, que viria a se tornar o Buda histórico, em Lumbini, que hoje fica no sul do Nepal. Não sabendo mais o que fazer, mergulhei na história da vida do Buda como se tivesse me deparado com ela pela primeira vez.

 O livro descrevia a profecia, feita por ocasião do seu nascimento, de que Siddhartha se tornaria um líder político ou um líder espiritual influente. A ideia de ser um líder espiritual alarmou seu pai, que era o chefe do clã Shakya. Determinado a fazer com que seu filho continuasse seu legado político, o pai construiu um palácio de prazeres repleto de gratificações sensoriais e diversões destinadas a inebriar o filho e refrear sua curiosidade por qualquer outra coisa. Visões consideradas desagradáveis, estressantes ou assustadoras eram proibidas nas dependências do palácio. O esquema não só falhou, mas teve o efeito oposto. Siddhartha acabou indo a uma aldeia próxima, onde se deparou com uma pessoa carcomida pela idade, outra devastada pela doença, um cadáver e, no meio deles, um asceta calmo e comedido. As vendas dos seus olhos foram removidas, e ele logo partiu para a floresta em busca da verdade.

 Certa vez, em visita a Mumbai, fui levado para ver um set de filmagem de Bollywood construído para parecer um bairro suburbano. Então, tive um pensamento: *e se um moderno aspirante a Buda fugisse da vida artificialmente perfeita, uma espécie de versão cinematográfica unidimensional de um idílio suburbano, uma prisão-palácio, e viesse para Varanasi?* Talvez os ocidentais que eu acabara de ver viessem de cidades como aquela, com todas as casas iguais, com o mesmo tipo de jardim — bem cuidado, mas não vivo. Varanasi era o melhor lugar para alguém aprender sobre a doença, a velhice e a morte. Mas e quanto ao quarto encontro que Siddhartha teve na aldeia com um asceta sereno e equilibrado, trajado em túnicas, alguém talvez parecido comigo? *O que eu poderia inspirar, passando meu tempo com o nariz enfiado nas páginas deste guia, quando não sabia o que fazer, ou para onde ir?*

Quando o príncipe fugiu das propriedades do pai, ele morreu como Gautama. Desistiu da sua vida luxuosa para seguir os princípios ascéticos dos iogues da floresta. Quase não comia, nunca se banhava, dormia no chão — práticas que negavam conforto ao corpo como um método para despertar a mente. Mas, depois de seis anos, as austeridades extremas não levaram a uma mente liberada. A fim de encontrar seu caminho, ele precisou renunciar ao ascetismo.

O guia seguiu descrevendo Bodh Gaya, lugar em que o Gautama se sentou sob a árvore bodhi onde hoje é o Templo Mahabodhi. Foi lá que Siddhartha renasceu como o Buda, "o desperto". Não importava se conhecesse Bodh Gaya mais profundamente do que o autor. Continuaria lendo com impetuoso fascínio. Leria a história da minha herança pelo tempo que precisasse — pois o próximo passo seria deixar a estação ferroviária.

O texto falava que o Buda *atingiu* a iluminação sob a árvore bodhi. Comecei a fazer correções. Muitas vezes a iluminação é entendida como um novo estado de consciência que é conquistado, como se fosse um objeto a ser obtido, ou algo pelo qual lutar, fora de nós mesmos. Entretanto, o Buda viu que a sua mente que anseia era o problema. Ele estava vendo a realidade de cabeça para baixo. Depois de anos tentando controlar a mente e negar as necessidades mais básicas de seu corpo, tomou a decisão de parar de tentar *obter* a iluminação, e apenas sentar e olhar a própria mente para ver o que poderia aprender a partir da observação direta da sua experiência no momento presente. Isso é o que ele fez debaixo da árvore bodhi. O que ele descobriu é que a nossa verdadeira natureza já é desperta, já é perfeita tal como é; e que aquilo que inicialmente buscava alcançar já estava dentro dele.

O insight que o Buda teve é tão simples e ainda assim tão difícil de aceitar. Seus ensinamentos nos apresentam uma parte dormente, oculta e desconhecida de nós mesmos. Esse é o grande paradoxo do caminho budista: praticamos a fim de conhecer o que já somos, portanto, não *alcançamos* nada, não *obtemos* nada, não *vamos* a lugar nenhum. Tentamos descobrir o que sempre esteve conosco.

Memento mori

Em Sarnath, a apenas 11 quilômetros de Varanasi, o Buda ensinou pela primeira vez. O livro explicava que seu primeiro ensinamento expunha a verdade do sofrimento. Bastante justo, pensei, mas deparou com uma explicação, essa única frase levou pessoas de todo o mundo não budista a interpretar erroneamente essa tradição como niilista, até mesmo mórbida, e preocupada com as aflições mentais.

De onde vem o sofrimento? Funcionar como se nossa própria vida e as de nossos entes queridos fossem durar para sempre é claramente uma percepção equivocada. Pensar que nunca nos separaremos da família ou dos companheiros é um engano. Pensar que nossas relações, nossa saúde, finanças, reputação e assim por diante são estáveis é um erro imenso — pois muitos de nós já tivemos que aprender com perdas e mudanças abruptas. Mesmo agora, depois que as torres do World Trade Center caíram, o Titanic naufragou no fundo do oceano e os Budas Bamiyan foram dizimados da Terra, ainda continuamos nos enganando ao perceber as estruturas como duradouras — quanto maiores, mais duráveis.

A verdade do Buda é que, sim, a vida é sofrimento, e a natureza da nossa vida da maneira como a conhecemos hoje é de insatisfação, frustração e mal-estar de todos os tipos, contanto que permaneçamos presos em nossas interpretações equivocadas; mas esse entendimento incorreto não é fixo — não está vinculado a nada. Portanto, temos uma escolha. Evitar nossos demônios internos — nosso medo da mudança e da morte, nossa raiva e inveja — apenas infunde maior poder a esses adversários. Quanto mais fugimos, menos chance temos de escapar. Devemos enfrentar o sofrimento, entrar nele; só então poderemos nos libertar. Esta é a primeira nobre verdade.

De repente, vi que poderia passar muito tempo aqui, pois havia voltado ao meu papel de professor. Estava na minha velha pele, tão familiar quanto as túnicas que usava. *Onde estava a minha mente peregrina — a mente que sai de cabeça baixa em humildade, o coração em súplica para o que quer que surja? Não posso ficar aqui para sempre.*

O último grande local é Kushinagar, onde o Buda morreu, por volta de 487 AEC. Lá o tour chegava ao fim. Após 2.600 anos, inspirado pelo Buda, meu próprio tour estava apenas começando. *Ou já havia começado. Ou começará quando eu remover as minhas túnicas de monge. Ou quando... eu não estiver pregado a esse chão. Mesmo quando estou parado, o meu sangue circula, o meu coração bate e meus pulmões respiram, minhas células estão morrendo e se regenerando, meus órgãos estão envelhecendo. Se soubesse para onde ir, eu me movimentaria.*

Acontece que Kushinagar situa-se a 80 quilômetros a noroeste. Estive lá apenas uma vez, muitos anos antes, com meu irmão Tsoknyi Rinpoche. Em geral, Kushinagar não recebe a mesma circulação de peregrinos que outros locais budistas — todos esses já visitei muitas vezes. Com as temperaturas de junho subindo para 48°C, mesmo os devotos querem ficar longe de lá — em especial os tibetanos que ainda estão se adaptando aos climas do sul em seu exílio. Esse era um detalhe muito útil, já que eu não queria ser reconhecido. Comprei uma passagem para pegar o próximo trem para Gorakhpur; de lá, pegaria um ônibus para Kushinagar.

Cerca de 500 anos após o diálogo entre o monge Nagasena e o rei, a mesma desconstrução do eu foi reformulada pelo mestre indiano do século VIII, Shantideva — só que ele deu um passo adiante:

> Os dentes, os cabelos, as unhas não são o "eu",
> E o "eu" não é nem os ossos nem o sangue;
> O muco do nariz e o catarro não são o "eu"
> Tampouco o "eu" é feito de linfa ou de pus.
> [*O caminho do bodisatva, cap. 9, v. 57]
>
> O "eu" não é a gordura nem o suor do corpo
> Os pulmões e o fígado também não o constituem.
> Nem os órgãos internos são o "eu".
> Assim como os excrementos e a urina também não o são.
> [9, 58]

Para demonstrar como o eu iludido cria seu próprio sofrimento, Shantideva indaga:

Se algo como "eu" de fato existe,
Então terrores, certamente, o atormentarão
Mas, visto que "eu" não existe em absoluto,
O que resta para o medo aterrorizar? [9, 56]

Esse *eu* chamado Mingyur Rinpoche estava estressado na estação de Varanasi. E esse *eu* foi indagado por Shantideva — como cada um de nós está sendo: *o que resta para o medo aterrorizar?* Ou, em outras palavras: *quem sou eu?*

Se concordarmos com Nagasena e Shantideva — mesmo como um jogo de palavras intelectual —, é fácil concluir que esse *eu* — o receptor dos pavores — não existe, não em qualquer forma essencial. *E, mesmo assim... esse eu que não pode ser encontrado, que é essencialmente transparente e fluido como a água, ainda pode ficar muito magoado.*

Sem nenhum treinamento, eu poderia ter concluído que a estação ferroviária era o problema, não a minha mente. É verdade, a estação poderia ter algum serviço de controle de ratos e um serviço mais eficiente de limpeza de lixo e fezes. Isso seria muito bom. Mas, quando olhamos para a nossa vida de classe média, ou para as vidas daqueles que vivem livres de vermes, com comida suficiente e cadeiras macias, não encontramos muita satisfação. O Buda ensinou que a mente é a fonte do sofrimento e a fonte da liberação. Quando comecei a viajar para os países industrializados modernos, nada no mundo confirmava mais essa verdade fundamental do que os encontros diretos com a atormentada agonia que coexiste com o esplendor do reino dos deuses. Sem transformação pessoal e sem algum senso de humildade — mesmo em relação ao universo em si —, a ganância e a raiva nos empurram para o precipício. Parece que, sem reconhecer o modo como cada um de nós se coloca para receber as flechas, continuamos disparando flechas uns nos outros, interpretando erroneamente a fonte da nossa angústia como sendo algo fora de nós mesmos.

Desta vez, quando embarquei no trem, senti-me como uma pessoa experiente em trens de terceira classe, menos intimidado pelo empurra-empurra. Em vez de lutar contra o meu desconforto, tornei-me mais complacente. *Estou tenso, e daí? Não gosto de pessoas olhando para mim com desconfiança, tudo bem. Observe, não finja, deixe estar.* Embora Varanasi tivesse sido inesperadamente difícil, parti me sentindo menos desorientado do que quando cheguei. Sem alguma confiança básica na verdade da mudança, eu poderia ter retornado a Bodh Gaya.

Com uma mente mais relaxada do que na minha primeira viagem de trem, descobri que meus companheiros pareciam tão desprovidos quanto os da viagem anterior, mas não representavam mais uma brigada estrangeira e não mostravam nem um pouco da hostilidade que encontrei primeiramente em Varanasi. Notei que sorriam com frequência, como compartilhavam seus escassos suprimentos de comida, a gentileza com que seguravam seus filhos. Mais uma vez, concluí que as pessoas urbanas modernas parecem ser mais estressadas e agitadas do que os pobres do campo. Ter confortos materiais parece fazer com que as pessoas se apeguem excessivamente pois têm mais medo de perder suas posses. Estão sempre querendo mais e mais e nunca estão satisfeitas. As pessoas desfavorecidas do Nepal e da Índia, com expectativas muito mais baixas, pareciam mais satisfeitas com o pouco que tinham. Tinha começado a reconhecer que os problemas que afligem as pessoas do mundo moderno no auge da sua vida familiar e profissional estão intimamente relacionados a questões que surgem para todas as pessoas em todos os lugares no fim da vida: incapacidade de aceitar a impermanência, tentar agarrar o que não está disponível e não ser capaz de abrir mão.

Subjacente a tanta ansiedade no mundo moderno está o medo da morte: o que vai acontecer e como isso vai acontecer. Vai ser doloroso? Vai ser difícil? Haverá culpa, remorso, redenção? As pessoas em todos os lugares têm medo de morrer, mas o medo da morte e a negação da morte parecem ser reforçados por valores materiais, pela nossa tendência a agarrar a vida que conhecemos.

Memento mori

Queria saber se morrer como Mingyur Rinpoche afetaria o meu próprio relacionamento com as mudanças futuras, se influenciaria a forma de trabalhar com a impermanência e a morte física — supondo que eu conseguisse de fato fazer isso acontecer. Queria saber como a geração de mestres do meu pai tinha jogado lenha na fogueira. Muitos da geração mais velha de professores, inclusive o meu pai, quiseram fazer um retiro como andarilhos. No entanto, após a invasão chinesa no Tibete na década de 1950, houve um tremendo senso de responsabilidade por parte dos lamas, especialmente os tulkus e os detentores das linhagens, para manter a tradição. A reconstrução dos monastérios no exílio e o treinamento dos jovens monges tiveram precedência sobre os retiros pessoais. Tive muita sorte de ter nascido no Nepal e nunca tive que sobreviver à perigosa fuga do Tibete. Também tive a sorte de, na época em que quis fazer um retiro prolongado, o Budismo Tibetano já estar suficientemente estabilizado no Nepal e na Índia para permitir me afastar das responsabilidades da minha linhagem e dos monastérios que herdei da minha encarnação. O trabalho de reconstrução dos monastérios realizados pela geração mais velha de mestres tibetanos tornara esse retiro possível. Agora que estava a caminho, me lembrei dos seus sacrifícios com renovada apreciação.

Nas semanas que antecederam a minha partida, tudo o que estava sendo deixado para trás elevava-se como uma montanha dourada refletindo tudo o que eu confiava e valorizava. Por semanas, a minha mente alternara entre olhar animadamente o que viria pela frente e olhar para trás com um toque de tristeza. Tive muitos momentos de dúvida sobre se conseguiria prosseguir com esse plano. Mesmo no trem para Gorakhpur, hesitava entre tomar uma firme decisão e questionar se tinha coragem de trocar o calor vibrante desse amor, que era como uma montanha gigante, pela duvidosa hospitalidade das ruas. Quando senti a balança se inclinando demais para a escuridão, lembrei-me de histórias para aumentar a minha confiança. Grande parte da minha iniciação no mundo do Dharma — como todas as crianças tibetanas — tinha sido sob a forma de histórias inesquecíveis. Uma em particular dizia respeito a um parente do meu pai.

Como um monge jovem de vinte e poucos anos, esse homem queria ver Patrul Rinpoche (1808-1887), um dos maiores de todos os mestres tibetanos. Patrul Rinpoche, em geral, preferia viajar sozinho e, muitas vezes, tentava evitar as responsabilidades monásticas. Tudo o que mais queria era viver nas montanhas, sem ser reconhecido. Parecia tão desvalido, com túnicas tão esfarrapadas e maltrapilhas que, frequentemente, era confundido com um mendigo; foi até mesmo repelido nos portões dos próprios monastérios em que fora convidado a ensinar. Ele podia ensinar sentado no trono do abade ou ser mantido a distância; podia ser servido com a melhor comida, ou ganhar um punhado de farinha de cevada e receber a ordem de seguir em frente. Um jeito ou outro estava bom para ele. Eu me perguntei se poderia treinar a minha mente para que se mantivesse estável em todas as circunstâncias, aceitando seja o que for que surgisse.

Segundo o meu pai, esse jovem monge encontrou Patrul Rinpoche durante uma viagem que o venerável mestre estava realizando na companhia de vários outros lamas. Certa noite, dormiram em um campo na base de um alto desfiladeiro. Durante a noite, espalhou-se a notícia de que Patrul Rinpoche estava por perto, e os peregrinos acordaram com os gritos dos devotos exaltados descendo os caminhos montanhosos das suas aldeias a fim de fazer prostrações e oferendas a ele. Um homem se adiantou com uma moeda de ouro excepcionalmente grande e pesada. Disse a Patrul Rinpoche que um membro da sua família tinha acabado de morrer. Estendeu-lhe a moeda e solicitou que fizesse preces. Patrul Rinpoche disse que teria prazer em fazer as preces, mas não precisava da moeda. O homem insistiu, explicando que não poderia aceitar as orações se Patrul Rinpoche não aceitasse a moeda. Ficaram nesse vai e vem até que Patrul Rinpoche disse: *Tudo bem. Vou aceitar a moeda. E depois das preces, vou devolvê-la a você.* O homem concordou, mas depois que Patrul Rinpoche ofereceu as orações, o homem se recusou a pegar a moeda de volta.

Enquanto a discordância continuava, os outros membros do grupo encaixotaram os sacos de dormir e os utensílios de cozinha. Patrul Rinpoche finalmente disse: *Vamos colocar a moeda nesta pedra e deixá-la aqui.* Todos concordaram que essa era uma boa solução e começaram a se afastar. Apenas o jovem monge ficou para trás. Ele não conseguia tirar os olhos da enorme moeda de ouro e não conseguia acreditar que todos tivessem deixado a moeda lá. Calculou que se não a pegasse, um aldeão poderia voltar às escondidas para pegá-la. Tentou racionalizar o roubo imaginando todas as coisas altruístas que poderia realizar com tanta riqueza. Permaneceu junto da moeda durante tanto tempo que Patrul Rinpoche e os outros quase chegaram ao topo do desfiladeiro e, até aquele momento, nenhum aldeão havia voltado. Começou a correr em direção ao desfiladeiro, mas parou e virou para trás. O sol da manhã havia se erguido acima das montanhas e os raios de luz atingiam a moeda, fazendo-a cintilar como o próprio sol. Outra vez ele cravou os olhos na moeda. Fez isso mais uma vez e correu ao encalço dos outros.

Independentemente de quantas vezes meu pai me contara essa história, ele sempre queria ter certeza de que eu entendia os pontos principais: *você terá mil chances de escolher entre uma direção negativa e uma positiva* — o que significa aumentar ou diminuir o sofrimento para si e para os outros; e, *se realmente tiver a aspiração de cortar os seus apegos, você pode fazer isso, não importa quais sejam as circunstâncias* — mas sempre haverá algo puxando você para a direção oposta. Nunca vai ser fácil, porém, pode ser feito.

Entendi que sentir a atração daquilo que eu valorizava e amava, e daquilo que é familiar, é uma parte necessária do processo de cortar os apegos. Também comecei a ver que morrer para o velho eu, e renascer como algo novo, não aconteceria da noite para o dia. Não estava no ambiente conhecido de um monastério, mas ainda tinha muito ego, meu eu Mingyur Rinpoche, para me sentar confortavelmente no chão entre estranhos. *Mas isso vai mudar. Tenho certeza.*

Olhei pela janela do trem. Tinha acabado de imaginar Patrul Rinpoche na região fria e montanhosa do Tibete. Agora, via campos planos sob um sol escaldante. Se pudesse conversar com o meu pai naquele momento, o que ele teria dito?

Ami...escute aqui....

E daí.. Qual seria a próxima frase?

Embalado pelo movimento do trem, adormeci.

Parte dois

VOLTANDO PARA CASA

16. Onde o Buda morreu

A viagem de ônibus da estação ferroviária de Gorakhpur para Kushinagar leva cerca de uma hora e meia. Manusear dinheiro estava ficando mais fácil, mas eu ainda tinha que examinar cada nota de rupia para saber o valor correto. Sentei-me em um banco de madeira perto da janela aberta. A rodovia percorre paisagens que se tornam cada vez mais isoladas e rurais — vilarejos cada vez menores, entre grandes extensões de campos verdes. Juntas de bois cutucados nos traseiros por homens velhos, vestindo *dhotis* brancos e curtos, percorriam os campos vagarosamente, suas caudas afastando as moscas dos flancos. Vi famílias inteiras trabalhando juntas. O ônibus partilhava a pista da rodovia com carros e caminhões, bem como pequenos cavalos acoplados a carroças transportando pessoas, juntamente com pássaros engaiolados ou sacos plásticos de grãos; outros continham montes de couves-flores recém-cortadas ou pilhas de longas varas de madeira que pareciam materiais de construção.

 Me senti aliviado por estar longe de Varanasi. Os últimos dias foram difíceis. Ainda assim, o entusiasmo em relação ao meu retiro ainda estava presente. Tinha tomado consciência da turbulência na superfície da minha mente. Mais profundamente, me sentia alerta, confiante, até contente. *Sei que a turbulência não é o problema real. Ainda desejo renascer como um iogue andarilho descontraído. Não quero viver como um príncipe, preso em um ambien-*

te higienizado. Se o objetivo da meditação fosse apenas se livrar das emoções negativas, eu não teria interesse em praticá-la.

Vira-latas perambulavam livremente; vacas, galinhas, porcos mantinham suas cabeças no chão, comendo ou procurando comida. Os corvos tagarelavam nos galhos e as garças brancas sentavam-se como pilastras no chão ou empoleiravam-se no dorso das vacas. Quanto mais adentrávamos nessa zona rural pacífica, mais leve eu me sentia. *Esses cenários de campos e animais devem ser semelhantes aos que Buda viu.* Durante o tempo do Buda, Kushinagar era a capital de uma pequena dinastia denominada Malla. *Naquela época havia mais florestas com cobras, leopardos e tigres perigosos. Suponho que o Buda tenha andado descalço pelos caminhos de terra. Fico imaginando se ele chegou a sentir medo.*

Os peregrinos vêm a Kushinagar para visitar o Parque do Parinirvana, local que celebra a morte do Buda. De acordo com o guia que li na estação de Varanasi, esse local consiste em uma extensa área de gramados bem cuidados ao redor de uma estupa e de uma construção adjacente do século XIX que abriga uma antiga estátua do Buda em seu leito de morte, feita de arenito e com cerca de seis metros, deitado sobre seu lado direito e com a cabeça voltada para o norte. A um quilômetro e meio de distância está a Estupa Ramabhar, conhecida como a Estupa da Cremação, construída para abrigar as relíquias remanescentes da pira da cremação do Buda. Não há muito mais para ver. Desde a minha última visita, foram construídos vários templos de diferentes países budistas, como Tibete, Mianmar e Tailândia, próximos a esses locais importantes da história do Buda. Kushinagar, porém, continua a ser uma aldeia indiana comum.

A entrada do parque fica ao lado da rodovia e, vindo da direção de Gorakhpur, fica em frente ao terminal de ônibus. O motorista gentilmente concordou em me deixar perto do portão. Saí do ônibus e caminhei para o parque, feliz por ter chegado e estar longe de Varanasi. Acabara de chover, o ar cheirava a limpo e a grama ainda reluzia.

Dois guardas uniformizados estavam sentados na entrada. Eles examinaram os meus documentos de cidadania nepalesa e me fizeram sinal para entrar. Fui diretamente prestar homenagem ao Buda deitado. Deixando a minha mochila ao lado, fiz três prostrações completas e, em seguida, sentei-me ajoelhado no chão. Orei para que continuasse conectado com a consciência plena atemporal, que é a essência de todas as emoções turbulentas. Orei para deixar que os sentimentos de desconforto e, em especial, de constrangimento, se autoliberassem, para não interferir nos sentimentos, deixá-los estar e mantê-los dentro da consciência plena. Orei para que tivesse coragem de acolher as emoções negativas e tentasse trabalhar com elas. Orei para ver as ondas não como monstros ou outros obstáculos ameaçadores, mas como demonstrações da atividade iluminada que refletiam a verdadeira natureza da minha própria mente. Orei para aprofundar o meu entendimento, para que eu pudesse ser de mais benefício para os seres sencientes.

Peguei minha mochila e me afastei do Buda deitado, sem me virar até passar pela porta. Em seguida, circulei o parque algumas vezes, aproveitando a calma e vendo em quais lugares eu gostaria de me sentar na manhã seguinte. Passei pelos guardas ao sair e fui devagar em direção a uma área de pousadas que ficava a cinco minutos do parque. No caminho, comprei uma espiga de milho assado por cinco rúpias de um vendedor ambulante, e cinco bananas, de outro, por apenas uma rúpia cada uma, espantado de ver como as bananas eram baratas.

Dei entrada em uma pousada de um único andar. Seu nome, Dharamsala, significa "casa de peregrinação," indicando a acomodação mais simples e barata. O proprietário, um homem simpático de meia-idade, mostrou-me um quarto de cerca de 2m² que custava 200 rúpias por dia (cerca de três dólares americanos). Tinha uma cama pequena, um ventilador de teto, um banheiro anexo com chuveiro e não incluía refeições.

Aquela seria a minha casa, a partir da qual eu me arriscaria, na parte da manhã, nas tentativas de ensaiar a vida de um sem-teto, e para onde retornaria à noite. *Não tenha pressa, disse a mim mesmo. Permanecerei nesta ponte pelo tempo que necessitar, me tornando um sem-teto, um mendigo e um* sadhu, *familiarizando-me com esse novo caminho.*

O dormitório na estação de Varanasi tinha sido o meu terreno seguro. Essa pousada em Kushinagar funcionaria da mesma maneira. Esse retiro deveria expandir as minhas fronteiras muito além dos limites do que conhecia a meu respeito, a ponto de não haver mais nenhum *eu* se sentindo constrangido. Não haveria nenhum papel a desempenhar, nenhuma expectativa a ser cumprida, nenhum título que precisasse ser respeitado. No entanto, eu tinha me precipitado. Meu pai sempre me dizia para não ser tão impaciente. Apesar de todos os meus esforços para agradá-lo, não aprendi essa lição. Confundi o colocar mais lenha na fogueira pensando-o como um evento, em vez de um processo. Em algum lugar na minha imaginação, colocar um pedaço fininho de graveto de cada vez foi confundido com acender uma fogueira.

17. Qual é o seu sonho de felicidade?

Naquela primeira noite na pousada, tive outro sonho inquietante. Estava na rua, em nenhum lugar específico que possa nomear. Estava anoitecendo. As imagens se manifestavam desfocadas, em preto e branco. De repente, irrompeu um tumulto. Policiais me cercaram, me empurraram para dentro de um carro e me levaram de volta a um monastério. É tudo o que eu lembro. Nesse pesadelo, não estava claro se retornar para um monastério expressava desejo ou pavor. O monastério representava proteção para o meu corpo e liberação para a minha mente. Mas, quando ganhou foco, a paisagem onírica certamente se assemelhava aos filmes em que bandidos são levados para as prisões e onde os detentos vivem em celas.

Menos de uma semana havia se passado desde que agi como um prisioneiro saindo do Tergar. Agora, a polícia pegara um fugitivo, o abade budista mais procurado e perigoso, armado com vacuidade, aspirando penetrar mais fundo na vacuidade. Assim como no pesadelo que tive na estação de Varanasi, percebi que não havia acordado dentro do sonho. Ao tomar as imagens do sonho como reais, permiti que o medo mais uma vez levasse a melhor. Agora que estava acordado, pensei: *foi um sonho estranho; não tenho associações negativas com monastérios. Amo meus monastérios, meus monges e monjas, no entanto, não quero que o meu retiro seja interrompido e não quero voltar. Nos dois casos, foi apenas um sonho — bom, mau, deixe estar. De qualquer forma, estou mais interessado em saber como os sonhos confirmam a vacuidade, como a sua aparência translúcida reflete a nossa própria vacuidade essencial.* Mesmo tendo sentido o policial empurrando o meu corpo para dentro do carro, não havia nenhum sentido de solidez dentro do meu corpo ou no deles. Acordei com a ameaça do perigo, mas ela não tinha forma e não era, sem dúvida, mais ou menos real do que o intenso constrangimento que sentira nas estações de trem. Ainda assim, tanto o constrangimento nas estações quanto o medo nos sonhos foram experiências concretas. Reais, mas não verdadeiras.

Qual é o seu sonho de felicidade?

Fiz essa pergunta a um homem que conheci na Califórnia. Muitos anos antes, ele havia deixado um excelente emprego em uma empresa de tecnologia de ponta, no Vale do Silício. Lera livros sobre a vacuidade e chegara à conclusão de que seu emprego era vazio — vazio de significado, de valor —, e que o local de trabalho, o status, o dinheiro, todas essas coisas também eram essencialmente vazias. Determinou que sua vida não tinha sentido e abriu mão do trabalho para fazer algo que sempre quis fazer: tornar-se pintor.

Ele falava de maneira sincera, muitas vezes levando a mão à boca, como se estivesse checando a exatidão das suas palavras. Seu cabelo e barba estavam mudando de preto para cinza, e ele se vestia de modo casual, porém cuidado. Por vários anos vinha trabalhando em seu estúdio fazendo arte e levou uma vida gratificante. Um dia, participou dos ensinamentos que eu estava dando sobre a vacuidade. Depois de uma sessão, pediu para falar comigo. *Gosto desses ensinamentos sobre a vacuidade*, disse, *mas tem um problema. Antes, li livros sobre a vacuidade e, vendo que meu trabalho era vacuidade, eu o abandonei. Realmente gosto de fazer arte, mas depois de ouvir você hoje, vejo que até a minha arte é vacuidade. Agora, talvez eu precise abandonar a minha arte, mas se fizer isso, não terei como ganhar dinheiro.*

Eu disse a ele: *vacuidade não quer dizer "nada"*.
Ele se mostrou bastante surpreso. Expliquei: *todas as coisas vêm da vacuidade. Ela é cheia de vibrantes potencialidades, cheia de possibilidades.*
Então, eu perguntei: *Qual é o seu sonho de felicidade?*
Ele disse: *ter uma casa na praia.*
Ok, digamos que um dia você tenha um sonho bom de ter a casa na praia. E você seria muito feliz, certo?
Sim, claro.
Então, de repente, um incêndio queima a sua casa, que no sonho não tem seguro. Como você se sentiria?
Ficaria arrasado.
Perguntei: *essa casa é real ou não?*
Ele disse: *claro que não é real. É um sonho!*
Perguntei: *se tiver esse imenso problema, como a sua casa de praia pegando fogo, qual seria a melhor solução?*
Pensou com todo o cuidado e depois disse: *talvez acordar dentro do sonho.*
Sim. Se souber que está sonhando, nesse caso o tigre não pode te pegar, e o fogo não pode te queimar. Se a sua casa pegar fogo, você pode construir outra. Em nossa vida diurna, não negamos o desejo de ter a casa ou a carreira. Mas, se reconhecermos a vacuidade essencial dos fenômenos, poderemos desfrutar dos nossos desejos sem nos apegarmos às interpretações errôneas que causam sofrimento.

Você e eu, nesse exato momento, somos iguais à sonhada casa de praia. Irreais. Porém, isso não quer dizer que não somos coisa alguma. Muitas pessoas pensam que vacuidade é nada. Mas tudo vem da vacuidade. Se reconhecer a casa dos seus sonhos no sonho e olhar para ela, entenderá que ela não é real. Mas a casa dos sonhos ainda está lá. Real e não real, as duas coisas juntas.

Quando as pessoas ouvem falar sobre vacuidade, muitas vezes pensam que significa algo negativo, como o executivo de tecnologia que não encontrou mais significado no trabalho. Esse é um mal-entendido comum. Vacuidade não é uma ideia ou uma história. É uma experiência concreta que ocorre quando investigamos a experiência em si e descobrimos que a aparente solidez e a permanência dos fenômenos na verdade não existem.

Os sonhos são um exemplo perfeito. A casa tão sonhada aparece no sonho. Nós a vemos e temos consciência dela. No entanto, ela não existe. É fácil reconhecermos que os sonhos surgem da nossa mente. O executivo reconhece que a casa dos seus sonhos é vazia de substância e realmente não existe. Contudo, isso não significa que ele não tenha tido uma experiência da casa. Se no sonho ela pegar fogo, isso ainda continuará deixando-o arrasado.

É assim que a vida funciona. Nossa mente cria nossas experiências momento a momento, e sentimos essas criações como reais — tão reais que, erroneamente, supomos que estamos vendo a realidade lá fora, independente da nossa própria mente. Mas o objeto da percepção não pode ser separado da mente que a percebe. Não podemos sentir os nossos sonhos. Não podemos sentir, saborear ou tocar a vacuidade. Não podemos conhecer a sua origem. Não podemos dizer que a vacuidade existe. Porém, não a negamos quando dizemos isso. A vacuidade é tão real quanto um sonho. Tudo surge a partir desse terreno incompreensível da vacuidade. As coisas aparecem, mas não existem da maneira que supomos que existam. Aquilo que apontamos está além das palavras e da linguagem e não pode ser conhecido pela mente conceitual. Aprendemos a pensar em dualidades: real versus não real; sonhar acordado versus sonhar dormindo; bem e mal, viver e morrer. Quando nos deparamos com experiências que não se encaixam nessas dualidades, tendemos a descartá-las. Elas nos deixam nervosos. Não podemos acomodá-las na nossa lógica dualista. Quando o mundo convencional admite que aquilo que a mente conhece com sua percepção comum resume tudo o que pode ser conhecido, então fica mais difícil buscar a verdade.

À medida que desenvolvemos mais insight acerca das qualidades mentais diurnas e noturnas, ganhamos mais confiança para aceitar os limites da realidade consensual. Com a investigação, podemos ver que o tecido social é aglutinado pelo consenso.

Quanto mais pessoas compartilham o consenso, mais real ele se torna, e mais difícil é mudá-lo ou desmantelá-lo.

Esta lição foi aprendida da maneira mais difícil por um marajá na Índia antiga. O que hoje é a Índia, no passado consistia de principados separados, cada um com seu próprio rei ou marajá. Animosidades com frequência assolavam as regiões vizinhas. Certa vez, depois de uma chuva de monção especialmente forte, quando todos os poços ficaram cheios até a borda, os membros de um principado cruzaram o território dos seus inimigos e despejaram veneno em todas as aldeias. Apenas o poço do rei não foi envenenado pois tinha a proteção dos guardas.

O veneno provocou uma felicidade delirante. Todos pararam de trabalhar. Os campos e o gado foram abandonados. Os aldeões dançavam nas ruas a noite toda, cantavam canções e namoravam escandalosamente. O marajá sabia que seu rival inimigo havia planejado esse envenenamento para destruir o seu reino. Foi para as ruas e explicou às pessoas que elas haviam sido enganadas pelo inimigo. Porém, todas as pessoas concordavam que o marajá tinha enlouquecido. Durante vários dias, o marajá tentou criar entendimento entre as pessoas que haviam perdido a sensatez. Por fim, isolado das pessoas que amava, sozinho em seu sofrimento, bebeu de seus poços e juntou-se à festança.

O marajá sofreu em isolamento. Não precisamos fazer isso. Podemos nadar contra a corrente com a ajuda de mestres e textos de sabedoria — e da nossa própria inteligência. Os comerciantes e caçadores que encontravam Milarepa vagando sem botas e sem roupas pelas montanhas nevadas no inverno pensavam que ele era um completo lunático. Por sua vez, Milarepa achava que eles eram loucos, pois se mantinham presos a celas criadas por eles próprios, embora tivessem a chave para a sua própria libertação.

Enfiei algumas rúpias e meus documentos no bolso da minha camisa, deixei minha mochila na pousada e parti ao amanhecer em busca do meu próprio sonho de felicidade. Meu primeiro dia meditando ao ar livre! O sonho ameaçador da noite anterior foi varrido pelo meu entusiasmo. O ar da manhã era refrescante e não muito quente. Durante o verão, o Parque do Parinirvana abre ao público das seis da manhã até às seis da noite. Cheguei quando os guardas estavam abrindo o portão. Eles examinaram novamente meus documentos de cidadania nepalesa e me fizeram sinal para entrar. Continuei andando até o outro lado do portão. À sombra das árvores, tirei o meu manto e o estendi no chão para usar como tapete. Comecei contemplando a minha motivação.

Minha motivação era a mesma que tivera quando sentara no piso da estação de Varanasi, a mesma que tinha quando me sentava em qualquer templo: libertar-me do sofrimento autocriado a fim de ajudar a libertar os outros seres. Naquela manhã, comecei com uma reflexão sobre por que a tradição budista coloca tanta ênfase na motivação. Nos últimos dias, a minha motivação nunca vacilara, embora minhas meditações tivessem tido mais distração do que o habitual. A experiência da meditação tem altos e baixos. Se nos apegamos ao que consideramos *boas* meditações, certamente ficaremos desapontados. O compromisso de trabalhar com a mente significa manter a intenção, a aspiração. Continuamos tentando. O esforço contínuo tem mais valor a longo prazo do que resultados fugazes, independentemente do quanto possam ser positivos.

Nas várias horas seguintes, fiz uma prática simples de repousar a mente na consciência plena. E depois terminei a sessão dedicando o mérito. Este é o último passo de qualquer período de prática formal. Não queremos manter só para nós qualquer virtude que possamos ter acumulado. Por essa razão, a dedicamos aos outros seres. Dediquei o mérito aos membros da minha família, meus professores, ao mundo, a todos os seres sencientes. A dedicação é uma maneira de compartilhar, uma função do que chamamos de *generosidade espiritual*.

Depois das primeiras horas no bosque, o frescor do amanhecer deu lugar a um calor opressivo. Poucos visitantes entraram no parque e desfrutei de relativo isolamento. No entanto, estar sozinho em um novo ambiente mantinha os meus sentidos em alerta máximo, embora eu estivesse novamente dentro de um recinto fechado protegido por guardas. Dei boas-vindas a este santuário enquanto observava a ironia. Era o lugar perfeito para eu experimentar a minha nova vida. Não estava na floresta, nem sujeito a animais predadores; era retirado, mas não isolado. O parque ficava a meio caminho entre o novo e o familiar, uma expressão da religião budista em uma cidade hindu... *assim como eu*... Levantei-me e recoloquei o meu manto. Apesar do calor, eu continuava com o costume de usar um manto que cobria o meu ombro esquerdo, deixando o ombro direito exposto. Este ritual não havia mudado — ainda. Já tinha tomado várias xícaras de chá com açúcar, contradizendo totalmente a minha dieta habitual, mas as minhas túnicas de monge estavam em outra categoria. Elas eram o meu único bem precioso e levaria algum tempo para desistir delas.

Andei em torno do parque algumas vezes, parei nos banheiros públicos e depois no poço público, onde bombeei água para beber. Outra novidade. Depois disso, saí em busca de algo para comer.

Parei em uma barraca de comida ao ar livre improvisada com alguns bancos de metal e uma lona por cima. Pedi o item mais barato e mais desejável no cardápio: arroz e *dal*. Para minha alegria, as lentilhas eram do tipo amarelas e grandes que eu comia em Nubri, e cozidas de modo muito semelhante ao da minha avó. Por alguns minutos, o gosto me levou de volta à infância e me perdi nas lembranças.

Depois do almoço, voltei para a pousada para evitar sair nos horários mais quentes e continuei praticando sentado na minha cama, sob o ventilador de teto. *Ainda escolhendo e preferindo, mas tudo bem. Estou aprendendo.* Por volta das três horas, voltei ao parque, mais uma vez mostrando meus documentos de identificação. Não comi depois do almoço e, quando o parque fechou, voltei para a pousada pelo caminho mais direto, sem me aventurar pela aldeia. Sentei-me na cama e repeti a mesma sequência de práticas que fizera pela manhã e à tarde, e depois refleti sobre o meu dia.

Na superfície, eu ainda estava sendo coagido pela sensação tão nova e desconhecida de estar no mundo e estar sozinho: meditar no mundo lá fora, ficar em uma pousada, lidar com dinheiro, pedir uma refeição, comer sozinho em público. Em outro nível, todo evento que ocorria pela primeira vez estimulava entusiasmo, admiração e otimismo. *A jornada realmente começou. Agora estou em movimento. Para onde estou indo? Não sei. Que maravilha!*

Naquela noite, me concentrei na intenção de reconhecer o sonho dentro do sonho. A preparação básica envolve gerar a intenção, da mesma forma que podemos dizer: *amanhã, quero acordar às cinco da manhã.* Para nos lembrar dos nossos sonhos quando acordamos, fazemos um desejo semelhante. Se estivermos decididos a acordar dentro do sonho, podemos repetir muitas e muitas vezes — algumas dúzias de vezes — *esta noite quero reconhecer que estou sonhando enquanto estiver sonhando.*

Sonhei que estava no Tibete. Áreas imensas de campos verdes-esmeralda sem nenhuma obstrução de rochas ou árvores espalhadas em todas as direções, sob um sol brilhante e um céu deslumbrante. Flores coloridas enormes pontilhavam os campos como em uma versão em cores de excepcional vivacidade. Iaques pretos pastavam à distância. Em uma direção, o campo acabava em uma queda acentuada para um rio. Eu andava pela grama quando reconheci que estava em um sonho: *posso fazer o que quiser!* Com minhas mãos estendidas nas laterais do corpo, segurei o meu manto atrás de mim e corri, primeiro saltitando, depois pulando até que o vento apanhou o manto como uma pipa e me levou para cima e para longe nas montanhas e, depois, de volta para o rio. Foi tão prazeroso voar pelo espaço! Livre como um pássaro, levado pelo vento.

Gosto mais desse sonho do que o sonho de ser pego pela polícia. Gosto mais do sonho de Kushinagar do que o sonho de Varanasi. Gosto do sonho dessas árvores e desse ar fresco. O Buda se tornou o Buda porque reconheceu que tudo era um sonho, inclusive ele mesmo.

Na manhã seguinte, a caminho do parque, parei para comprar milho assado. Tentei pagar, mas o vendedor recusou, sendo essa a primeira oferenda induzida pelas minhas túnicas de monge. Isso me deixou muito feliz. O dia estava especialmente claro e fresco, sem nuvens, sem sinal de chuva, igual ao clima perfeito do meu sonho da noite anterior. Voltei para a Estupa do Parinirvana, mostrei meus documentos e andei até a região mais distante. Minha situação estava começando a parecer muito amigável.

Gostei de voar. Tinha gostado do encontro com o vendedor, e o milho foi quase a melhor coisa que eu já comera na vida. Lembranças de casa misturadas com as doces lembranças da manhã. No entanto, aqui no parque, as imagens de casa, do milho, do vendedor e de voar pelo espaço, todas existiam igualmente distantes de onde eu as observava. Uma imagem não estava mais perto ou mais distante que a outra. Nem poderia dizer que um pensamento fosse mais *real* que o outro. Esses pensamentos, imagens, conceitos, apenas flutuavam como nuvens. As lembranças de casa poderiam se arrastar em nós emocionais, mas, em si mesmas, não tinham raízes mais fortes em um objeto chamado *lar* do que a imagem do milho que vive em uma planta chamada *milho*. Quando paramos para investigar a qualidade dessas nuvens de pensamentos, elas emergem mais como sonhos do que como o que normalmente chamamos de *real*. Nem os sonhos noturnos, tampouco os pensamentos diurnos têm substância ou durabilidade. No entanto, até acordarmos para a realidade, as percepções do dia e da noite têm a capacidade de desorganizar a nossa vida.

Não sou a mesma pessoa que era em Varanasi. Nas últimas 48 horas, perambulei pelo inferno, refugiei-me em um dormitório, passei algum tempo com meus professores, especialmente Nyoshul Khen Rinpoche, andei com Nagasena para ajudar a confirmar que meus títulos são apenas máscaras externas. Havia me sentido triste e solitário, confiante, otimista e desanimado. Mas a mente que vivenciou tanta agitação desapareceu. Acabou. Morreu. Isso não significa que não reaparecerá — ela pode renascer. De um jeito ou de outro, está tudo bem.

Me senti confortável com a minha decisão de ir mais devagar para fazer a transição para a rua. Eu não tinha morrido fisicamente como Mingyur Rinpoche, mas estava *entre* estados mentais. Voei pelo espaço sem mais substância do que um arco-íris. Transpusera cenários mentais e chegara recém-renascido a este reino, com este corpo humano — que não era exatamente o mesmo corpo que tinha ontem. Se pudermos perceber que o corpo mudou, poderemos cultivar uma sensação de renovação e nos sentiremos energizados para viver plenamente o nosso melhor dia — antes de dormir e morrer tudo outra vez.

18. Sobrevivendo à escuridão

Meu pai havia me explicado: *sem a capacidade de morrer continuamente, acabamos vivendo em um lugar onde só crescem fungos — formas de vida que crescem a partir de matéria morta e vivem na escuridão.*

Na visão convencional, a vida precede a morte. Na visão de sabedoria, a morte do ego precede a vida. Até despertarmos para as percepções puras que não são filtradas e distorcidas pela cultura e pelas compulsões, caminhamos como sonâmbulos, desacordados dia e noite — *vivendo em lugares onde só crescem fungos*. Na visão da sabedoria, a fim de despertar para a realidade nesta vida, primeiro devemos deixar que o eu limitado e condicionado se solte e morra.

Uma vez eu vi um desenho animado de um hippie que, em sua busca espiritual, havia subido ao topo de uma montanha para perguntar a um sábio: *Você pode me contar qual será o meu futuro?*

E o sábio respondeu: *Claro. É fácil. A menos que você desperte, amanhã será como hoje.*

A nossa mente racional sabe que se hoje for o mesmo que ontem, o nosso corpo nunca vai ter fim. Mas o corpo acaba. No entanto, o dia de hoje muitas vezes *parece* igual ao de ontem. Aqui, nesse exemplo, podemos ver a diferença entre as histórias que contamos e o que realmente existe. Podemos ver que as nossas emoções não estão em sintonia com a realidade. O nosso corpo muda enquanto a nossa mente permanece presa. Essa não é uma boa receita de vida, especialmente à medida que envelhecemos. No entanto, podemos começar agora mesmo a cultivar mais sensibilidade às transições cotidianas sutis, ver como elas exigem o desapego e as lições que nos oferecem.

Dentro do bardo desta vida, há três estágios para cada novo projeto, e estes se assemelham ao bardo da morte, ao bardo de dharmata e ao bardo do renascimento. Funciona mais ou menos assim: qualquer começo novo — um novo relacionamento com um parceiro amoroso ou de trabalho, um novo chefe ou uma nova residência ou um animal de estimação — tem início com um momento de morte. Para entrar em um domínio de novidades inexploradas, e estar completamente aberto e disponível para o que ele oferece, devemos deixar de lado as nossas ideias de como as coisas devem funcionar. Devemos permitir que esses prejulgamentos se dissolvam; só na morte o passado não dominará este momento. Então podemos apreciar plenamente a doçura do frescor que acompanha este momento.

Muitas vezes, decidimos seguir uma nova dieta ou rotina de exercícios físicos, ou fazemos resoluções de Ano Novo, apenas para ver nossos antigos padrões se recomporem. Quando o comportamento habitual domina as nossas novas aspirações, não podemos avançar, apesar das nossas melhores intenções. Quando o presente é carregado de questões passadas, vivemos na escuridão e não podemos nos beneficiar dos efeitos revitalizantes do renascimento. Carregamos as velhas idealizações e fantasias perfeccionistas para o novo reino, o que torna difícil ter sucesso, de fato, no projeto novo.

É natural nos basearmos nas habilidades, talentos e criatividade que desenvolvemos no nosso passado; mas, para realmente florescer em nossa nova situação, devemos deixar os nossos apegos para trás. Isso é semelhante ao bardo da morte. Com o fim do nosso corpo, não temos escolha a não ser deixar a vida conhecida. Mas ainda podemos *escolher* se vamos abandonar os nossos apegos ou nos prender a eles.

Bem ao fim do nosso corpo de carne e osso, todos temos uma oportunidade incrível de reconhecer a consciência plena imortal. A mente dualista que estivera presa ao corpo é automaticamente liberada pelo colapso da estrutura fundamental, criando uma intensificação da lacuna. O processo é uma versão mais exagerada da mente dualista que se desgruda e se dissolve nos sonhos quando dormimos. O motivo de fazer esses paralelos com os bardos dentro dessa vida é reconhecer o processo contínuo da nossa própria morte e renascimento. Isso pode realmente nos ajudar a viver uma vida alegre no presente. Também pode ajustar as nossas percepções com a grande morte que acontece quando nosso corpo chega ao fim.

Se no final reconhecermos a vacuidade luminosa — que é a morte além da morte —, então não seguiremos para o próximo estágio, ou para o próximo bardo. Unir-se à morte para, com ela, tornar-se uma coisa só e reconhecer essa união nos permite entrar no reino imortal, que é o eterno presente, não condicionado pelo passado ou pelo futuro. É estar além do tempo, além de começos e fins. Nesse estado, não há um próximo estágio. Estamos totalmente à vontade com a situação em que nos encontramos — o relacionamento novo, o emprego novo, seja o que for —, sem compará-la com o passado ou antecipar o futuro, sem impor expectativas, sem exagerar possibilidades, sem ser traiçoeiro nem desconfiado, sem fazer tempestades em copos de água ou negar os momentos desagradáveis.

Ainda assim, tipicamente, como aconteceu comigo, parte da clareza da intenção desaparece no primeiro estágio. Ainda tinha clareza sobre a intenção, mas com o esforço de descobrir como fazer coisas como comprar passagens e chá, a intenção deixou de ser o mais importante. Antes de deixar o monastério, esperava morrer para a minha antiga vida da noite para o dia. Isso acabou se mostrando uma ingenuidade da minha parte. Mas não senti que estivesse vivendo em escuridão como um cogumelo; nem estava totalmente presente seja na minha antiga vida ou na minha nova vida. *Estou tentando deixar ir. Sinto que pouco a pouco vou habitando uma nova forma. Entendo isso. Estou trabalhan-*

do para isso. Mas não estou tentando afastar meu antigo eu. As coisas vão mudar. Deixe estar. Deixe ir embora.

O segundo estágio dentro do bardo desta vida é marcado pela oportunidade, o que refletia a minha própria perspectiva. As estruturas que sustentariam a minha identidade como um iogue andarilho estavam em processo; nada estava totalmente formado, mas essa ambiguidade permitia estímulos criativos. O período instável que caracteriza esse estágio — como era o meu caso naquele momento — pode ser difícil ou pacífico, com altos e baixos, mas o entusiasmo se mantém estável e o otimismo não é diminuído pelas muitas incertezas. Tudo está em movimento, oscilando; nada ainda foi cristalizado e a atmosfera parece ser como a de um sonho.

O primeiro estágio é como morrer ao fim da nossa vida; ou no fim do dia, quando adormecemos. A situação nos impele a deixar ir. E, então, no estágio seguinte, entramos em um cenário de sonhos, onde experimentamos a qualidade insubstancial da forma. Isso se assemelha ao bardo do dharmata — o bardo que se segue à morte. Mas não importa se esse estágio vem antes ou depois da morte, ele também não dura para sempre. Lentamente, a transparência das formas dos sonhos se torna mais opaca, e a atmosfera fluida se torna mais estacionária. A estrutura evolui se transformando em paredes compactas e as possibilidades começam a se contrair. Senti que ainda estava em um estado de sonho, flutuando um pouco, sem andar com os pés no chão. Minha mente sabia que eu havia deixado o Tergar, que estava em Kushinagar, que havia iniciado o meu retiro errante. Mas meu corpo ainda não sentia que esse estado transitório era a minha casa.

No terceiro estágio, as formas de sonho translúcido começam a assemelhar-se ao nosso corpo anterior de carne e osso, e as antigas tendências se fortalecem. Resignamo-nos à repetição, mesmo de atividades que não gostamos nem respeitamos. Podemos normalizar as controvérsias com os nossos parceiros; pequenas mentiras brancas podem evoluir transformando-se em fingimento e desonestidade. Aqui, é comum nos sentirmos realmente presos. O peso das propensões cármicas parece ser tão impermeável quanto uma pedra, e perdemos o acesso à solução imaginativa que poderia nos libertar de quaisquer reinos em que estivermos presos. Na realidade, não estamos mais inerentemente estagnados do que o homem a quem foi dito que, se não despertasse, o amanhã seria como o hoje. No entanto, nos sentimos tão impotentes que nos convencemos de que nada pode ser feito, que as saídas estão vedadas e que estamos destinados a girar no samsara. O ponto importante é que, embora seja mais difícil efetuar mudanças aqui do que nas duas etapas anteriores, sem dúvida é possível.

As pessoas mais velhas têm muita dificuldade em acreditar que décadas de padrões arraigados ainda sejam mutáveis. As normas sociais costumavam confirmar essas suposições. Porém, os neurologistas descobriram o que chamam de neuroplasticidade — a capacidade do cérebro de mudar e responder a novas experiências em todos os estágios da vida. Essa informação pode ser incrivelmente útil porque, se não acreditarmos que a mudança é possível, é claro que nem vamos tentar.

Nos anos que antecederam este retiro, sentia-me um pouco preso. Amava meus monastérios e meus alunos, e nada me dava mais alegria do que compartilhar o Dharma. No entanto, comecei a me sentir sufocado no meu papel de tulku, professor, rinpoche e abade. Tinha começado a resistir aos limites da minha vida dentro de um casulo. Embora passasse metade do ano viajando pelo mundo e visitando lugares novos, em todos os lugares as pessoas me tratavam com as mesmas formas de respeito e reverência. Cheguei a me sentir um pouco inquieto e ávido para ir além das minhas rotinas.

Minha boa sorte era saber, com meu treinamento, que a mudança está *sempre* acontecendo. A sensação de estar preso, tolhido, imobilizado — são historinhas autofabricadas. Temos a capacidade inata de nos libertar dessas descrições que nos entorpecem. Realmente mudamos a cada segundo, como tudo em nosso mundo visível e invisível. Cinquenta a setenta bilhões de células em nossos corpos morrem todos os dias, permitindo que bilhões de células novas tenham uma existência fugaz. A vida ocorre em um mar de morte. Sem morte não há vida.

Se acordarmos para essa realidade, poderemos direcionar ativamente o que vem a seguir, e não apenas aceitar passivamente as conclusões falsas daquilo que parece ser inevitável. Isso é semelhante ao bardo do renascimento. Se despertarmos nesse estágio, poderemos direcionar o nosso próximo dia — ou renascer na nossa próxima vida. Na estação de Varanasi, aceitei meu apego aos meus papéis e identidades anteriores. Não conseguia me desapegar deles. Mas não desisti e, mesmo sentado no chão de pedra da estação, ainda continuava trabalhando para isso. Não imaginava que minha vida de iogue se tornaria rígida e repetitiva, mas sabia que, sem vigilância, qualquer coisa pode se tornar resistente.

Não almocei naquele dia e nem voltei para a pousada até a noite. No meio da tarde, o céu azul claro havia se tornado sombrio e soturno, e o vento começou a aumentar. Gostei muito da brisa fresca, e logo gotas de chuva caíram tão pesadas quanto granizo. No início, a árvore sob a qual me sentei me protegeu, pois a água ficava retida principalmente pelas folhas, mas quando as folhas não puderam mais sustentar o peso, transformaram-se em centenas de bicas jorrando, e a chuva caía sobre mim como se viesse de uma calha. Peguei o meu xale e corri para os banheiros públicos. Não havia ninguém lá e, em pé, parado, segui meditando.

Minha intenção era permanecer presente na consciência plena aberta — ficar ciente do que estava acontecendo — e repousar na consciência plena. Dentro do reconhecimento da consciência plena, identifiquei o som da chuva forte, o som do vento, a sensação de umidade, os maus cheiros e a sensação de estar em pé. Não estava tentando alcançar nenhuma sensação. Sem me afastar. Sem me perder.

No trem para Varanasi, os banheiros cheiravam muito mal e eu quis ficar longe deles, sentar no trem fechando o nariz, ou sair e comprar uma passagem de primeira classe. Agora pude reconhecer: *não gosto desse cheiro. Tudo bem. Sem problema. Não tenho que gostar dele. Só tenho que estar com ele. Esse cheiro é outra nuvem. Não a convide para o chá* — o que significa que não criamos uma grande história em torno dela como, por exemplo, queixar-se sobre as pessoas no trem; mas também não a afastamos, pois isso apenas aumenta a agitação mental e bloqueia a capacidade de nos conscientizarmos.

Quando a chuva parou, saí do banheiro e deixei o parque para voltar à pousada. No caminho, prometi que nos próximos dias eu ficaria apenas com a chuva. E não me refugiaria nos banheiros novamente. No dia seguinte, as temperaturas aumentaram. O esforço principal daquela manhã era não adormecer. O suor escorria do topo da minha cabeça, encharcando minhas túnicas. Meus óculos embaçavam o tempo todo. A umidade parecia ter sugado o oxigênio do ar, levando-me com ele. O calor subia do chão, criando o que parecia uma miragem no deserto. Ao meio-dia, voltei para o restaurante que tinha aquele *dal* delicioso e depois me refugiei no meu quarto com o ventilador de teto. Às três horas eu estava de volta ao parque.

Tinha acabado de abrir o meu manto quando a chuva começou. Este foi aquele tipo de tempestade que parece que todo o céu descarregou seu peso sobre a terra. Continuei sentado no bosque. Minha cabeça estava sendo fuzilada. A água escorria pelo meu rosto. Podia senti-la nos meus ouvidos e pingando pelas pálpebras, do queixo para o peito e entrando pela minha camisa. A água escorria pela parte de trás da minha cabeça para os ombros e pela minha espinha. Minhas costas coçavam por conta do tecido úmido grudado na pele. Em poucos minutos eu estava encharcado. A chuva caía sobre mim, enquanto a umidade do chão envolvia o meu traseiro. Uma poça se formou sobre o meu manto. Disse a mim mesmo: *não tenho que fugir de nada, não tenho que evitar nada, não tenho nada de que gostar, nem nada a odiar, nada para comemorar ou do que me arrepender. Molhado, seco; feliz, triste; cheiros bons, cheiros ruins. Se permanecer com a consciência plena, vou ficar bem.*

Sobrevivendo à escuridão

Fazia mais de 27°C mesmo à noite, então ficar encharcado não causaria nenhum problema. Não era como se eu estivesse sentado com determinação em uma tempestade de neve, sendo enterrado vivo. Essa é a sabedoria do discernimento. E, além disso, como eu nunca tinha lavado as minhas próprias roupas, minhas túnicas estavam ganhando uma boa limpeza.

Depois disso, não procurei mais abrigo quando chovia, e não voltei para a pousada para evitar o calor. Continuava preferindo e escolhendo — entre uma banana ou uma espiga de milho assado, essa barraca de comida ou aquela, mas diminuiria as escolhas, especialmente aquelas relacionadas a evitar o que quer que fosse.

Três noites depois, sonhei novamente que estava andando entre Katmandu e Nubri. Desta vez, o caminho atravessava o vale cercado pelas altas montanhas. Estava com minha mãe e outras pessoas que eu não conhecia. Um rio bem largo corria paralelamente ao caminho. De repente, logo atrás de nós, a lateral de uma montanha caiu no rio. Pedaços de pedra e terra, tão grandes quanto casas, impediam a passagem da corrente. Quando a água bateu nessa represa impenetrável, o rio começou a subir. Minha mãe e eu nos deslocamos para o lado, ficando mais distantes do rio, mas a água continuava a subir tão depressa que logo nos afogaríamos.

Em vez de me forçar a acordar para fugir do terror, identifiquei *isso é um sonho*. Segurei minha mãe e andamos por sobre a água para atravessar o rio e, então, continuamos a nossa jornada por um campo verde, livres do perigo.

Se pude me livrar do medo dentro do sonho, eu poderia me livrar agora, na rua, com os olhos abertos. Por que não? Em última instância, a forma desperta não é mais resistente do que a forma do sonho, nem mais duradoura, nem mais *real*. Há apenas um grande obstáculo: é muito mais fácil reconhecer a vacuidade de um sonho quando estamos dormindo de olhos fechados, do que reconhecer a vacuidade de todos os fenômenos quando temos nossos olhos abertos. A questão não é nos convencer de que realmente podemos andar sobre a água, mas entender que a solidez que normalmente atribuímos ao nosso corpo não é real; e que há benefícios duradouros em se trazer uma perspectiva mais realista para quem e para o quê somos. A aceitação da nossa própria vacuidade essencial — e a vacuidade de todos os fenômenos — diminui os nossos impulsos de nos apegarmos a coisas que não podem realmente ser mantidas.

A cada dia eu aumentava a duração das minhas sessões de meditação no parque. Cada vez que entrava, os guardas examinavam meus documentos de cidadania. Com muita rapidez eu me acomodei a essa rotina, retornando ao *meu* lugar no parque e voltando para o *meu* quarto. Estar fora e sozinho no mundo começava a ficar mais fácil, mas ainda percebia que isso provocava sentimentos de constrangimento que diminuíam quando retornava ao *meu* lugar e ao *meu* quarto. Porém, ao mesmo tempo em que minha mente se tornava mais pacífica com a percepção de segurança, ela também se tornava menor. É como se ela se encolhesse para se tornar compatível com o tamanho do quarto. Embora o confinamento trouxesse certo grau de conforto, também revitalizava a minha curiosidade sobre o mundo lá fora, e eu me sentia ansioso para expandir minhas aventuras.

Comecei a explorar diferentes restaurantes dentro da área próxima à pousada, sempre pedindo arroz e *dal*. Também comecei a aumentar o número de horas entre as refeições e a experimentar fazer jejum por dias inteiros. Logo, a fome em meu estômago me transportava para Nubri e para os cogumelos *morchella* que minha avó assava. Na primavera, ela apanhava os cogumelos, polvilhava-os com farinha de cevada, adicionava um pouco de sal e manteiga e punha na brasa. Quando criavam bolhas e ficavam macios, ela limpava as cinzas e os comíamos em pé, perto do fogo. Esse sonho era de uns trinta anos atrás, e o aroma da memória enchia minha boca de saliva.

O calor do verão fez com que o movimento externo quase cessasse. Uma quietude geralmente reservada para os cemitérios instalou-se na aldeia. Até que as temperaturas esfriassem à noite, os aldeões praticamente dormiam dentro de casa, aventurando-se o mínimo possível a sair. Depois de cinco ou seis dias indo e voltando do Parque do Parinirvana, comecei a explorar a cidade — ou, mais especificamente, a explorar a minha mente enquanto caminhava pelas ruas vazias, ou parava para me sentar e meditar. Ocasionalmente, passava pelo templo tibetano, mas nunca entrei. Um dia, um tibetano com roupas de monge saiu à rua e tentou chamar a minha atenção. Fingi não notar. Gostava, porém, do templo tailandês. Era silencioso, e o chão de pedra era bastante refrescante. Nunca vi ninguém lá e ficava horas inteiras meditando no belo pátio interno cercado de flores perfumadas.

Depois, comecei a explorar as áreas mais distantes, incluindo um lugar ali perto onde o Buda Shakyamuni foi servido em sua última refeição pelo ferreiro Cunda, refeição essa que desde então gera discussões. Cunda, o ferreiro, era um devotado seguidor do Buda, mas um homem de meios modestos. Sua maior bênção foi receber o Buda e oferecer a ele e a seus seguidores a refeição do meio-dia. Segundo a lenda, um dia o Buda intuiu que a refeição estava envenenada. A fim de proteger os membros de sua comunidade, e desejando não ofender seu humilde anfitrião, pediu que só ele fosse servido. Após essa refeição, o Buda adoeceu; logo depois, morreu deitado entre duas árvores de sal, próximo ao rio Hiranyavati. A discussão era se o Buda comeu cogumelos venenosos ou carne de porco contaminada. Os textos antigos usam as palavras *porco* e *cogumelo* em relação à última refeição do Buda. Mas, como os porcos eram muitas vezes usados para encontrar os cogumelos, o significado do texto é ambíguo. O local da casa de Cunda é marcado por uma pequena estupa comemorativa, mas a área funciona mais como uma praça da cidade do que um local sagrado. Não há portões nem guardas. No início da noite, as crianças brincavam na grama, famílias faziam piqueniques e jovens namorados passeavam por ali. Nenhuma dessas atividades me pareceu incomum, nem conseguia me lembrar de uma vez anterior em que sentei em um parque público sem outra coisa a fazer a não ser desfrutar.

Certa noite, ao entardecer, fui até a aldeia com a intenção de meditar na rua até o mais tarde possível. No minuto em que me sentei, um enxame de mosquitos, denso como melaço, desceu pela minha cabeça. Enrolei meu manto no rosto e na cabeça e, em seguida, desenrolei-o para cobrir os pés e as mãos. Acabei voltando para a pousada antes de escurecer. *Tinha previsto os mosquitos? Será que tenho que aceitar tudo o que surgir, fazer com que cada pequeno mosquito seja meu amigo? Conheço a teoria. Entendi. Mas... poderia ter pegado dengue daqueles mosquitos.* Isso era possível, embora a febre da dengue só tenha me ocorrido posteriormente, quando tentava arrumar desculpas para fugir.

19. Um encontro casual

Após cerca de dez dias, um homem asiático entrou no parque. Ele era bem alto, com pele amarelo-escura, talvez em seus 40 anos, vestindo uma camisa branca de algodão, calças cáqui e sandálias. Não tinha ideia de qual seria sua nacionalidade, mas percebi que ele se sentou, depois se levantou, sentou e levantou algumas vezes. Apareceu no dia seguinte, sentou-se, ficou de pé, sentou-se outra vez. Depois de alguns dias, chegou perto de mim e perguntou: *você fala inglês?*

Sim, respondi.

Você é um monge?

Sim.

Você está meditando?

Sim.

Vim até aqui para meditar, mas estou achando muito difícil e não consigo ficar sentado por muito tempo. E perguntou: *você se importa se eu lhe pedir um conselho?*

Ele explicou que tinha aprendido *anapanisati*. Em sânscrito, *sati* significa "atenção plena" e *anapani* refere-se à respiração: "atenção plena à respiração". Ele estava tentando trazer sua mente para a respiração, sentir o abdômen subindo e descendo e o ar passando pelas narinas. Havia aprendido essa prática com um professor budista da tradição Theravada do sudeste asiático. Mas sua mente ficava inquieta. Não conseguia impedir que os pensamentos inundassem a mente e, com frequência, percebia a mente indo atrás desses pensamentos. Não conseguia ficar com a sensação da respiração.

Expliquei que não havia necessidade de se livrar dos pensamentos. *Não torne os pensamentos um inimigo*, disse a ele. *O problema não são pensamentos, segui-los é o problema. Quando você se perceber seguindo uma imagem, uma ideia, um evento passado, um plano para mais tarde ou amanhã, é isso que você tem que observar, não os pensamentos em si. Quando se perder em pensamentos, ou ficar preso à história, traga a mente para a respiração como uma forma de voltar para si mesmo.*

Então, expliquei a ele: *se esquecer da consciência plena, você não está mais meditando. A respiração é como uma âncora que ajuda você a permanecer conectado à consciência plena. Desde que não se esqueça dela, você pode deixar os pensamentos entrarem e saírem como uma porta de vaivém. Sem problema.*

Ele disse: *quando tento acalmar a mente, os pensamentos se multiplicam.*

Esta é uma experiência comum. Expliquei que quando nos tornamos conscientes dos pensamentos, eles parecem se multiplicar; na verdade, não ocorrem mais pensamentos do que antes, apenas estamos mais conscientes deles. Aprender a meditar pode expressar um anseio pela liberdade, uma aspiração genuína de transcender o ego que se apega; mas também ficamos assustados e, por isso, a nossa mente convencional tem modos complicados de se defender dessa busca. Eu disse ao homem asiático: *o que você descreve é exatamente correto.*

Ele pareceu perplexo, sem ter certeza se isso era uma piada às suas custas. Não era. *A primeira coisa que acontece quando começamos a meditar*, disse a ele, *é que aprendemos o quanto a nossa mente é maluca. Muitos de nós tomamos isso como um sinal de que não nascemos para meditar. Na verdade, é exatamente o oposto, esse é o primeiro sinal de que estamos nos familiarizando com a nossa própria mente. É um excelente insight. Você vai ficar bem.*

Eu estava falando sério. Este homem se deslocou até este local sagrado e, todos os dias, com temperaturas sufocantes, vinha ao parque para praticar. Para tentar. Isso é tudo o que qualquer um de nós pode fazer.

Um pequeno conselho, disse a ele. *Não conclua que sua mente é significativamente diferente da de qualquer outra pessoa. Todos nós temos essa mente do macaco. Uma vez que colocamos o macaco sob a lupa, a mente em geral parece estar mais louca do que nunca. Mas não está. Você está apenas se familiarizando com o quanto ela sempre foi maluca. Essa é uma notícia maravilhosa.*

O fato é que a mente produz pensamentos. Os pulmões respiram. O elemento dinâmico do ar — às vezes chamado de vento — dentro do corpo mantém os pensamentos em movimento. Não podemos interromper os pensamentos, assim como não podemos parar o vento ou nossa respiração.

O homem se descreveu como uma pessoa muito ocupada, que havia se afastado de uma posição importante em sua empresa para meditar e encontrar a paz interior. Estava hospedado no único hotel caro da pequena cidade. Essa viagem estava consumindo todo o tempo das suas férias anuais e ele se sentia derrotado. Estava em guerra com seus pensamentos, lutando contra eles e fracassando. Eu disse: é admirável que você tenha escolhido passar suas férias dessa maneira. E você está aprendendo exatamente como todos nós *aprendemos — com equívocos e frustrações, e tentando, tentando repetidas vezes. Não há outro caminho.* Expliquei que suas frustrações demonstravam um sinal positivo. Indicavam que os pensamentos já haviam sido reconhecidos como a causa do sofrimento e da insatisfação. *Basta pensar em como é comum nunca parar de culpar as circunstâncias e nunca considerar olhar para a nossa própria mente a fim de resolver problemas.* Depois, eu disse: *tudo o que queremos já está dentro de nós. Precisamos relaxar e permitir que nossa sabedoria inata surja.*

Dois dias depois, o homem asiático se aproximou de mim outra vez. Achou meu conselho muito útil e queria me agradecer. Foi um grande alívio saber que a meditação não exigia livrar-se dos pensamentos. Ele foi capaz de se sentar com menos agitação. Sua mente ainda se afastava da respiração com frequência e, embora não estivesse tentando afastar os pensamentos, continuava sendo perturbado por eles, e por um em especial. Teve dificuldade de aceitar que a sabedoria era inerente; e que as qualidades iluminadas precisavam ser reveladas, não criadas. Seus negócios dependiam de resultados, metas e produtividade. A tentativa de aumentar seus ganhos definia a vida dele. *Sempre tive medo de que, se ficasse mais tolerante, eu me tornaria passivo. Não quero ser uma pessoa passiva*, disse ele.

Aceitação e passividade não têm nada a ver uma com a outra, expliquei. É importante fazer essa distinção, especialmente quando as associações entre não violência, paz, resistência passiva e passividade estão todas misturadas. Até mesmo alguns budistas acham que devemos nos deitar nos trilhos do trem diante do perigo. A verdadeira aceitação requer uma mente aberta, disposta a investigar o que quer que surja. Nunca pode ser programada. Muito pelo contrário, pois é necessário enfrentar o mundo com liberdade e manter uma mente sempre nova, disponível a todas as situações. Isso requer confiança na incerteza. A aceitação permite que o discernimento genuíno surja da sabedoria, em vez de ter nossas decisões limitadas por padrões automáticos e não questionados.

O homem explicou que, embora o tenha estressado, o trabalho lhe proporcionou propósito e realização. Desde a primeira vez que aprendera *anapanisati*, tentou descobrir como tornar a meditação mais ativa, mais produtiva, um recurso a mais para o trabalho.

O interesse daquele homem em usar a meditação para avançar em sua carreira me lembrou de uma conversa que ocorreu em Taiwan, entre um professor chinês de economia e um amigo meu que havia sido treinado no currículo tradicional de um monge tibetano erudito. O professor perguntara: *o Budismo é produtivo ou criativo?* Essa pergunta deixou o meu amigo perplexo. Ele mal entendia essas palavras e nunca as relacionara com o Dharma. Ainda assim, queria colocar sua tradição na melhor posição. Por fim, concluiu que o Budismo era produtivo.

Um encontro casual

O professor disse: *na verdade, a produtividade não vai ajudar ninguém. Se o propósito dos seus esforços for a produtividade, você ficará tolhido. As condições mudam o tempo todo. Isso é certo. Se você se apegar aos objetivos fixos da produtividade, não poderá permanecer aberto e flexível. Você não pode se adaptar e inovar. A rigidez se instala e você não pode mover as regras do jogo, mesmo quando não servem mais ao seu propósito. Logo surge a próxima novidade —* método, produto, estratégia —, *e sua maneira de funcionar é obsoleta e ineficaz. Quando perceber que está indo para o buraco, é tarde demais.*

Meu amigo teve muita dificuldade para dormir naquela noite. Continuou pensando sobre a discussão e, alguns dias depois, pediu para se encontrar com o professor novamente. Desta vez, ele disse ao professor: *sinto muito, eu lhe dei a resposta errada. O Budismo está muito mais preocupado com a criatividade.* Explicou-lhe que chegou a essa conclusão investigando a incerteza. *Nunca podemos ter certeza de nada. Todas as coisas são impermanentes; a morte chega sem avisar...* Podemos morrer a qualquer momento e, embora possamos nos relacionar com essa informação como um fato inconveniente, nunca o perdemos de vista — por mais que tentemos. A impermanência é a ponte entre o nascimento e a morte, o que torna cada passo incerto. Permanecer aberto e responsivo requer flexibilidade. *Essa flexibilidade,* explicou o monge ao professor, é criativa.

Estamos sempre assumindo riscos, quer reconheçamos ou não, precisamente porque não há certeza. E aceitar a impermanência e a incerteza implica em corrermos o risco de fracassar. A preocupação com a certeza indica uma ideia fixa de sucesso. Criatividade significa permanecer aberto para mudar e arriscar-se ao fracasso.

Eu disse ao homem asiático: *não se preocupe em ter sucesso ou fracassar. Você não conhece o tamanho ou as dimensões da sua mente, portanto, não pode medir isso que você chama de progresso. Tirar o foco da meta não significa desistir. Significa permanecer receptivo ao presente; significa permitir uma nova resposta ao que está acontecendo e ficar mais à vontade com a inovação do que repetir as imitações antigas do seu velho eu. Claro que a sua mente vai se perder. Será pega, fisgada, você será distraído pelas visões e pelos sons, sua tranquilidade mental irá se desfazer e se recompor novamente. É assim que funciona. A melhor prática é se você puder aceitar o que quer que aconteça — seja bom, ruim ou indiferente.*

Precisamos desenvolver alguma confiança para entender que deixar cair as máscaras não é um ato de loucura suicida, mas de renovação. Certa vez assisti a um vídeo de crianças fazendo máscaras de gesso de seus rostos com tiras de jornal embebidas em farinha e água. Quando secaram, removeram as máscaras e pintaram com desenhos coloridos para depois prenderem ao rosto com cordas. O prazer das crianças era contagiante. Lembro-me de pensar: *só se lembrem de remover as máscaras. Vocês as colocaram. E podem tirá-las. Não se esqueçam.*

O mesmo é válido para todos nós. Psicólogos me disseram que os traços de personalidade de crianças entre três e seis anos se desenvolvem em padrões vitalícios. Esses padrões são reforçados pela interação com um ambiente que reflita e reforce esses traços. Ou poderíamos dizer: construímos uma máscara e depois crescemos dentro dessa máscara. Depois de mais uns dez a quinze anos, habitamos completamente a máscara. Com a colaboração de amigos e familiares, ela se torna *o verdadeiro eu*. Mas não é bem assim. Em algum nível visceral, abaixo da mente pensante, sabemos que há mais em nosso ser do que as máscaras que escondem o nosso verdadeiro eu. No meio da noite, uma perturbação que nos corrói, mesmo que pequena, nos faz duvidar da nossa própria autenticidade; porém, muitas vezes simplesmente não sabemos o que fazer e acabamos não fazendo nada.

O processo de treinar a mente remove as máscaras. Não somos robôs programados para imitar a nós mesmos; mas não sabemos como usar as nossas reservas criativas para abandonar comportamentos habituais, mesmo os que nos enlouquecem. Ser defensivo e rígido, preguiçoso, irritável ou inibido — esses comportamentos não estão em nosso DNA e não precisam manter a sua influência destrutiva. Eles podem morrer antes de nós. Sobreviveremos à morte da imitação de nós mesmos e do uso de máscaras. Não apenas sobreviveremos, mas floresceremos.

O homem asiático sentou-se em silêncio, assentindo. Pareceu atento, agradecido e, aos poucos, triste — como se estivesse começando a perceber que logo estaria dizendo adeus aos comportamentos que antes cultivara. Ele me agradeceu e nos separamos, cada um retornando às próprias meditações. Depois de mais dois dias, o homem se aproximou de mim outra vez. Fez perguntas sobre onde eu aprendi meditação. Expliquei que meu pai tinha sido um mestre budista e que eu tinha passado pelo treinamento monástico tradicional. Não lhe fiz perguntas. Queria manter os limites de um retiro solitário; embora quisesse ajudá-lo em sua prática, não queria iniciar uma amizade. No entanto, ele parecia genuinamente interessado em aprender sobre o Budismo Tibetano e perguntou se eu poderia apresentar-lhe uma prática da minha própria tradição.

Parecia que o principal problema daquele homem era que ainda estava tentando controlar os pensamentos. E estava preso à ideia de que a meditação se referia a alcançar a alegria e a clareza por meio do não-pensamento — um erro comum. A essência da meditação é a consciência plena. Alegria, clareza, paz interior — são todos subprodutos, mas não são a essência da meditação em si e, quanto mais nos esforçamos para obtê-los, mais a mente se contrai em torno de ideias sobre o que *deveria* acontecer. As ideias sobre o que *deveria* acontecer diminuem a capacidade de reconhecermos a consciência plena em si.

Decidi apresentar a ele a meditação do pensamento. Disse a ele para começar essa meditação com as mesmas instruções de *anapanisati. Assim como você focou a sua mente na sua respiração, agora busque concentrá-la nos seus pensamentos. O que quer que surja, apenas observe. Da mesma forma que pode usar a respiração como suporte para a meditação, agora use os pensamentos. A respiração nunca permanece a mesma por um instante, mas pode ser um suporte estável. Portanto, tente pra-*

ticar dessa maneira, apenas permanecendo consciente dos seus pensamentos, sem ir atrás deles.

Os pensamentos vêm e vão. Não tem problema. Registre os sons, as sensações, tudo bem. Atente para o desconforto no seu corpo, a agitação, a inquietação. Tudo certo. Fique com a clareza da mente, com a clareza do simples conhecer. Conhecer sem conceitos. Conhecer sem os impulsos de compreensão do ego, ou conhecer sem fixação. Isso conecta você à sua própria realidade interior, à sua sabedoria interior.

Sugeri que tentasse fazer essa prática e depois voltasse e me contasse como foi. Ele foi para outra área do parque. Cerca de uma hora depois, voltou e me disse: *quando tento observar pensamentos, não consigo encontrá-los. A minha mente fica vazia.*

Esse é o segredo da meditação do pensamento, eu disse a ele. *O que você está chamando de vazia é, na verdade, a consciência aberta. Aqui, não há a consciência de um objeto, como a respiração ou o pensamento. A consciência está consciente de si mesma; ela reconhece as qualidades de conhecimento e espaço sempre presentes na mente. Quando alguém procura um pensamento e, de repente, não consegue encontrar nada, nesse momento não há objeto, apenas consciência plena. Desse modo, essa é uma oportunidade perfeita para reconhecer a consciência plena sem ser fisgado por um objeto. Mas você não está acostumado a reconhecer isso — então pensa que deu um branco, ou que a mente está vazia.*

Então, mostrei que, após a experiência do branco, ele havia reconhecido que não conseguia encontrar os pensamentos dele. *Essa experiência*, expliquei, *não é a verdadeira consciência aberta, mas é um pouco mais espaçosa do que os pensamentos em cascata. É a consciência plena sem muitos pensamentos. Se a experiência do branco for rejeitada como sendo algo irrelevante ou sem importância, isso não será benéfico. O "branco" existe dentro da consciência plena, mas mesmo quando não a reconhecemos, significa menos pensamentos, menos giros mentais. Se você puder reconhecer que o branco tem menos pensamentos, então você está se conectando com a qualidade da mente vazia — e, nesse momento, há clareza e luminosidade. O que é essa mente luminosa? É a mente que experiencia pensamentos com consciência plena.*

Em outras palavras, quando você reconhece a consciência plena, essa experiência de branco — ou de lacuna — torna-se espaço. O homem asiático viu esse branco. Para algumas pessoas, quando observam pensamentos, elas podem ver pensamentos.

Disse a ele: *observar os pensamentos é como assistir à televisão*. Você não está *na* televisão, você está *assistindo*. É como estar na beira do rio sem cair na correnteza. Você está assistindo à sua televisão interna, mas permanecendo do lado de fora. Há uma tela grande e muitos canais gratuitos. *Existem apenas dois problemas: os programas são muito antigos e há muitas reprises*. Mais uma vez, decidimos nos separar e cada um continuar com sua meditação.

Várias horas depois, o guarda apareceu para anunciar que o parque estava fechando. Nós nos aproximamos do portão principal ao mesmo tempo, e o homem me agradeceu de novo e disse que realmente podia sentir uma mudança em sua prática, e que nossas discussões haviam tornado a viagem dele mais valiosa do que qualquer coisa que pudesse imaginar. Ele parecia muito feliz e desejamos boa sorte um ao outro. Não voltaria a vê-lo de novo porque já estava quase sem dinheiro, e tinha decidido me mudar para o local da cremação assim que saísse da pousada.

O homem me pareceu sincero. Meus votos incluem dar qualquer coisa que me peçam sempre que possível; e fazer isso sem escolhas ou preferências. Não se trata de gostar ou aprovar aquele a quem você dá; ao contrário, é apenas dar — quando for possível. No entanto, quando voltei ao meu quarto, vi com que facilidade eu caíra no papel de professor; como era reconfortante habitar em uma voz familiar. Havia perambulado entre vidas por duas semanas — e então ressurgi como Mingyur Rinpoche, o lama budista, o monge correto, o professor dedicado. Prometi ficar mais atento e tive a esperança de que usar as roupas de iogue ajudaria.

20. Nu e vestido

Todas as noites, na pousada, eu enrolava os xales de *sadhu* em volta do meu corpo, só para experimentá-los. Não tinha nenhum espelho e havia pouco espaço para andar e, a princípio, amarrei o *dhoti* ao redor das pernas com tanta força que mal conseguia me movimentar. Por fim, descobri como juntar o tecido na frente, permitindo que as pernas se movessem com facilidade. Depois os tirava, dobrava e colocava na minha mochila. Não usar as túnicas budistas ainda era perturbador.

Recebi minhas primeiras túnicas monásticas do grande mestre Dilgo Khyentse Rinpoche, quando tinha quatro ou cinco anos de idade, e passei a usá-las desde então. As túnicas monásticas ajudam a proteger a mente, evitando que ela se desvie para visões errôneas ou para um comportamento incorreto. Oferecem um lembrete constante para estarmos presentes, permanecermos atentos. Reforçam a disciplina dos votos do Vinaya — regras que orientam monjas e monges budistas. Eu não estava muito preocupado com o comportamento, mas sim com a disciplina de manter o reconhecimento da consciência plena em meio a novos ambientes caóticos. Minha disciplina fora salvaguardada pelas túnicas. Eu perderia o meu principal amparo público; e o sufocante desconforto vivido na estação de trem de Varanasi havia afetado a minha confiança. Quanto mais perto chegava a hora de tirar as túnicas, mais elas se pareciam com um cobertor infantil. Sem elas eu me sentiria nu e vulnerável, um bebê na floresta, a mercê de afundar ou nadar sozinho. *Então, mais uma vez... relembrei a mim mesmo... foi isso que escolhi fazer. É por isso que estou aqui — para abandonar as túnicas, abrir mão do eu que está preso a elas, viver sem adereços, ficar nu, conhecer a consciência plena nua.*

Usei a última parte do meu dinheiro para pagar mais uma noite na pousada. Na manhã seguinte, dobrei a minha túnica marrom e a camisa amarela com gola mandarim sem mangas com pequenos botões dourados que pareciam sinos, e coloquei esses estimados itens na minha mochila. Enrolei o *dhoti* de algodão alaranjado em torno da parte inferior do meu corpo. Os banhos frios sem sabão tinham sido suficientes para deixar o meu corpo com sensação de limpo, mas fazia mais de duas semanas desde que me barbeara pela última vez. Minha barba e meu cabelo cresceram rapidamente, criando sensações em volta do rosto e do pescoço que eu nunca tinha conhecido antes. Olhei ao redor do quarto, como tinha feito em Bodh Gaya, em outro gesto de despedida. Adeus à minha vida usando túnicas budistas. Adeus a dormir onde eu pertencia — mesmo que pertencer fosse uma transação superficial garantida com 200 rúpias por noite. *Nada de aposentos privativos — exceto, talvez, em uma caverna; principalmente nas ruas, nos bosques e no chão da floresta. Não pagarei mais por comida ou alojamento — começar de fato a fazer do mundo a minha casa.*

Dei uma olhada no quarto pela última vez, e saí em seguida, com pequenos passos e respirações profundas. Na área da recepção, disse ao proprietário que não voltaria. Tinha imaginado que ele perguntaria sobre a minha roupa, mas tudo o que ele disse foi: *suas roupas são muito legais.* Agradeci.

Finalmente. Sem mais túnicas tibetanas. Eu me sentia como um galho que havia sido cortado do tronco, ainda com a seiva escorrendo do corte recente. O tronco da minha linhagem estaria bem sem mim. Não tinha certeza de que ficaria bem sem ela. Ainda assim, havia um prazer generalizado, até mesmo uma emoção, em finalmente fazer aquilo a que me propusera. Entretanto, dei um passo para fora e o constrangimento me deteve. Tornei-me uma estátua de açafrão. O algodão era tão fino que eu conseguia agarrar os dois xales com uma das mãos. Era praticamente nada. Eu me senti nu. Nunca tanto ar tocou a minha pele em público. O corpo e a mente estavam cobertos de timidez. Os trabalhadores dos restaurantes e das barracas de comida vizinhas e o vendedor de milho que me vira entrar e sair nos últimos dias começaram a me olhar. Mais uma vez, era cedo demais. Roupas novas, sem túnicas, sem dinheiro, sem hospedagem.

Preciso me mover, disse a mim mesmo, e os obstáculos ficaram mais fortes. Ninguém disse nada. Ninguém sorriu. Apenas ficaram olhando. Tentei aparentar um desapego relaxado, como na plataforma de Gaya. Uma vez que minha respiração se acalmou e meu coração parou de pular, me virei e comecei a andar.

A onda não foi tão esmagadora quanto ser prensado contra a porta do trem que partiu de Gaya na primeira vez, mas era forte o suficiente para romper a minha consciência plena. Observei isso, sem nenhum julgamento específico. Que mudança maravilhosa em relação aos anos anteriores, especialmente quando eu era um monge noviço. Naquele tempo, eu, com frequência, me repreendia muito por quaisquer discrepâncias entre uma versão ideal da prática e o que eu de fato era capaz de fazer.

Se eu conseguir manter a consciência plena, ótimo. Se não, tudo bem também. Não crie histórias sobre coisas boas e ruins, a respeito de como as coisas deveriam ser. Lembre-se: as sombras não podem ser separadas da luz.

Agora, os guardas do Parque do Parinirvana e eu já nos conhecíamos, e minha preocupação era a de que um *dhoti* cor de açafrão poderia despertar suas suspeitas, e talvez desconfiassem de que eu tivesse tido algum comportamento ilícito que faria com que eu me escondesse sob uma identidade diferente. Andei até a Estupa da Cremação. O turista casual pode não se impressionar com esse grande monte irregular de terra, totalmente sem adornos, mas, para os peregrinos, objetos sagrados podem invocar a mente que compartilham com o Buda Shakyamuni; e esses dois lugares me traziam conforto, não importava o que eu estivesse vestindo.

A Estupa da Cremação também fica dentro de um parque fechado e vigiado. Como planejei passar a noite lá, não entrei, mas caminhei entre o muro externo e um pequeno riacho, local onde o Buda supostamente tomou seu último banho. Hoje, suas margens são atulhadas por garrafas, sacos e embalagens plásticas. Mais ou menos na metade do caminho, há um pequeno templo hindu em uma clareira. Escolhi um bosque ao lado da clareira, perto de uma bomba de água pública. Na minha persona de *sadhu*, mesmo que fosse notado pelo zelador do templo, minha presença não causaria preocupação. Coloquei dobrada no chão a parte inferior da minha antiga túnica de monge para servir de almofada. A área ainda estava quieta e silenciosa. Quando cheguei, um bando de cães sarnentos já havia se acomodado para um dia sonolento de verão, acordando apenas para coçar suas pulgas. Quando me sentei na sombra e comecei a minha prática regular, a troca dos trajes não teve nenhum impacto.

Ao meio-dia, voltei para o restaurante que ia com mais frequência, passando por lojas com grandes vitrines. Pela primeira vez, me vi vestido como um *sadhu*. Quem era aquela pessoa? Ela me pareceu um pouco familiar e ao mesmo tempo não. Agora podia ver o quanto minha barba estava espessa e comprida. Pensei ter visto alguns insetos pretos perto do meu ombro, mas descobri que eram tufos de cabelo. Eu já havia perdido algum peso, mas o maior choque foi me ver sem as minhas túnicas budistas. Assim como eu não tinha ideia do quanto me tornei dependente das formas externas de proteção até entrar no mundo sem elas, também não imaginara o grau com que havia me identificado com minhas túnicas até ter vivido a sua ausência.

21. Nada de escolhas, nem preferências

Aceitar seja o que for que cair na sua tigela de esmolas é um enorme desafio para o vício do ego de escolher e preferir. O Buda aceitou a oferenda de Cunda sabendo que era venenosa. *O que ele estava ensinando? Não escolher nem ter preferências, mesmo arriscando sua vida? Ou ele escolheu proteger Cunda em vez de a si próprio?* Quando me aproximei do restaurante, minha respiração tornou-se consideravelmente irregular. Essa foi a primeira vez que pedi esmola, e comecei a inspirar como se estivesse tentando inflar minhas cordas vocais com autoconfiança. Pedir esmolas parecia ser o teste crucial deste retiro, o momento decisivo que completaria a passagem para a vida de um andarilho; o momento que iria cutucar o meu orgulho, testar a minha humildade e avaliar a minha determinação.

Eu tinha pensado sobre isso. Conhecia o esquema — por assim dizer. Não é muito difícil imaginar comer seja o que for que cair na sua tigela quando o seu atendente só lhe serve as suas comidas favoritas. Tinha jurado que comeria o que me fosse dado. Se recebesse uma oferenda de carne, não a recusaria; não morreria de fome para proteger as minhas próprias preferências. Nessa altura, eu estava com muita fome. Quando entrei no restaurante enrolado em trajes cor de açafrão, os garçons me reconheceram e, usando um termo de respeito por um indiano religioso, exclamaram: *babaji, babaji, você agora é hindu!*

Nada de escolhas, nem preferências

Mesmo com essa saudação alegre e meus vários ensaios, meu sangue gelou. Pela segunda vez naquele dia, fiquei imóvel como uma estátua, com as palmas das mãos suadas, a voz sufocada, a boca trêmula. Eu queria fugir. Uma voz interior me estimulou: *Sim! Você consegue! Você deve!* Porém, meu corpo dizia: *Não! Você não pode.* Os garçons começaram a me olhar. Tive que forçar as palavras a saírem da minha boca. *Meu, meu... meu... dinh... eiro... acabou*, gaguejei; *por favor, vocês podem me dar algo para comer?* O gerente não demonstrou nem surpresa nem desprezo e, com naturalidade, disse-me para voltar à noite à porta da cozinha, depois que tiverem servido os clientes pagantes. Tive a impressão de que, por mais memorável que esse pedido tenha sido para mim, o gerente era um veterano no negócio da mendicância.

O mero ato de pedir comida já era um grande passo para mim, mesmo que os resultados não fossem tão bem-sucedidos. Meu pedido não foi totalmente recusado. Mas também não foi concedido, fazendo com que me sentisse humilhado; e ainda por cima faminto; e praticamente nu envolto em um tecido tão fino quanto um mosquiteiro. Caminhei de volta para a estupa pelo caminho do vendedor de milho. Devido a minha mudança de roupa, ele não demonstrou nenhum sinal de cordialidade e recusou o meu pedido. Mais notícias desanimadoras, mas ainda assim tinha pedido; havia perfurado mais uma vez a trama dos velhos hábitos.

Voltei para o bosque perto do templo hindu. Quando meu estômago roncou de fome, várias emoções se avolumaram outra vez, pois levei a recusa de comida para o lado pessoal. *Que loucura! Estou trabalhando para remover os chapéus do ego, saber que eles não são reais, saber que o meu papel de monge não é real, que minha persona de sadhu não é real — e, ainda assim, alguma versão de mim sentiu-se ferida por não conseguir aquilo que pediu. Quem é ela? O bebê mimado Mingyur Rinpoche? O abade admirado? Que diferença isso faria? Nenhuma. Tudo acabou. Tudo é vacuidade, tudo é ilusão, a incessante interpretação equivocada de confundir essa coleção de rótulos com essa designação — como Nagasena colocou*

—, *querendo dizer que, como a composição convencional de como identificamos a nós mesmos não existe, não existe nada de "real" para receber as flechas.* Por causa da nossa natureza essencialmente vazia, a dor que sentimos é autoinfligida.

Estava fazendo uma meditação da consciência aberta. Essencialmente, todas as meditações trabalham com a consciência. A essência da meditação é reconhecer e permanecer com a consciência plena. Se perdermos nossa consciência plena, não estamos meditando. A consciência plena é como um cristal ou um espelho que reflete diferentes cores e ângulos: formas, sons e emoções são seus diferentes aspectos e eles existem dentro dela. Ou você pode comparar a consciência plena com uma pousada. Todo tipo de viajante passa por ela — sensações, emoções, tudo. Todo tipo é bem-vindo. Sem exceções. Mas, às vezes, um viajante causa um pequeno problema e precisa de ajuda especial. Com as pontadas da fome alimentando sentimentos de vulnerabilidade, timidez, rejeição, autopiedade, o hóspede cujo nome era *constrangimento* estava pedindo atenção. O constrangimento pode ser mais sutil que a raiva, mas seu impacto no corpo pode ser quase igualmente intenso.

Quando meditamos com a emoção, a intenção é nos mantermos estáveis com todas as sensações, tal como poderíamos fazer com a meditação do som. Só ouvir. Só sentir. Nenhum comentário. Repousar a mente na respiração pode transformar a respiração em suporte para manter o reconhecimento da consciência plena, o mesmo com a raiva, a rejeição e o constrangimento. No começo, tentei me conectar com o constrangimento, que era o sentimento dominante.

Onde está esse constrangimento e como ele se manifesta no corpo? Senti a pressão da timidez no topo do meu peito. Se tivesse um espelho, pensei, o meu peito ia parecer côncavo — estava empurrando meus ombros para frente, tornando o meu corpo menor do que era, como se estivesse tentando me esconder da visão pública.

O constrangimento pesava nas minhas pálpebras como pedras achatadas que as mantinham baixas.

Nada de escolhas, nem preferências

Podia senti-lo na curva descendente dos cantos da minha boca.

Podia sentir a resignação do constrangimento na debilidade das minhas mãos.

Podia senti-lo atrás do meu pescoço, empurrando a minha cabeça para baixo.

Abatido, encolhido. Uma sensação de desânimo. Em Varanasi, tive vontade de entrar em um buraco. Eu não tinha essa imagem agora, mas as sensações ecoavam o abatimento, fazendo com que eu me sentisse cada vez menor, ocupando menos espaço, me sentindo indigno de estar nesta terra.

No começo, percebi resistência a essas sensações; e tive que fazer da resistência o objeto da minha consciência. Consegui, então trabalhar mais diretamente com as sensações do corpo. *Eu não gosto dessas sensações. Comecei me sentindo mal. E agora, somado a isso, me sinto mal por me sentir mal.*

Lentamente, trouxe cada sensação para a pousada da consciência plena. Abandonei a resistência, soltei a negatividade e tentei apenas repousar na sensação de insignificância, de não me sentir amado e merecedor. Trouxe essas sensações à minha mente — para a grande mente da consciência plena, onde elas se tornaram pequenas. A mente-pousada da consciência plena englobava as sensações, o abatimento, a desolação e se tornava maior do que todos juntos, diminuindo o impacto, mudando a relação.

Continuei fazendo isso por várias horas. Estava morrendo de fome, mas fiquei feliz por me sentir mal. O sentir mal era apenas outro hóspede, outra nuvem. Não havia razão para pedir que fosse embora. Mas a minha mente agora podia aceitá-lo e, a partir da aceitação, uma clara sensação física de satisfação permeou o meu corpo.

Não acontece muita coisa em Kushinagar nas noites quentes de verão e os restaurantes fecham cedo. Bebera apenas água durante o dia todo. A alça da bomba era bastante longa e ficava a vários metros da bica. Depois de apertar a alavanca para baixo, tinha que correr rapidamente para pegar a água — meu aparelho de ginástica particular. Por volta das sete horas, voltei para o restaurante e fiquei em pé na porta da cozinha. O arroz e o *dal* que haviam sido deixados nos pratos das pessoas tinham sido raspados para uma panela colocada em um balcão. Não havia mais opções. Um garçom pôs alguns restos de comida em uma tigela para mim. O resto seria dado aos cachorros. Comi em pé na porta — a refeição mais deliciosa que qualquer outra que já comi em hotéis cinco estrelas.

Voltei ao mesmo bosque ao longo do muro externo da Estupa da Cremação. Quando a luz do dia foi caindo, estendi o meu xale e me deitei de costas. Não conseguia acreditar, minha primeira noite ao ar livre. Gastar o meu último centavo gerou um resultado. A corda salva-vidas que poderia me levar de volta à segurança, à comida e ao abrigo havia sido rompida. Agora, eu estava à deriva. Não podia mais me dar ao luxo de rejeitar qualquer coisa. Nem a comida que me foi dada, nem a cama que tinha agora. Tinha iniciado essa jornada com os preparativos. Comecei de novo quando saí de Bodh Gaya, mais uma vez quando embarquei no trem, e outra ainda quando me sentei no piso da estação de Varanasi. Agora, pensei: *este é o verdadeiro início. Dormindo ao ar livre, sozinho, tendo o chão como cama, mendigando comida para me alimentar. Poderia morrer aqui e ninguém jamais saberia.*

Durante toda a minha vida, estive na presença de outras pessoas, mas não reconhecia a profundidade da proteção que proporcionavam. Entendia que era responsabilidade de certos indivíduos cuidarem de mim. Agora, havia um sentido mais delicado desses corpos interligados — como uma cerca de arame — para criar um escudo inquebrantável ao meu redor. Também vi que não tinha apreciado plenamente como esse escudo protetor funcionava, até que ele desapareceu — não haveria mais casaco no inverno, nem guarda-chuva no verão.

Apesar do meu desejo de ser autossuficiente, os meus primeiros dias — especialmente em Varanasi — haviam me mostrado de uma forma bastante tosca o quanto eu via o meu estilo de vida como algo inquestionável. Pela primeira vez, andei sozinho, conversei só comigo mesmo, peguei um trem sozinho,

Nada de escolhas, nem preferências

pedi comida e comi sozinho, ri sozinho. Estar tão isolado dos meus protetores me deixava com uma sensação de esfolamento — despojado da minha própria pele, sem nem mesmo um invólucro fino.

A ausência desse escudo, aos poucos, foi se tornando visível. Meu desconforto extremo na estação de trem havia fornecido as pistas. Embora meus passeios diurnos em Kushinagar tivessem sido cada vez mais relaxados, eu ainda sentia correntes subjacentes de constrangimento e vulnerabilidade. Agora, na minha primeira noite ao ar livre, essas correntes tornaram-se mais semelhantes a rebentações. Fui tomado pelo peso total da solidão, a sensação de estar muito longe de estar seguro e de estar totalmente indefeso.

Tinha aceitado de modo tão completo esse escudo invisível que não fui capaz de enxergá-lo. É como nem perceber o ar e, de repente, se ver em uma sala sem oxigênio. *Ah, entendi, esse é o elemento do qual a minha vida depende.* Tinha entrado em uma terra estranha, um território estrangeiro com demandas diferentes. Desejava ardentemente que esse mundo fosse acolhedor, mas isso não aconteceu, e não conseguia encontrar o meu equilíbrio. Lembrei-me da minha cama na pousada, com mais saudade dela do que da minha cama tão confortável de Bodh Gaya. Despojado do meu elemento salvador de vidas, sem nem mesmo saber qual era, perscrutei a escuridão como um marinheiro tentando encontrar seu caminho de volta para casa. Desejava deixar para trás este desajustado, este peixe fora d'água, que nem sequer estava preparado para compartilhar esse parque público com os cães raivosos. *O chão não aceita o meu corpo. Minha aparência não é boa, meu cheiro não é bom. Contudo, desisti de fazer escolhas e aqui estou.*

Foi a noite mais longa da minha vida. Os mosquitos não me deixaram dormir nem um instante sequer. Quando me levantei para fazer xixi, os cães que tinham ficado indiferentes durante o dia tornaram-se ferozes. Mas, entre os intensos turnos de desorientação, a minha mente continuou comentando sobre o maravilhoso triunfo de conseguir realizar esse plano, fascinada com o fato de eu estar deitado ali, no meu lençol marrom, no chão de terra perto da bomba de água pública. Durante toda a noite sem dormir, oscilei entre a angústia e o contentamento, e saudei os primeiros sinais do amanhecer.

22. Trabalhando com a dor

As dores no estômago começaram por volta das quatro da manhã. Não eram muito fortes, e perturbações digestivas na Índia ocorrem com bastante frequência para ser motivo de muita preocupação. Além disso, eu tinha uma longa história de ter um estômago sensível, e logo imaginei que as cólicas iriam embora como de costume. Fui até a bomba para lavar o rosto e beber água. A seguir voltei ao meu lugar e comecei a mesma sequência de práticas que vinha fazendo todos os dias. Em poucas horas, as cólicas tornaram-se mais dolorosas e cada uma durava mais tempo. Estava fazendo uma prática muito simples de repousar a mente. Com o aumento da intensidade da dor, ampliei a minha prática para incluir a prática de trabalhar com a dor.

A boa notícia sobre a dor é o modo como ela clama por atenção. Se trouxer a mente para a sua dor, você sabe exatamente onde a mente está. O truque é permanecer atento à mente. Na maioria das vezes, quando a dor pede atenção, nossa reação é a de tentar nos livrar dela. A dor se torna um objeto de fora da mente que precisa ser expulso, descartado. Aqui está o aspecto curioso e contraintuitivo da dor: quando a enfrentamos com resistência, a dor não diminui. Em vez disso, acrescentamos sofrimento à dor. A sensação de dor surge no corpo. A reação negativa à dor surge na mente do eu fixo e transforma a dor física em um inimigo. É assim que o sofrimento surge.

Quando tentamos nos livrar da dor, nós nos colocamos contra nós mesmos, tornando-nos uma zona de guerra pessoal — não o ambiente mais adequado para a cura. Para muitas pessoas, a autopiedade se liga à doença como cola grudenta, e a voz do ego pergunta: *por que eu?* Contudo, essa voz não reside na dor do corpo, mas na mente que se identifica com a dor.

Quando era um monge noviço no retiro de três anos, aprendi a meditação da dor. Como é difícil fazer essa prática pela primeira vez quando a dor está muito intensa, uma abordagem mais prática é desenvolver a meditação da dor antes de precisar dela. A ideia é trabalhar com a dor em momentos de boa saúde. Essa é uma preparação muito importante para o envelhecimento e a morte, pois as chances de se deparar com dificuldades físicas aumentam à medida que envelhecemos.

A meditação da dor pertence a uma categoria chamada meditações reversas. *Reverso* significa que deliberadamente convidamos o que é indesejado e indesejável. Se, em geral, associamos praticar a meditação da respiração a uma paisagem rural e pacífica, então tentamos fazer a mesma meditação em um vagão de terceira classe de um trem indiano ou em um show de rock. Se as rosas em plena floração são objetos agradáveis para a meditação da forma, então podemos tentar praticar com excrementos.

No monastério, aprendemos alguns métodos inofensivos para criar dor, como cravar as unhas nas coxas ou nas palmas das mãos, ou morder o lábio inferior. Fomos avisados para não exagerarmos, para não sangrar e parar quando constatássemos uma sensação desagradável. Agora, vinte anos depois, entendi que esse retiro como andarilho era essencialmente uma meditação reversa. Eu havia intencionalmente convocado problemas.

Uma metáfora comum para todo o caminho budista é *nadar contra a corrente*. Isso se refere ao aspecto *reverso* de todas as formas de treinamento da mente. A investigação do consenso da realidade reverte as normas sociais. Em uma sociedade barulhenta e materialista, sentar e permanecer calmo e quieto é uma atividade reversa. Dedicar até uma hora por dia para se tornar ninguém, quando poderíamos estar no mundo nos tornando alguém, é uma inversão dos objetivos socialmente recompensadores. Aspirar que *todos os seres sencientes tenham felicidade e estejam livres do sofrimento* é algo que vai contra as preocupações egocêntricas. Quando analisamos amplamente o *reverso*, podemos apreciar que o significado é muito mais profundo do que rotular uma categoria de exercícios distintos. Isso pode se tornar um princípio fundamental para orientar as situações da vida cotidiana. Pode ser usada para quebrar circuitos comportamentais irracionais, e usar a descontinuidade para nos fazer despertar dos nossos hábitos sonâmbulos.

Se o padrão social *é* evitar a morte, então a contemplação da morte torna-se uma atividade reversa. Isso não significa que rejeitamos a tristeza da morte. Vamos morrer e as pessoas que mais amamos vão morrer, e esse é o sofrimento mais precioso da nossa vida. Porém, o medo e a perplexidade que cercam esse trauma comum a todos nós não são inevitáveis. Ao enfrentar o nosso medo do futuro, transformamos o presente.

Comecei a meditar na dor direcionando a minha mente para a sensação das cólicas estomacais. E depois, deixando-a repousar nelas. *Apenas fique com a sensação de dor. Sem aceitação; sem rejeição. Apenas sinta. Investigue a sensação. Não seja pego por uma história sobre as cólicas, apenas sinta.* Depois de alguns minutos, comecei a investigar: qual é a qualidade dessa sensação? Onde ela está? Movi a minha mente da área superficial para dentro do estômago, para a dor em si. Então perguntei: quem está tendo essa dor?

Uma das minhas respeitadas atribuições?
Elas são apenas conceitos.
A dor é um conceito.
A cólica é um conceito.
Fique com a consciência plena além dos conceitos.
Deixe o eu-além-do-eu acolher tanto os conceitos como os não conceitos: dor e ausência de dor.
A dor é apenas uma nuvem, passando pela mente da consciência plena.

Cólicas, estômago, dor, são formas intensas de consciência plena.
Fique com a consciência plena e torne-se maior que a dor.
Na consciência plena, como no céu, não há lugar para o conceito habitar.
Deixe o conceito vir. Deixe que desapareça.
Quem tem dor?
Se você se tornar um com a sua dor, não haverá ninguém tendo dor.
Há apenas uma concentração de sensações que rotulamos de dor.
Ninguém retém a dor.
O que acontece quando ninguém retém a dor?
Apenas dor. Na verdade, nem isso, pois a dor é apenas um rótulo.
Perceba a sensação. Além de conceitos, porém presente. Nada a mais.
Sinta. Deixe estar.
A seguir, retornei a repousar a minha mente na consciência plena aberta.

Quer treinemos a mente usando a nossa respiração ou usando a dor, quer fazendo exercícios de compaixão, toda prática é voltada para despertar, e ficamos conscientes de uma realidade universal que transcende o conteúdo da nossa mente individual. Tal como acontece com um cristal ou com um espelho, a consciência plena tem uma capacidade inata de refletir, mesmo que não exista nenhum objeto para ser refletido. Esse é o aspecto *simples* da consciência plena — a capacidade de conhecer, independentemente de objetos ou reflexos. Por meio de intensa meditação, ou de outras formas de liberar a mente conceitual, podemos acessar a consciência plena *simples* sem perceber seu reflexo — apenas a própria capacidade de conhecer. Esse é o aspecto de luminosidade da mente, o reconhecimento da qualidade cognoscente da consciência plena.

Uma razão para ter muitos exercícios diferentes de meditação é que o envolvimento prolongado com uma faceta reflexiva do cristal pode se tornar inerte. A mente meditativa pode ser renovada ao movermos o sintonizador para outra faceta. Às vezes, podemos nos sentir subjugados quando praticamos com a dor ou com emoções difíceis. Então é melhor fazer uma pausa, tomar uma xícara de chá, passear pelo quarteirão ou tentar outra abordagem. É importante não desistir, não parar de tentar. Mas podemos mudar o reflexo para outra faceta — por exemplo, do som para a visão ou para a respiração. Naquele momento, me sentia muito agradecido por essa prática de consciência plena. Mais do que nunca, ela era minha companheira confiável.

A dor normal — isto é, a dor da qual queremos nos livrar — é estática e sólida e surge de uma mente que está presa a uma atitude negativa em relação à dor. O reconhecimento da consciência plena pode aguentar a dor sem tomar uma posição ou adicionar uma história. Isso torna tudo muito mais fácil para que a dor diminua ou cesse. Não podemos mudar a dor diretamente; mas podemos mudar a nossa relação com ela, e isso pode reduzir o sofrimento.

Um ano antes, um amigo veio me ver em meus aposentos do segundo andar em Bodh Gaya. Fiquei surpreso quando ele entrou de muletas e perguntei: *o que aconteceu com você?* Ele estava passando por um divórcio difícil, e eu já sabia que sua esposa o expulsara de casa. Ele explicou que tinha tentado entrar na casa subindo em uma árvore até uma janela aberta no segundo andar. Mas escorregou e quebrou o pé. Aí ele começou a rir. *Essa dor*, ele me disse, é tão maravilhosa. Eu amo essa dor. Ela remove todo o sofrimento da minha cabeça e o concentra em uma pequena área, é *como enfiar o meu pé em uma meia. Eu sei onde está a dor e como tratá-la. Agora consigo pensar com clareza outra vez.*

Perto do meio-dia, os surtos de diarreia começaram. Fiquei dizendo a mim mesmo: *isso* é a Índia — outra maneira de dizer: *isso é normal*. À noite, já tinha drenado o meu estômago e bebido apenas água durante o dia inteiro. Não tinha apetite, mas decidi que as lentilhas poderiam renovar a minha energia e que, talvez, comer ajudasse a acalmar o meu estômago. Juntei os meus pertences e caminhei lentamente até o mesmo restaurante que havia me dado comida na noite anterior. Retornei à porta da cozinha e fiquei ali quieto, aguardando ser notado.

Olá, Babaji!

Mais uma vez, recebi uma tigela de arroz e *dal* proveniente dos restos de comida raspados dos pratos dos clientes.

O gerente veio até onde eu estava, olhou para mim e perguntou: *Babaji, você está bem?*

Estou bem, disse a ele, embora obviamente ele pudesse ver que eu não estava. Aquela acabou sendo a minha última visita ao restaurante.

A caminhada do restaurante para a área externa da Estupa da Cremação foi exaustiva. Às vezes, eu me sentia tonto, minha respiração estava curta. Ainda estava anoitecendo quando cheguei à área perto do templo e me sentei com as costas contra a parede. Comecei a vomitar durante a noite. Entre me agachar e fazer esforço para vomitar, cochilei de modo intermitente por alguns minutos a cada vez. Embora o meu estado não tivesse mudado aos sinais de um novo dia, ainda me alegrei com a chegada da luz.

23. Os quatro rios do sofrimento inerente

No terceiro dia da minha aventura ao ar livre, estive às voltas entre as moitas, a bomba de água e meu pequeno acampamento. O calor escaldante afastava os visitantes e me sentia agradecido pela privacidade. Continuei otimista, e o meu corpo ainda era capaz de se sentar na postura formal de meditação.

Ao meio-dia, relutei em reconhecer que estava perdendo as forças. Quando me levantei, minhas pernas tremeram e foi preciso um esforço cada vez maior para levantar um pé de cada vez. Comecei a me preocupar. Tinha passado por uma pequena clínica na cidade, mas não tinha dinheiro para comprar remédio. *Sadhus* pedindo remédio gratuito são comumente mandados embora. Sabia disso por conta dos que vinham às clínicas dos monastérios budistas onde conseguiam receber tratamento. Passou pela minha cabeça tentar voltar para Bodh Gaya, mas eu não seria tão facilmente dissuadido. Cada vez que me levantava, chegava à conclusão de que não tinha para onde ir. Comecei a sentar com as costas apoiadas no muro.

Embora ainda não levasse a minha doença muito a sério, não pude evitar a presença ostensiva do monte de pedras da cremação do outro lado do muro. Comecei a pensar: *pelo menos não há lugar melhor para morrer do que aqui, onde o Buda morreu. Que coincidência fantás-*

tica. *Se essas cólicas piorarem, eu talvez morra com dor, mas com as bênçãos do lugar.*

Considerando que agora eu estava dependente de um muro para sentar em uma posição semiereta, e com a minha energia se dissipando, essas ruminações pareciam inevitáveis. No entanto, sem levar a sério a possibilidade de morrer, elas forneciam pouco além de diversão — até que, de repente, se transformaram em uma opção menos alegre: estar aqui talvez não fosse uma coincidência. *Talvez eu tenha vindo aqui para morrer.* Quando acordei do meu pesadelo no dormitório da estação de Varanasi, receava que ele fosse uma catástrofe anunciada. *Talvez esse sonho esteja se tornando realidade, e as pedras caindo sobre mim prenunciassem a minha morte perto dessa estupa em ruínas.*

Lembrei-me da história de um homem que quase teve uma morte horrível em um lugar perfeito. Natural da província tibetana de Kham, sua maior aspiração era visitar Lhasa, como é comum a muitos tibetanos. Viajou com um amigo, e levaram várias semanas para atravessar o Tibete. Ao chegar, foram imediatamente visitar o Palácio Potala, a residência oficial de Sua Santidade, o Dalai Lama. O homem ficou tão extasiado ao ver este magnífico local sagrado que, antes de entrar, parou na entrada, olhou para cima e chorou. Uma vez lá dentro, começou a explorar as diferentes salas. Algumas salas externas tinham pequenas janelas entre colunas de madeira e barricadas com grades de ferro. A vista magnífica de Lhasa que se tem dessas janelas é lendária e, para aumentar seu campo de visão, ele enfiou a cabeça pela grade. Quando terminou de admirar a paisagem, não conseguia puxar a cabeça para trás. Torceu para um lado e depois para o outro. *Vou morrer aqui,* disse ao amigo. *Por favor, diga à minha esposa e à minha família que eu morri no Palácio Potala, o melhor lugar do mundo para morrer. Mesmo que a maneira como aconteceu não tenha sido muito boa, estou muito feliz.* Depois de aceitar sua situação, ele relaxou; e, ao relaxar, conseguiu dar um jeito de soltar a cabeça das barras da grade.

Avaliei que, se pudesse ficar mais relaxado, talvez o meu estômago não continuasse espremido entre barras de ferro. Então, de novo me veio o pensamento, *ele tinha um amigo, e eu não tenho nenhum amigo. Não estou nem aceitando que talvez eu morra*, pensei, mesmo que não mais conseguisse manter minha cabeça ereta e que minhas mãos escorregassem pelas minhas coxas.

Quando retornei ao meu lugar após frequentes idas às moitas, antes de me sentar, me virei e fiquei de frente para a estupa. Tentei me concentrar nela, como se induzisse os meus olhos a uma visão de raio-X. Queria ver o que realmente restava e o que havia morrido. *O Buda morreu. Mas eu também sou o Buda, e aquele guarda é o Buda, esse cachorro é o Buda, você é o Buda, até a estupa é o Buda. Se todos somos Budas, inseparáveis do Buda, quem morre? Seja lá o que acontecer ao meu corpo, eu estou morrendo; venho morrendo desde o dia em que nasci. Algo continuou depois que o corpo do Buda morreu. Será que alguma coisa continuará se eu morrer aqui no local da cremação, sozinho, sem nenhum amigo para me ajudar?*

A coincidência do lugar não era mais divertida. Tive disciplina suficiente para voltar a repousar na consciência plena quando minha mente perdia o rumo; mas, com mais frequência, ela se perdia no medo de morrer. No meu íntimo, eu ainda rejeitava esse resultado. Era como estar em um avião quando o piloto entra no sistema de som e pede aos passageiros para prenderem seus cintos de segurança porque em breve haverá muita turbulência. Você pensa: *ai não, talvez eu morra*. Você não acredita realmente nisso; no entanto, suas mãos seguram os braços do assento e você começa a rezar, só por precaução. Para Deus, para Buda, para Alá. Você reza para não morrer; e tenta se conectar com as pessoas que ama. Aqueles mais queridos lhe vêm à mente, e você deseja ardentemente que saibam o quanto os ama, antes que o avião caia.

Pensei em uma mulher cujo marido trabalhava na construção civil. Ele foi designado para trabalhar num dos andares mais altos de um novo arranha-céu. As paredes externas ainda não tinham sido construídas, e o vento arrancou uma rede de segurança. Ele acabou sendo sugado pelo vento e caiu para a morte. O casal não vinha se dando bem. Na noite anterior à sua morte, ele dormiu no sofá e saiu cedo de casa sem se despedir dela nem dos filhos. A esposa tinha sido criada na religião católica e acreditava que cada um de nós tem o seu tempo aqui na terra e aceitava que, por qualquer motivo misterioso, o tempo dele tinha chegado ao fim. Mas continuava atormentada por não ter dito a ele o quanto o amava.

Muitos funcionários de casas de repouso ouvem lamentações semelhantes, de que o amor não foi expresso, ou não suficientemente manifestado, quando existia a oportunidade. Uma aluna me contou que quando a mãe estava em seu leito de morte, ela lhe dizia: *diga a todos que ama que os ama. Não espere até estar morrendo.*

Eu me perguntei se minha mãe, Tsoknyi Rinpoche, meu avô e Tai Situ Rinpoche sabiam o quanto eu os amava. Será que expressei isso o suficiente? Eu me perguntava se os khenpos que haviam treinado comigo, e todas as pessoas do mundo todo que me ajudaram, sabiam que eu orava por elas todos os dias. Comecei a rever os preparativos que fiz para partir: os ensinamentos em vídeo que seriam divulgados nos próximos anos; os projetos para os novos prédios do meu monastério em Katmandu. Muitos mongezinhos de Bodh Gaya eram órfãos ou vinham de famílias muito pobres; reavaliei meus esforços para garantir a sua proteção. Eu havia feito as minhas despedidas, me preparado extensivamente. Minha mãe e outros membros da família e amigos ficariam tão tristes se eu morresse. Mas então, pensei: *mais cedo ou mais tarde todos nós vamos morrer. O homem que caiu do prédio não tinha controle de quando iria morrer, nem eu. Mas... por que não me ocorreu que eu poderia morrer? Que ignorância imaginar que a minha vida estava garantida. Colocar mais lenha na fogueira era uma espécie de suicídio, mas a motivação era renascer em uma forma que pudesse ser de mais ajuda para os outros. Se eu mantiver a mesma motivação no momento da morte física, então o mesmo será verdadeiro. Isso significa não ser distraído pela dor, pelo arrependimento ou pela autopiedade.*

O Buda Sakyamuni falou em quatro rios do sofrimento inerente: nascimento, velhice, doença e morte — as inevitáveis dificuldades da vida. Mas estes podem ser vividos sem excedentes, sem aumentar o sofrimento com histórias que solidificam nossas interpretações errôneas sobre a realidade. Há um conto que trata da ocasião em que o Buda deu esse ensinamento. Um dia, uma jovem desconsolada chega ao acampamento do Buda segurando no colo uma criança morta. Ela veio em busca de uma cura milagrosa para ressuscitar seu bebê e pergunta ao Buda: *por que eu?* O Buda disse a ela para retornar à aldeia e coletar uma semente de mostarda de cada lar que nunca tivesse conhecido a morte; e que trouxesse essas sementes para ele. A mulher retornou à aldeia e foi de casa em casa.

Antes de sair para o retiro, voltei para Nubri e fui de casa em casa ouvindo as histórias daqueles que haviam morrido desde a minha última visita. Um avô já bem velho, o pai de um dos meus amigos de infância mais próximos, a filha de três anos de uma amiga que caíra de um penhasco em um passeio em família, uma mulher que conheci quando menina e que morrera de câncer de mama. Todas as famílias contavam histórias sobre nascimentos e mortes — e não foi possível coletar nenhuma semente de mostarda.

A jovem mãe retorna ao Buda de mãos vazias. *Existe outro caminho?* E o Buda disse: *você não pode encontrar uma maneira de restaurar a vida do seu bebê, mas pode aprender a viver com a morte, a se tornar maior do que essa perda. Assim você pode conter a tristeza sem se afogar na dor.*

24. Evocando os bardos

No fim do terceiro dia do meu experimento ao ar livre, mais uma vez decidi que um pouco de comida seria benéfico e me preparei para voltar ao restaurante. Ficar de pé exigiu um esforço considerável e, depois de alguns passos, minhas pernas começaram a desabar. Tombei em direção ao muro e me sentei encostado nele enquanto minhas ruidosas respirações silenciavam.

Lembrei que, no momento da morte, um dos primeiros sinais do declínio irreversível é uma experiência de peso. Imaginei que deveria ser algo assim, pois quando retornei ao muro e me sentei, parecia que o peso do meu corpo continuava despencando abaixo da superfície da Terra. Isso acontece com a dissolução do elemento terra.

Já sabemos que os sentidos se retraem quando adormecemos. Os cinco elementos também se dissolvem noite após noite durante o sono, mas isso acontece de modo tão sutil que pouquíssimas pessoas conseguem ter consciência desse processo. No entanto, no momento da morte, a dissolução dos elementos se torna tão pronunciada quanto a dissolução dos sentidos, e podemos vivenciar diretamente com a consciência a desidentificação da forma.

Os elementos do nosso corpo físico têm cinco qualidades: solidez, fluidez, calor, movimento e abertura. A tradição budista refere-se a essas qualidades como os cinco elementos: terra, água, fogo, ar (ou vento) e espaço. Esses mesmos elementos compõem todos os fenômenos. No fim da nossa vida, a dissolução dos elementos pode ser observada pelos cuidadores de doentes terminais e vivenciada pelos próprios moribundos. Embora poucas pessoas possam monitorar a dissolução dos elementos enquanto adormecem, muitos relatam experiências relacionadas a eles, mesmo quando não conseguem explicar a causa. Algumas pessoas sentem como se estivessem caindo quando pegam no sono, como se *caíssem* no sono — uma sensação de gravidade puxando-as para baixo, que surge com a dissolução do elemento terra. A sensação de flutuar sugere a dissolução do elemento água.

Os elementos não devem ser tomados muito literalmente. A terra sugere densidade e peso. Ela nos sustenta tal como as vigas da fundação de uma casa e, quando esse suporte desmorona, temos uma sensação de queda. Quando falamos do elemento fogo, não imaginamos chamas decorrentes de uma queima de combustíveis e oxigênio, mas calor e emissão de calor, ou uma sensação de ardência. Essa dissolução dos elementos ao adormecermos se assemelha, porém de modo mais fraco, ao mesmo processo de quando morremos. Tanto no sono quanto na morte, cada elemento é absorvido no que vem a seguir, de modo que, no final, o espaço se dissolve em si mesmo — ou, dito de outra forma, o espaço se dissolve na consciência.

Esses cinco elementos existem desde o início dos tempos e surgem do fundamento primordial da vacuidade. São os principais ingredientes de toda matéria, incluindo nós mesmos. O conhecimento dos elementos nos fornece uma conexão fundamental com todas as formas de vida espalhadas por todo o universo. Vivemos dentro do mesmo campo interdependente de forças naturais que governam toda a matéria, e pode ser consolador saber que, quando morremos, a dissipação da nossa vida efêmera nos trará de volta aos nossos primórdios mais elementares.

O elemento terra se relaciona com a nossa carne e os ossos, a parte mais densa do nosso corpo. Quando morremos, o elemento terra se dissolve no elemento água. Nossa força enfraquece visivelmente e, muitas vezes, sentimos a sensação de cair ou afundar.

O elemento água refere-se aos nossos fluidos corporais. Quando o elemento água se dissolve no elemento fogo no momento da morte, nossa sensação interna é de flutuar e sentimos muita sede. O corpo seca, a circulação do sangue diminui até parar, os lábios ficam visivelmente ressecados, a pele fica seca e o muco coagula.

Quando o elemento fogo se dissolve no ar no momento da morte, não podemos reter o calor. As extremidades ficam frias, embora o coração continue quente e a mente pareça estar em chamas.

A inalação do ar, ou vento, mantém tudo em movimento. À medida que o elemento ar se dissolve, a respiração se torna difícil.

Espaço é a realidade fundamental de todos os fenômenos, incluindo o nosso corpo. Sem espaço, não podemos ter os outros elementos.

Minha mente divagou para esses ensinamentos do bardo que descrevem como podemos nos preparar para morrer, e o que acontece com o corpo e a mente quando morremos. Mas a minha motivação não era forte o suficiente para me ater a ensinamentos específicos. As instruções iam e vinham como o fluxo das marés, avançando e recuando. Continuei imaginando que a infecção seguiria seu curso, enfureceria como fogo até se extinguir e que, a qualquer momento, as cólicas me acometeriam com menos gravidade. Como todo mundo que conhecia, eu tinha tido infecções intestinais na Índia muitas vezes; elas simplesmente não matam ninguém. No entanto, nunca havia comido sobras antes. Pressupunha que todo alimento era saudável. Quando estudei os mendigos em Bodh Gaya, presumi que pareciam fracos e cansados por não terem alimento suficiente. Não entendia que seus corpos também sofriam os efeitos de uma comida estragada. Imaginei que haviam adaptado seus hábitos alimentares à sua situação, como animais que vivem nas florestas com opções limitadas. Não tinha entendido que a fonte do seu alimento, por mais escassa que fosse, poderia ter contribuído para debilitar seus corpos. Agora via que eles também eram frágeis e que o sofrimento dos corpos deles devia ser torturante. Eu ainda não tinha percebido que estava perdendo mais água do que ingerindo, e que estava em curso uma grave desidratação.

Tive um amigo muito próximo, um irmão-monge no Sherab Ling que conheci quando tinha onze anos. Dois anos depois, entramos juntos no retiro de três anos. Nós dois éramos muito bons alunos, e ele era meu assistente quando me tornei o mestre de retiro no retiro prolongado subsequente. Um dia, enquanto eu estava de viagem pela Europa, ele me ligou da Índia para dizer que estava muito doente, com câncer no estômago. *Estou no último estágio e não consigo comer.*

Perguntei-lhe, *como você está se sentindo?*

Não tenho o que lamentar, disse-me ele. *Durante toda a minha vida meditei sobre a impermanência e treinei no bardo. Estou pronto; portanto, não se preocupe comigo. Mas, por favor, reze pelo meu corpo.*

Embora não tivesse medo de morrer fisicamente, sua realização não havia transcendido o corpo. Ele ainda não havia morrido no bardo desta vida. Enquanto usarmos a nossa mente conceitual para nos relacionarmos com o nosso corpo de carne e osso, e usarmos nossos órgãos dos sentidos para negociar a realidade relativa, sentiremos dor física. Com o meu pai, foi bem diferente.

Vários anos antes de falecer, meu pai ficou muito doente, e a notícia de que ele estava para morrer se espalhou por toda a comunidade. Entre seus alunos havia médicos profissionais tibetanos e ocidentais, e eles se reuniram em sua salinha no Nagi Gompa para orientar os cuidados que deveria receber. Estava frio lá fora, não havia aquecimento interno, e as paredes de concreto deixavam a sala úmida e gelada. Além disso, a água não era muito boa e talvez contribuísse para a sua deterioração. Um dos meus irmãos mais velhos veio fazer uma visita e tentou convencer o meu pai a se mudar para um clima mais quente e saudável, talvez Tailândia ou Malásia. Mas meu pai recusou. Ele disse: *Parece que estou doente, mas, na verdade, não há mais um corpo conceitual real. Eu me sinto bem. O que quer que aconteça — seja a minha hora de ir ou ficar —, está tudo bem. Não estou sofrendo.*

O reconhecimento da luminosidade é a experiência de morrer antes de morrermos, morrer dentro do bardo desta vida. Quando isso acontece, o corpo de carne e osso não funciona mais como filtro ou âncora da mente. Embora, para o observador comum, o corpo pareça comum, para uma mente desperta, o corpo se tornou o que chamamos de corpo *ilusório*. Não é mais *real* em nenhum sentido convencional, porém existe — para uma mente desperta — mais como uma reflexão, como um holograma. Nesse estado, embora outras pessoas percebam uma vida que está terminando, aquele que acordou para a sua própria vacuidade imortal não vivenciará a morte como um final definitivo — apenas como uma transição.

Treinar no bardo significa familiarizar-se com o processo contínuo de morrer. Eu tinha treinado, mas nem chegava perto da realização do meu pai e não tinha ido além do entendimento do meu irmão-monge. Presumi que o meu amigo quis dizer que, durante essa vida — no bardo desta vida —, ele se familiarizou com o reconhecimento da mente vasta da consciência plena, a mente que é não-nascida e que não pode morrer; e desenvolveu confiança na continuidade desta mente após a morte. Fomos introduzidos a essa visão pelo nosso treinamento clássico. Mas sua mente conceitual ainda mantinha seu corpo intacto, e ele ainda não tinha conhecimento do corpo ilusório, como meu pai tinha.

Quando aceitamos que estamos morrendo todos os dias, e que a vida não pode ser separada da morte, então os bardos nos oferecem um mapa da mente durante essa vida; e cada estágio oferece uma orientação valiosa de como viver todos os dias. Nada nos textos do bardo se refere exclusivamente à morte física. Toda transformação em cada estágio já aconteceu repetidas vezes nessa vida; quando aplicamos o ciclo do bardo na nossa vida diária, podemos ver que todos os nossos esforços para despertar estão relacionados à mudança, à impermanência, à morte e ao renascimento — os marcadores essenciais do mapa do bardo.

Evocando os bardos

Quando aprendi meditação como parte do currículo monástico, ela não foi introduzida como um treinamento para o bardo. Nem os exercícios sobre impermanência e morte, nem as meditações sobre bondade amorosa e compaixão. No entanto, quando estudei os textos do bardo, entendi que todo o meu treinamento era uma imersão na sabedoria do bardo. Por exemplo, a instrução básica para o bardo desta vida é familiarizarmo-nos com a nossa mente — e a maneira mais eficaz de fazer isso é por meio da meditação. Muitas pessoas hoje praticam meditação sem nenhuma referência aos bardos. Mas, quando convivemos com a visão do bardo, instintivamente entendemos a meditação como outra experiência de morrer todos os dias. A transformação que ocorre quando deixamos a mente conceitual se dissolver e a consciência plena ser reconhecida requer a morte da mente que se apega. Na sequência formal dos ensinamentos do bardo, o bardo da morte segue-se ao bardo desta vida; mas, de muitas maneiras, o bardo da morte é o bardo desta vida — como é o bardo do renascimento.

O bardo desta vida inclui a meditação do sono, o que significa manter-se consciente do que acontece quando os olhos se fecham, quando os ouvidos se desligam, quando o sistema respiratório diminui o ritmo. Meditantes avançados, como o 16º Karmapa, conseguiam repousar no reconhecimento da consciência plena durante o sono. Isso não é fácil. No entanto, até mesmo manter o nosso reconhecimento do instante em que dormimos oferece inúmeros benefícios. Embora o adormecer seja uma versão tímida da morte, o processo segue o mesmo curso do enfraquecimento dos sentidos, com efeitos correspondentes: as antenas sensoriais param de alimentar a mente interpretativa; como consequência, essa mente morre em seu papel diurno como a central das nossas interpretações equivocadas habituais e reações sensoriais contingentes. Nunca podemos saber ao certo o que nos acontecerá quando morrermos fisicamente. Mas podemos aprender muito prestando atenção às experiências da mente que transcendem a mente pequena e limitada do ego — quer esses momentos aconteçam na nossa almofada de meditação, ou com os vislumbres espontâneos da vacuidade, ou quando adormecemos. Na minimorte do sono noturno, o eu não pode manter a ficção da qual sobrevive durante o dia, e entramos no cenário imprevisível dos sonhos.

O sono é a mais óbvia das muitas mortes diárias. No entanto, cada microversão da morte pode funcionar como um portal por meio do qual entramos no reino da morte. Cada experiência nos permite aprender sobre aquilo que mais tememos; e diminuir os nossos medos ao fazermos amizade com eles.

Quando o céu escureceu, e com uma mistura de otimismo e negação sobre a gravidade das minhas condições físicas, reuni minhas energias para a meditação do sono.
Comecei com meus olhos abertos.
Dirigi a minha mente para a sensação dos olhos abertos.
Quando os olhos começaram a se fechar, mantive a consciência da sonolência.
Ou o entorpecimento, o cansaço e a mudança dessas sensações.
Não tentei controlar os olhos nem controlar nada. Não tentei ficar acordado. Apenas tentei ficar com a plena consciência do que ocorria.
Quando eu estava quase adormecendo, não me preocupei, nem tentei controlar a postura do corpo.
Comecei a sentir o meu corpo afundando, caindo, pesado... caindo no sono.
Minhas pálpebras se fecharam. Eu estava consciente da sensação.
Durante toda a noite, acordei repetidas vezes com cólicas dolorosas. Cada vez que me esforçava para ir à moita, me perguntava se o bardo da morte estava realmente se aproximando. Não conseguia mais manter o pensamento a distância. Eu estava em apuros. Não consegui manter a consciência enquanto adormecia em nenhum dos momentos seguintes em que cochilei. Tentei fazer sentado a meditação do sono, como a faríamos durante o dia, colocando o meu xale sobre a minha cabeça; e deitando de novo a seguir. Imagens oníricas surgiam, mas

eu não conseguia me lembrar delas. Não conseguia reconhecer nenhuma das lacunas, nem o espaço entre o momento de consciência e inconsciência ao adormecer, ou entre as respirações ou entre os pensamentos. Minha mente estava à deriva. Eu bebia água, mas queria comida.

25. Doando tudo

Algumas pessoas vivem com tanto medo de morrer, e até mesmo em negação de que a morte acontecerá, que não conseguem considerar uma atividade comum como pegar no sono como um tipo de morte. Eu não cresci assim. Durante a minha infância, a morte era discutida com frequência e de modo aberto. Imaginar a morte fazia parte da minha prática. *Morte e impermanência, morte e impermanência* eram o mantra do meu treinamento. E ainda assim, durante as minhas projeções e preparações para este retiro errante, nunca me ocorreu que eu poderia ficar doente, ou que poderia morrer. Só com essa doença pude olhar para trás e reconhecer as limitações no meu entendimento. Foi então que pensei: é por isso que os mestres abanam a cabeça *perplexos com a ideia de que a morte possa chegar como uma surpresa para qualquer pessoa, jovem ou velho, quando essa verdade já convive conosco.*

Entre espasmos estomacais lancinantes, mosquitos, vômitos, diarreia e a letargia que deve ter sido causada pela desidratação severa, não senti a vibrante renovação que geralmente acompanha o nascer do dia. Eu também tinha febre e podia sentir o calor irradiando da minha testa. Estava agora no quarto dia da minha doença e decidi que seria melhor começar a rever as instruções para a morte.

Se estiver morrendo, como muitas outras pessoas, morrerei com dor física. Não posso mudar o sofrimento inerente da doença. É por isso que esse tipo de sofrimento não é o assunto principal dos ensinamentos do Buda, nem dos textos do bardo. No doloroso bardo da morte, *doloroso* se refere mais ao trauma de não querer deixar o que conhecemos e à angustiante experiência de nos separarmos dos nossos apegos mais profundos. Desejamos ardentemente permanecer no corpo que nos sustentou e nos serviu; com as pessoas que amamos e que nos amaram; na casa que tem sido o nosso refúgio. É intoleravelmente doloroso perder a conexão com uma pessoa, ou situação, que tanto toca o nosso coração. Podemos não ser capazes de aliviar a dor no nosso corpo, mas com certeza podemos trabalhar com o sofrimento que pode afligir a nossa mente no final.

Com a transição final, se não quisermos morrer nos sentindo afligidos por coisas que nos prendem, não há tempo a perder. Em vez de lutar contra o curso natural, podemos relaxar e desapegar. Podemos trabalhar para nos desprender dos nossos apegos, e há uma prática específica para o desapego que chamamos de prática da mandala; mas não é necessário aprender o contexto ou ritual tibetano para que essa prática seja eficaz. O importante é identificar os nossos apegos, e nos libertar do condicionamento passado a fim de viver esse momento da forma mais completa possível, continuando a nossa jornada com menos bagagem, como tentamos fazer o tempo todo.

Desapegar não significa jogar fora as coisas que não valorizamos mais, como um casaco velho ou um iPhone quebrado. Entendemos logicamente o valor de desapegar, mas não é fácil. Abrir mão daquilo que tem significado para nós vem junto com um aperto; damos alguma coisa, mas talvez com um toque de arrependimento. É importante reconhecer os sentimentos, sem afastar a tristeza, o remorso ou a nostalgia; é também importante reconhecer os sentimentos sem se envolver na história ou reproduzir dramas perturbadores — exatamente como fazemos quando nos familiarizamos com a nossa mente no bardo desta vida. Tudo o que associarmos a *mim* ou referirmos como *meu*, nos apontará quais são os vínculos mais fortes.

No bardo da morte, a fim de nos libertarmos dos nossos apegos, juntamos as ações de desapegar, deixar estar, doar e fazer oferendas. Baseamo-nos em qualidades da vida cotidiana reconhecidas por terem poucas qualidades materiais — como *abrir mão*. Identificamos pessoas e objetos, e até aspectos do próprio universo, como montanhas ou riachos, que têm algum significado pessoal; oferecemos então esses aspectos da nossa vida às figuras religiosas, ao universo ou às estrelas. Começamos com a imagem mais pessoal de uma realidade maior do que qualquer modelo convencional, tanto para os tipos de oferendas que desejamos fazer, quanto para as pessoas a quem queremos oferecer. O tipo e a forma dos objetos ou do destinatário da nossa doação não são importantes. O único aspecto verdadeiramente importante é quão pessoal e sincera a pessoa consegue ser.

Com frequência, a doação de algo conjuga a generosidade genuína *com* um ego grande. As duas coisas. Podemos dar alguma coisa a um mendigo para nos sentirmos melhor em relação a nós mesmos. Ou doar dinheiro para um hospital ou universidade com o propósito de ter um prédio com o nosso nome. Doamos para obter algo, o que é melhor do que não dar nada. Porém, reforçar o orgulho é contrário ao que realmente estamos tentando fazer. Quando fazemos oferendas aos deuses ou ao universo, a lógica contraditória é que os efeitos não podem ser conhecidos. Por essa razão, torna-se uma espécie de doação pura, dar sem recompensas mensuráveis. Essa generosidade surge do respeito, da gratidão e da devoção, sem autorreferência. Fazer oferendas sempre inclui doações sinceras. Porém, dar nem sempre inclui oferendas.

Na prática tradicional, a generosidade ilimitada se torna compatível com a visualização das realidades ilimitadas. Se escolhermos fazer oferendas a deuses ou deidades, ou ao planeta Terra ou ao universo, estaremos abrindo mão não apenas de objetos, mas também da mente que agarra. Doamos montanhas e rios — ao doar fenômenos impessoais e inconcebíveis, reconfiguramos nosso lugar no universo. Quando oferecemos as maravilhas naturais, tais como montanhas ou rios, o formato da realidade convencional muda. Trabalhar com uma escala imensurável relaxa o forte apego ao nosso pequeno e estimado eu, tão central ao nosso pequeno mundo. Universos que não podem ser possuídos ou dominados, ou que são difíceis de imaginar, ajudam a desmantelar os padrões de limitação.

No meu quarto dia na Estupa da Cremação, aceitei que tinha entrado no bardo da morte. Comecei a querer construir uma pira incandescente e me concentrei exclusivamente na desintegração das minhas várias identidades; imagens de fome me levaram a pensar como proteger a minha mente contra um desejo insano, mas nunca imaginei que morreria de fome. Eu me vi subindo com dificuldade pelos caminhos das cabras dos Himalaias, encurvado contra o vento, mas não tão longe a ponto de imaginar um cadáver congelado. Nunca me ocorreu que eu pudesse morrer fisicamente. E agora não tinha palavras para expressar a profundidade dessa ignorância.

Embora uma versão curta da prática de fazer oferendas seja parte de minha liturgia diária, revi a prática mais longa e comecei imaginando objetos de prazer impessoais que poderiam ser compartilhados com os outros. A primeira imagem que me veio à mente foi o Monte Manaslu, um pico do Himalaia acima da minha aldeia em Nubri. Sua grandiosidade era uma demonstração de que abrigava os deuses e deixei a minha mente repousar no seu visual esplendoroso e majestoso. Registrei então os prazeres sensoriais que recebi da montanha, como quando deleitava meus olhos nela, sentindo meu coração disparar. Observei o consolo que a lembrança dessa montanha da minha infância trazia ao meu corpo doente. Surgiram memórias minhas brincando contra o pano de fundo do seu pico cintilante, juntamente com as memórias da minha avó. Senti uma tristeza tão presente que tive que lembrar que minha avó morrera há muito tempo, e que essa tristeza era mais sobre a minha morte do que a dela, e que mesmo que eu recuperasse a saúde perfeita, a minha infância em Nubri tinha morrido há muitos anos. E essa nostalgia poderia me afastar deste momento. Também reconheci os benefícios de usar a nostalgia para ver o que cativa o coração. Observei todos esses sentimentos e os deixei estar. Não precisava me transportar com a nostalgia ou com qualquer nuvem de memória. *Apenas continue calmo e deixe que passem.* Fiquei com os objetos que me vieram à mente por tempo suficiente para permitir que as emoções passassem. Sem histórias anexas às suas associações, eles não permaneceram por muito tempo.

Passei para os objetos que eram mais conhecidos, tal como nossos bens. Isso não quer dizer apenas dinheiro, ações, casas e assim por diante, mas tudo o que valorizamos, independentemente do seu valor monetário. Qualquer coisa. Eu me lembrei de um velho amigo que viera de uma família muito pobre. Muitas das suas refeições consistiam de um tipo de pastel, bolinhos de farinha e água assados na brasa. Nas férias, sua mãe fazia a mesma massa, mas fritava em óleo e polvilhava com açúcar e, na opinião dele, essa era a refeição mais deliciosa que se podia imaginar. Ele esperava ganhar dinheiro suficiente para retribuir a bondade da mãe. Tornou-se um homem rico, que jantava em restaurantes chiques pelo mundo todo; a mãe dele morreu quando ele era adolescente.

Ele me disse que uma vez brincou com amigos: se sua casa pegar fogo, o que você correria para salvar? Uns falavam que seriam os filhos, os animais de estimação, documentos importantes. Ele ficou envergonhado com a sua própria resposta: pegaria um pedaço de papel de pão amarelado que sua mãe lhe deu. Em seu leito de morte, depois que parou de falar, ela colocou esse papel na mão dele. Continua sendo este o seu bem mais valioso: uma receita rabiscada à mão de como fazer a massa frita.

Se valorizamos determinadas filosofias ou visões políticas, e sentimos grande apego por essas ideologias, podemos oferecê-las. Se nos sentimos zangados ou mesquinhos, oferecemos esses sentimentos. Seja o que for que desperte raiva ou orgulho, ofereça isso. As amarras mais profundas do apego são encontradas tanto na aversão quanto naquilo que nos encanta. Cada

Doando tudo

libertação de seja o que for que identificamos como *eu* e *meu* causa um pequeno golpe mortal no ego; e cada diminuição da dominação do ego aumenta o acesso à nossa própria sabedoria.

Não tenho nenhuma fortuna convencional. Meus monastérios devem ter valor monetário, mas não tenho ideia de quanto possa ser, e não existem propriedades em meu nome. Meu tesouro é o Dharma. Seu valor é inestimável, imensurável. Se meu quarto em Bodh Gaya ardesse em chamas, eu tentaria carregar os textos e as estátuas do Buda. No entanto, os objetos budistas não provocavam em mim a picada de laços sendo rompidos, ao passo que as túnicas de cima e de baixo da minha linhagem tibetana revelavam uma história diferente. Uma foi dobrada para servir de assento e a outra estava dentro da mochila ao meu lado.

Será que a remoção das minhas túnicas tinha deixado o meu corpo vulnerável demais para essa aventura? Será que se as estendesse sobre meu corpo eu me curaria, como tinham curado Khyentse Rinpoche, o mesmo guru que me dera minhas primeiras túnicas de monge? Ele desejava ser ordenado desde a infância, mas sua família não dava permissão. Um dia, teve um terrível acidente com um enorme barril de sopa fervente e quase morreu devido às graves queimaduras em todo o seu corpo. Ficou de cama prestes a morrer por muitos meses até seu pai cobrir seu corpo com as túnicas budistas.

Talvez eu devesse recolocar as minhas túnicas. Mas eu não sou uma criança, como ele era. O Dharma é a única proteção, não as túnicas... Mas será que as túnicas são diferentes do Dharma? Será que realmente salvaram Khyentse Rinpoche?

Na sequência formal, depois dos nossos bens, oferecemos nosso corpo. Eu não queria morrer. Tinha explicações nobres e altruístas. *Eu poderia ensinar os mongezinhos, disseminar o Dharma, treinar os detentores de linhagem e ajudar a cuidar dos membros da minha família...* Todas boas razões que mal disfarçavam o meu apego a esta vida, a este corpo. Lembrei-me de que fazia esse exercício quando ainda estava saudável. Era muito mais fácil quando não admitia que fosse morrer.

Viver em ignorante negação da morte é como comer doces envenenados. O gosto é tão delicioso, mas lentamente o veneno do medo penetra nas nossas entranhas e nos tira a vida. Foi assim com o arroz e o *dal* que eu tinha comido. Foi minha primeira experiência de mendigar comida. Eu pretendia praticar a humildade. Porém, para pedir esmola, tive que deixar de me sentir tenso e constrangido. Quando consegui, considerei ser uma conquista e me senti orgulhoso. A comida tinha um sabor delicioso, mesmo quando algo nela estava me matando. Mas esta foi a lição da última refeição do Buda. *Coma o que lhe servirem. Aprecie cada refeição como uma oferenda, uma bênção. Um presente dos deuses ou do universo. E aceite as consequências, sejam elas quais forem... Mas o Buda tinha 80 anos, estava no final da sua missão e os textos sugerem que ele já estava doente antes de aceitar a refeição de Cunda. Estou apenas começando, tenho apenas 36... Isso faz alguma diferença? Não muito...*

Ofereça o seu orgulho. Ofereça a sua compaixão. Ofereça a sua promessa de ajudar os outros. Ofereça o Dharma. Posso oferecer o Dharma? Claro. Ofereço o Dharma a todos os seres sencientes em todo o universo.

Tentei oferecer amigos e familiares. Escolher uma oferenda que seja profundamente pessoal — como um membro da família ou nossos próprios corpos — traz à tona todo o peso dos nossos vínculos. Imagine nos desligarmos dos nossos pais, de um parceiro ou de um filho. O que poderia estimular esse desprendimento? O que nos retém? E quanto ao nosso próprio corpo?

E esse corpo? Devastado pela doença, morrendo de fome; será que ele tem algo a oferecer? Minha prática ainda está funcionando. Eu ofereço a minha prática. Mesmo quando estou morrendo, a minha prática está funcionando. Tenho gratidão pelos ensinamentos e pelos meus professores. Ofereço a minha gratidão. Ofereço a minha gratidão por este fogo ardente — uma pira diferente da que eu tinha imaginado —, mas que iluminou as ondas com mais clareza do que nunca, e isso é inspirador. Ofereço esta doença por permitir que o espelho da sabedoria brilhe mais intensamente em meio à confusão e às dificuldades. Sofrimento e liberação, ardendo juntos. Mais madeira, sim, mais madeira, mais quente, mais forte. Morrer também é madeira. Vômito e diarreia também são madeira. Esperança e medo também são madeira.

Trabalhei em seguida com minha própria virtude, aquelas atividades ou qualidades que tinham sido benéficas para mim e para os outros. Todos nós nos engajamos em atividades positivas, como gentileza, generosidade ou paciência. Podemos ser pais e filhos responsáveis e amorosos. Podemos cuidar bem dos nossos amigos. Podemos plantar árvores ou alimentar gatos de rua ou trabalhar para organizações que ajudam outras pessoas. Esse exercício não pretende exibir uma magnanimidade piedosa, mas reconhecer os nossos próprios instintos comuns de ajudar e de nos engajar em ações — por mais que seja de modo anônimo e seja qual for a consequência — baseadas no entendimento intuitivo de que somos todos participantes do mesmo sistema de mundo; e, por causa disso, as diferenças entre nos ajudar e ajudar os outros desaparecem.

Sempre rezei pelos membros da minha família, pelos meus professores e pelas comunidades monásticas e leigas sob meus cuidados. Rezo pela paz mundial e para que todos os seres senciente despertem para sua própria natureza iluminada. Não consigo dizer que resultados advêm dessas preces. Não consigo saber. Mas, ainda assim, continuo rezando.

A seguir vêm as oferendas secretas. *Secreto* refere-se ao que não é óbvio ou observável. É mais como algo *autossecreto*. Especificamente aqui, secreto se refere à vacuidade. Os objetos de apego claramente definidos — a um corpo, aos entes queridos ou aos nossos bens — são facilmente identificados. Mas, para trabalhar com nossos apegos no nível mais sutil de apego ao ego, devemos trabalhar com a oferenda secreta. Isso não se limita a simplesmente reajustar valores, mas desafia o próprio conceito de *valor*.

Uma abordagem é rever o conteúdo das oferendas anteriores e depois oferecer a vacuidade dessas formas, como, por exemplo: ofereço minha casa e a vacuidade da minha casa; em outras palavras, ofereço a forma da minha casa, que parece ser substancial, mas também aplico a sabedoria que reconhece a vacuidade, e entendo que embora minha casa pareça substancial, ela não tem uma identidade essencial que a torne uma "casa". O mesmo acontece com o meu corpo. E o mesmo com as minhas túnicas. Desde o início deste retiro, eu transformara as minhas túnicas tibetanas em uma espécie de talismã, atribuindo-lhes poderes mágicos para me abençoar, talvez me curar como tinham feito com Khyentse Rinpoche, e me proteger. Tinha tomado como pessoal a demonstração de indiferença em relação às túnicas, ou de desrespeito — como se elas tivessem qualidades independentes das projeções da minha própria mente. Tinha buscado uma fonte de bênçãos ou proteção na trama do algodão, mesmo que não pudesse localizá-las, assim como não pude encontrar o meu verdadeiro eu por meio do exame das partes do corpo que Nagasena havia desconstruído. Apesar disso, pelo fato de as minhas túnicas serem essencialmente vazias, elas eram — como eu — reais; mas reais *como um rótulo, um nome, uma denotação, um uso convencional.*

Percebi naquele momento, ao trabalhar com a oferenda da vacuidade essencial do Mingyur Rinpoche — desta forma humana, desta vida, desta respiração —, que tinha sido um pouco mais fácil oferecer a vacuidade deste corpo quando me sentia robusto e saudável. Agora, com o corpo tão perto da morte, o iminente desaparecimento físico tornava mais difícil reconhecer que a vacuidade do meu corpo moribundo não era diferente do que fora no meu corpo saudável.

26. Quando a morte é uma boa notícia

O sol já estava a pino quando terminei de fazer as oferendas. Minhas condições externas eram deploráveis, mas o exercício me deixara calmo e sem medo. Sentia-me cada vez mais pronto para lidar com o que acontecesse. Muitas vezes, durante a manhã, as imagens desapareciam enquanto eu cochilava. As idas às moitas, por vezes, interrompiam o reconhecimento da consciência plena, e eu nem sempre conseguia me lembrar de onde havia parado. Já não tinha força suficiente para empurrar a longa alça da bomba, embora continuasse a vomitar água, o que deixava um gosto rançoso na minha boca. De vez em quando, ficava desorientado e abria os olhos sem saber muito bem onde estava ou o que estava acontecendo. Durante a parte mais quente do dia, me deixei levar pelos acontecimentos, dormi e tive sonhos dos quais não conseguia me lembrar.

Quando começou a refrescar, consegui recolher a minha mente com maior coerência. Queria continuar a prática das oferendas trabalhando com a motivação e a dedicação. *Se estiver prestes a morrer, qual é a minha aspiração? A morte física oferece a melhor oportunidade para atingir a iluminação; e a iluminação oferece a melhor oportunidade para ajudar os outros.* É por isso que meu pai costumava dizer: *para o iogue, a doença é um prazer e a morte é uma boa notícia.*

Meu pai estava reiterando informações conhecidas dos mestres de sabedoria no decorrer dos tempos: que a degeneração orgânica do corpo agonizante oferece uma oportunidade inigualável para o reconhecimento da mente verdadeira. À medida que a casa de carne e osso da mente se desfaz, as camadas fabricadas da mente também se desintegram. A mente condicionada pelo entendimento incorreto e moldada pelas tendências habituais também se desfaz. A confusão que obscureceu a nossa clareza original e inata não consegue mais manter sua vitalidade, assim como as camadas externas da pele do nosso corpo. Quando a confusão se dissolve, a sabedoria reluz, como acontece no processo da meditação.

Quando nos comprometemos a viver conscientemente, investimos esforço e diligência para diminuir a nossa confusão. No final da vida, essa mesma confusão se dissolve sem esforço. Da mesma forma que os processos normais do corpo deixam de funcionar, os movimentos da mente também desaparecem. Isso inclui as nossas percepções sensoriais, mas também as crenças e os conceitos sutis que moldam nossa experiência e definem a nossa identidade. Quando todos esses ciclos do corpo e da mente param de funcionar, tudo o que resta é a consciência plena em si, o espaço aberto não condicionado do conhecimento puro, mas esse conhecimento agora não tem nenhum objeto. É por isso que o momento da morte é considerado tão especial, pois oferece a mais preciosa oportunidade. No momento crucial entre a vida e a morte, com o corpo oscilando bem na borda da existência, a ausência de confusão permite a experiência da vacuidade luminosa. Este é o mesmo aspecto da mente que é sempre revelado quando reconhecemos uma lacuna na mente condicionada, quando as nuvens de confusão se separam e permitem a experiência da consciência plena não conceitual. Somente agora, no momento da morte, essa consciência pura acontece por si mesma, e os hábitos do condicionamento passado não têm mais força para se precipitarem e obscurecê-la.

Isso acontece naturalmente para todos. É tão certo que vai acontecer quanto a morte. Eu sei disso. Mas, sem treinamento, não podemos reconhecer a clara luz da vacuidade luminosa. Ela está lá, está sempre lá. Eu sabia disso. Está comigo agora, escondida em meio a essa agitação, presente com essa dor. Como meu irmão-monge, eu também me treinei. Ele disse que estava pronto. Será que estou pronto?

Se nosso corpo falece enquanto a nossa mente repousa no reconhecimento da vacuidade, então estamos para sempre liberados. Não temos mais nada a aprender. Na vacuidade luminosa — o reino imortal —, o reconhecimento e a aceitação são um só. Até aceitarmos a morte, não poderemos alcançar a realidade imortal que nunca nasceu. Os textos do bardo descrevem esse momento como *a união da mãe e do filho*: o elemento ar dentro do nosso corpo se dissolve no espaço; o espaço dissolve-se na consciência plena espaçosa. O espaço individualizado é como o conteúdo de um cálice vazio. O espaço existe dentro do cálice, mas não pertence a ele. Quando o cálice se quebra, o espaço contido se une ao espaço que não tem bordas, que não está contido. Nos textos do bardo, esse espaço-cálice é chamado *luminosidade-filho* e o espaço ilimitado é chamado *luminosidade-mãe*. No momento da morte, sem restar nenhuma sombra da mente conceitual, a luminosidade-filho gravita em direção à luminosidade-mãe, como se estivesse voltando para casa, e nada pode impedir essa união. Se pudermos manter o reconhecimento desse espaço no momento da morte, a mente samsárica que temos agora nunca mais aparecerá em qualquer forma que seja percebida como confusa; e nunca será percebida pela mente fixa e confusa. Nós nos tornamos iluminados; e seja qual for a forma que possa ocupar, essa mente ilimitada estará para sempre liberta da confusão e das propensões cármicas, e jamais entrará involuntariamente na roda do samsara. É para isso que eu venho treinando. É essa realização que meu pai, meus professores e os mestres da linhagem tiveram. Tenho certeza disso. Mas eles também nos disseram que, na verdade, a maioria de nós vai perder essa oportunidade. No instante em que essa oportunidade única na vida se apresentar, a mente pura geralmente não vai se reconhecer. Ou não seremos capazes

de sustentar o reconhecimento. A maioria de nós vai desmaiar, como quando adormecemos. O que será que meu irmão-monge quis dizer quando disse que estava pronto: que era capaz de reconhecer a luminosidade-*mãe*? *Talvez estivesse se referindo ao bardo do renascimento — o qual, como nos ensinaram, é onde passaremos a maior parte do nosso tempo entre esta vida e a próxima. Gostaria de ter perguntado isso a ele.*
Se a luminosidade não for reconhecida no final da morte física e desmaiarmos, então, no Ocidente, os profissionais médicos nos declararão mortos. Isso difere da nossa visão. Os tibetanos entendem que este é um estado inconsciente que dura em média de quinze minutos a três dias e meio e, às vezes, um tempo muito mais longo. Não consideramos uma pessoa morta até que este estado seja concluído. Existem vários sinais físicos que indicam o final da vida dentro do corpo. Então, após a conclusão do processo de morrer — como ao término do adormecer —, acordamos novamente e continuamos a nossa jornada em uma realidade onírica chamada o bardo de dharmata. Este é outro estado pelo qual a maioria de nós passará rapidamente, e é mais provável que sem reconhecimento.
Entramos no bardo de dharmata porque não morremos completamente no bardo da morte. Não temos mais o nosso corpo. Todos os fenômenos condicionados que pareciam existir vão desaparecer. Essa é a sua natureza e a natureza do nosso corpo. Mas a consciência, a consciência plena, a vacuidade luminosa, a clareza — esses aspectos da realidade nunca nascem e, portanto, não morrem. Tornar-se unificado com esses aspectos é entrar no reino imortal.

Com a perda do corpo, apenas o que nunca nasce continua.
A casa da mente que se apega desaparecerá. A nossa mente relativa nunca foi de fato mais estável que um arco-íris. Não podemos identificar a origem de um arco-íris, mesmo se soubermos as causas e condições que o fazem aparecer. Aceitamos com facilidade que esses arcos translúcidos refletem magicamente a impermanência, a insubstancialidade e a interdepen-

dência. Ora, o que acontece quando voltamos a nossa atenção para a nossa própria mente? Será que podemos identificar a origem de um pensamento? Quando ele começa, para onde ele vai, quando ele acaba, quando um pensamento se dissolve e o outro surge? Podemos identificar as causas e condições de cada pensamento? Em termos de qualidade, será que os nossos pensamentos são diferentes de um arco-íris? Se a mente pensante, conceitual, compartilha qualidades essenciais com o arco-íris, então o que sobra quando os pensamentos se dissolvem? O que resta quando nossos corpos se dissolvem? *Consigo permanecer consciente o bastante para descobrir?*

Quando me fiz essa pergunta diretamente, não consegui achar uma resposta. Ao mesmo tempo, o meu corpo continuava a enfraquecer e tive que fazer esforço para retomar a prática. Ao contemplar a minha motivação, primeiro me identifiquei como um ser senciente e funcional, capaz de direcionar minhas aspirações para ajudar a libertar todos os seres e dedicar minhas atividades ao bem-estar deles, e isso incluía a atividade de morrer. Morrer agora parecia a melhor oportunidade para ter a experiência abrangente do despertar, e seria a última oportunidade. A motivação incluía purificar a mente de quaisquer perturbações passadas, qualquer coisa que pudesse lançar uma sombra sobre a percepção pura da vacuidade luminosa. Não adianta simplesmente dizer: *tudo é essencialmente vazio, tudo é essencialmente puro.* Embora isso seja *absolutamente* verdadeiro, para conhecer essa verdade absoluta de dentro para fora, precisamos trabalhar com esses espinhos que não podem ser arrancados por meio do raciocínio intelectual ou da filosofia do Dharma. Para ser eficaz, o trabalho com os nós sutis de culpa e remorso devem ser uma experiência objetiva. Além disso, esses nós impedem a plena expressão da nossa compaixão. De modos sutis, eles nos mantêm presos a nós mesmos e nos impedem de dar tudo o que temos para o bem-estar dos outros.

Lembrei-me de dois episódios da minha infância em Nubri. Um amigo e eu pegamos os ovos de um ninho e jogamos um para o outro como se fossem bolas até que caíram no chão.

Em outra ocasião, alguns turistas de montanhismo tinham dado sobras de mantimentos para a minha avó, incluindo cubos de açúcar embalados, três em cada pacote. Amei os pacotes e, para impedir que comesse demais, minha avó guardou-os num pote em uma prateleira alta. Um dia ela encontrou uma dessas embalagens no bolso do meu casaco e soube que eu havia atacado o frasco. Ela me condenou, me chamou de ladrão, dizendo ser mau comportamento.

Achei que provavelmente iria para o inferno, embora meu pai tivesse me dito que, *do ponto de vista absoluto, o inferno é apenas outro sonho*. Agora eu tive que perguntar se o medo do inferno era realmente o que me mantinha no bom caminho. Não me lembro de nenhum outro ato que cometi que pudesse ser considerado destrutivo ou imoral. Algo não estava certo. O fato de que minhas mais monstruosas delinquências tenham sido quebrar ovos de aves e pôr açúcar no bolso quando eu tinha cerca de sete anos não soava razoável, nem para mim mesmo.

Apenas no aparente crepúsculo da minha vida pude ver que a minha fidelidade à virtude era alimentada por ser bonzinho, sempre tentando agradar meu pai e meus tutores e competindo para ser o melhor aluno. Mesmo sendo introvertido e tímido nos grupos, eu queria ser notado e receber aprovação. Pensava que estava usando o medo como uma ferramenta para a renúncia, uma estratégia para permanecer inclinado às atividades positivas. Pensando bem, eu estava me escondendo atrás das convenções da bondade e agindo virtuosamente para receber elogios.

Além de fantasiar a respeito de viver a vida cheia de riscos de um andarilho, eu não sabia como me afastar do bom menino. A aprovação de meu pai para que eu fizesse esse retiro foi uma surpresa. Minha visita a Gorkha — aquela em que minha mãe repreendeu o monge assistente por permitir que eu andasse na rua só um quarteirão — ocorrera porque eu havia sido convidado para ir ao meu monastério no Tibete e teria que entrar legalmente pela China. Precisava da autorização do governo, mas meu pai só daria permissão se meu irmão Tsoknyi Rinpoche me acompanhasse. Agora eu estava em Kushinagar sozinho. Morrendo. Sem família ou atendentes cuidando de mim. Sem professores para ajudar a me guiar nessa jornada.

Quando disse ao meu pai que queria fazer um retiro errante, ele me disse que não viveria muito mais. Tinha sido diagnosticado com diabetes vários anos antes, mas embora eu visse que ele estava envelhecendo, nada indicava que sua morte chegaria em breve. Então, ele continuou: *duas coisas: não importa se você vai fazer esse retiro ou não, continue a meditar pelo resto da sua vida. E se esforce ao máximo para ajudar todos os que estão interessados em trabalhar com a mente, independentemente de suas posições ou status, ou se são do sexo feminino ou masculino, monástico ou leigo. Ensine cada um deles, no nível adequado, o melhor que puder.*

Ele fez uma pausa e perguntou: *o que você pensa sobre isso?*

Eu respondi: *essa é minha paixão, é o meu chamado; sei que isso é verdade.*

Minha resposta o deixou muito feliz. Então, ele disse: *venho meditando desde a minha infância. Estou doente. Meu corpo está fraco. Mas minha mente está luminosa. Não tenho medo de morrer.*

Tentei conter as lágrimas, mas não consegui. Vendo isso, ele acrescentou: *tenho certeza de que a consciência plena nunca morre. Guarde sempre isso na sua mente e não se preocupe comigo.*

Ele morreu dois meses depois.

Alguém se preocupou comigo. Devo ter cochilado, pois não me lembrava de ninguém ter se aproximado. Quando abri os olhos, já estava anoitecendo, e duas garrafas de um litro de água foram colocadas perto de mim. Eu me atrapalhei para remover a cobertura de plástico e desenroscar a tampa, ansioso para beber e, a seguir, segurei uma garrafa com as duas mãos. Mas não tinha força suficiente para erguê-la a ponto de que a água penetrasse na minha boca, e ela escorreu pelo meu peito. Pensei nos muitos mendigos que morrem sem ninguém que lhes ofereça algum cuidado. Talvez muitos *sadhus* morram assim, pensei. Que maravilha sentir de repente a serenidade da gratidão. *Não estou morrendo sozinho. Alguém percebeu. Alguém se importou. Estou pronto para continuar...*

27. A consciência plena nunca morre

Quinto dia da minha doença. Ainda sem comida. Do lado de fora, o calor intenso do sol. Dentro de mim, ardendo no calor da febre. Estava abatido, jogado contra o muro. As garrafas de água estavam vazias. Mal tive força suficiente para chegar até as moitas. Queria me envolver nas brumas como Milarepa havia feito; agora, a bruma que me envolvia era o medo abafado de morrer sozinho em Kushinagar, próximo à Estupa da Cremação. *Será que compreendo, tal como meu pai, que a consciência plena não morre? Meu entendimento é confiável o bastante para poder contar com ele? Será que vou reconhecer a minha verdadeira mente no momento da morte, ou ficarei atordoado com a luz e desfalecerei? Se continuar a praticar, o que poderia dar errado?* Mas só pratiquei dentro deste corpo. Meu pai me explicou que, enquanto permanecermos no nosso corpo, até mesmo as experiências mais intensas da vacuidade luminosa serão sombreadas — ainda que ligeiramente — pela mente conceitual.

Em meio ao embotamento de uma mente presa a um corpo doente, as investigações sobre os ensinamentos do bardo se aguçaram. O que ganhou foco com muita clareza foi que, embora a experiência da luminosidade se apresente, a maioria de nós não vai percebê-la. É por isso que treinamos. Não pela experiência, que é uma dádiva da natureza; mas para *reconhecê-la*. O treinamento para reconhecer a natureza da nossa mente nos familiariza com a luminosidade-filho, e essa familiaridade é o que nos permite chegar ao fim do nosso corpo sem medo e pavor. Sem nenhum vislumbre prévio da vacuidade, seria muito difícil para uma mente habituada ao pensamento conceitual, de repente, aceitar a vacuidade. Somente o *reconhecimento* é benéfico, não o evento em si. Com o reconhecimento, nós nos tornamos imortais.

Se perder as oportunidades de me tornar plenamente desperto tanto no bardo da morte quanto no bardo de dharmata, eu me pergunto se tudo vai dar certo no bardo do renascimento. Tenho quase certeza de que era a isso que meu irmão-monge se referia ao dizer que estava pronto.

Não poderia ter tido uma preparação melhor para esse estado intermediário do que as últimas semanas. Mas todas as minhas experiências de estar entre uma vida e outra — entre estados mentais, entre lugares físicos, entre ter um lugar para morar e viver ao relento, entre nunca ter estado sozinho e estar totalmente sozinho —, todas essas enormes transições ocorreram dentro desse corpo. Conectei-me com a mente do estado intermediário; no bardo do renascimento após a morte, não existirá o suporte de um corpo físico denso. Não haverá mais o recipiente. Tudo o que restará é um corpo mental, uma forma de luz que, aos poucos, se sentirá mais como era antes da morte.

As transições da consciência no bardo do renascimento são as mesmas que para esta vida. Mas os textos explicam que a mente liberada do corpo físico é sete vezes mais sensível que a mente experienciada de dentro do corpo. Ela consegue ver mais longe, ouvir sons a distâncias muito maiores, atravessar o espaço sem ser impedida pela gravidade ou pelas direções. Nossa clareza é sete vezes maior do que na nossa vida comum — mas as nossas reações amedrontadas também o são. Se a minha única reação a ruídos fortes e a ondas que parecem monstros fosse recuar apavorado, então eu cairia para fora deste bardo. Nesse estágio, o corpo não pode mais filtrar os conteúdos desenfreados da mente, e seremos devolvidos à roda do samsara, onde renasceremos em um dos reinos. E o ciclo da ignorância começará mais uma vez — e, ao mesmo tempo, como sempre, também as possibilidades de despertar. No entanto, se reconhecermos que estamos no bardo do renascimento, então poderemos direcionar o nosso próximo nascimento. O carma exerce uma influência forte aqui, mas não se trata de destino. Somos como penas ao vento, somos jogados de um lado para o outro, e as nossas percepções mudam rapidamente. Ao mesmo tempo, estamos procurando o nosso próximo corpo, um lar seguro para nos refugiarmos. E despertar para a nossa situação nos permite direcionar a nossa escolha.

Qual é a minha situação, jogado no muro da Estupa da Cremação? *Entendo que a consciência plena não morre. E sim, o meu treinamento é forte o suficiente para reconhecer e permanecer com a mente da clareza e da consciência plena. Confio no meu treinamento. Vai dar tudo certo.* E aí o medo voltava, penetrando em cada pensamento, afetando cada imagem, predizendo o meu destino. Não havia mais nenhuma confusão sobre a minha condição. Eu estava morrendo, oscilando entre o medo e a confiança. Imagens da minha mãe e de outros membros da família, amigos e alunos passavam diante de mim — confusas e desordenadas como um álbum de fotografias em pedaços. Bodh Gaya, Nagi Gompa e Nubri com suas flores de verão, e minha avó, meu pai morto e meus mestres amados. Eu queria essas pessoas comigo agora para me guiar e confortar. Eu queria me agarrar a eles e gritar: *por favor, fiquem comigo...* mas eles pairavam no ar como fantasmas.

É exatamente isso o que acontece após a morte, no bardo do renascimento, pensei. *Ficamos pairando ao redor dos amigos e familiares e tentando falar com eles, nos relacionar com eles, mas eles não podem nos ver. Não entendemos o motivo de não responderem a nós porque ainda não descobrimos que estamos mortos. Que estado de corpo físico eu tenho agora, com essa doença que já me deixou meio morto? Talvez seja por isso que eles não conseguem me ouvir. Talvez eu esteja mais morto do que eles. Quem está morto e quem está vivo... e o que devo fazer?*

Em uma pausa surpreendente, essa confusão se reuniu em um único ponto. De repente, lembrei-me de que sabia de cor os números de telefone de um monastério no Nepal e outro na Índia. Com uma ligação a cobrar, daria início a uma missão de resgate. Eu poderia pedir a um dos guardas do templo hindu do outro lado da estupa para fazer a ligação. Todo mundo tem celular.

Que maravilha ter essa decisão a tomar! Imediatamente, a confusão frenética de lembranças e visões, medo e saudade, fundiu-se em uma única preocupação. Fazer ou não fazer a ligação. Isso seria tão simples. Logo comecei a me perguntar se uma ligação indicaria uma derrota ou aceitação; *ainda assim, quem seria derrotado, e quem aceitaria o quê? Quem pode — ou não pode — morrer?* A elucubração ganhou potência máxima mais uma vez, pensamentos correndo para lá e para cá, indo a lugar nenhum, mais uma vez me debatendo em incerteza. O alívio inicial deu lugar à tumultuada competição entre as duas opções.

Talvez eu devesse cravar os meus olhos no passado, como o jovem monge fizera com a moeda de ouro. Mas os meus apegos eram positivos: ensinar meditação e cuidar dos pequenos monges. O jovem monge lutara contra a ganância e a riqueza ao ver a moeda de ouro. *Que diferença isso faz? Para aspirar ter uma mente como a de Patrul Rinpoche, os apegos positivos e negativos devem ser abandonados.* Fiquei pensando na história, imaginando se meu pai estivesse querendo me dizer que eu deveria cortar o apego à minha vida real — a esse corpo.

Eu não conseguia decidir o que fazer, e a indecisão aumentava como uma tempestade se formando, as nuvens ficando mais escuras e sinistras. *Eu não quero morrer. Mas o meu treinamento era o de apreciar tudo o que surgisse, e isso incluía a doença e a morte. Foi isso que eu disse ao homem asiático: se puder aceitar seja o que for que aconteça — bom, ruim ou indiferente — essa é a melhor prática. No entanto, o meu voto de salvar todos os seres sencientes inclui a mim mesmo. Se tentar salvar esta vida, estarei fugindo da aceitação? Mas de que vida eu estou falando — a desse corpo físico denso que deve morrer algum dia? É isso que significa salvar todos os seres sencientes? Talvez não, pois não realizamos meramente cuidados médicos; desejamos salvar a vida física para que os seres possam reconhecer a própria sabedoria inata e conhecer a realidade imortal da consciência plena não nascida. Esse é o voto do bodisatva: salvar todos os seres sencientes da ignorância, da ilusão e da interpretação equivocada de que os fenômenos externos são a causa de seu sofrimento, e levá-los à realização da sua própria sabedoria. Isto é o que posso fazer se continuar a viver. Mas os textos do bardo dizem que nada — coisa alguma — oferece uma oportunidade melhor para o reconhecimento absoluto da mente iluminada do que a morte. Então, como posso dar as costas a essa oportunidade? Mesmo que perca a primeira chance de iluminação no momento da morte, eu tenho uma segunda chance no bardo de dharmata...*

Dharmata é às vezes chamado de talidade[2], ou realidade. Nesta vida, a morte do pequeno eu nos desperta para *a natureza absoluta* desta vida, para as coisas como elas são: insubstanciais, impermanentes e interdependentes. Com a morte da mente que deseja se apegar, renascemos para a realidade. No bardo de dharmata, ingressamos na realidade depois da nossa morte física.

Precisamente no final da morte, passamos pela experiência da suprema vacuidade luminosa. Se não a reconhecermos, entramos no bardo de dharmata. O corpo físico acabou e seguimos na forma de um corpo mental, como o corpo ilusório que temos quando sonhamos. A consciência do corpo mental carrega consigo sementes cármicas. Estas não se fundem com a consciência, mas a acompanham. Ocorre também que a nossa experiência recente da vacuidade espaçosa se une à vacuidade espaçosa; mesmo não reconhecida, ela deixa uma marca. Acabamos de deixar para trás o nosso corpo físico e nos elevamos a um estado máximo da consciência plena absoluta, comple-

---

[2] Nota do editor: talidade, tradução mais comum para o termo *suchness*. Talidade pode ser entendido como a qualidade de ser tal como se é.

tamente nua e sem forma, um céu sem nuvens. Nesse estado, entramos no bardo de dharmata. Mas a entrada também inicia o processo inverso, e começamos a transformação da absoluta ausência de forma para mais uma vez habitar a forma.

No bardo de dharmata, a percepção de formas indistintas e cores pastéis é uma indicação dos primeiros sinais de forma ganhando um formato mais uma vez. Acabamos de emergir de um estado de consciência plena pura, e as projeções e os conceitos ainda não existem. Lentamente, à medida que nossa experiência de nós mesmos se "re-forma", iremos em direção a um futuro corpo de carne e osso. Se não despertarmos e escolhermos a nossa direção, voltaremos a reabitar a mente conceitual com as mesmas propensões que marcaram a vida anterior.

Meu pai e Saljay Rinpoche eram muito otimistas em relação à morte. Sua Santidade, o Dalai Lama disse aguardar ansiosamente pela oportunidade que a morte apresenta. *Mas sou jovem demais para morrer... Ainda não terminei a minha missão de ensinar. Minha mãe está viva. Todos os meus irmãos mais velhos estão vivos. Minha morte estará fora de ordem. Até o Buda concordaria. Essa foi a resposta do Buda ao jovem que o levou às pressas para o leito de sua avó agonizante.*

Um jovem correu até o bosque onde o Buda e seus seguidores itinerantes tinham acampado. Chegou sem fôlego por conta da corrida e, com a preocupação estampada no rosto, implorou ao Buda que o acompanhasse até a aldeia vizinha pois um membro da sua família estava à morte. O Buda largou tudo para se juntar ao jovem. Ao chegar, entraram em uma casa na qual uma mulher idosa estava deitada em uma esteira no centro da sala, cercada pelos filhos e netos amorosos. Alguém segurava a mão dela. Um pano molhado fora colocado em seus lábios secos. O Buda olhou interrogativamente para o rapaz, como se perguntasse: *Qual é o problema?* E o homem virou-se para a velha, indicando que ela era o problema, sua morte era o problema. O Buda viu uma pessoa idosa morrendo e disse: *Não há nenhum problema aqui.* Mas essas palavras não teriam oferecido nenhum conforto para a minha mãe.

A consciência plena nunca morre

Ao meio-dia, a indecisão estava me deixando louco. Eu sabia que os membros da minha família, monjas e monges sob minha orientação e amigos de todo o mundo sentiriam a minha falta e sentiriam falta dos benefícios do meu corpo físico. *No entanto, venho treinando nas práticas de consciência plena e do bardo durante toda a minha vida. Não sabia que precisaria delas tão cedo. Apesar de tudo, acredito em minha própria experiência, nas palavras do meu pai e de outros professores, que a consciência plena é imortal, que nunca vai morrer, que eu nunca morrerei.* À medida que a minha doença avançava, eu obtinha mais confiança na minha própria capacidade de reconhecimento.

Acordei muitas vezes dentro dos meus próprios sonhos. E mesmo que eu perdesse a primeira oportunidade — a união das luminosidades mãe e filho —, eu poderia aproveitar a próxima e acordar no bardo de dharmata. Os obstáculos que encontrei, especialmente em Varanasi, e outra vez com a dor desta enfermidade, fortaleceram a minha confiança em ser capaz de permanecer com o reconhecimento da consciência plena durante o processo da morte. Vislumbrei a luminosidade-filho, e isso vai me ajudar a reconhecer a luminosidade-mãe. A consciência plena nua não é desconhecida para mim. Sei que posso reconhecê-la. Isso significa que eu poderia ser capaz de escapar pela lacuna no momento da morte e me tornar iluminado, me tornar um Buda, jamais retornar involuntariamente em qualquer forma reconhecível, e ser de ajuda incomensuravelmente maior do que posso ser nesta vida. A liberação não será o fim da minha jornada. Sem confusão e sofrimento, posso retornar e ser de enorme benefício.

Se tivesse treinado apenas em meditação sem a adição dos ensinamentos do bardo, eu poderia ficar confuso no final. Mas isso não vai acontecer. Tenho confiança nos ensinamentos e nos mestres que verteram sua sabedoria sobre mim, e a fé que tenho neles não me trairá, tenho certeza disso. Se eu não morrer, continuarei a vida que tanto amara, ensinarei o Dharma e continuarei a praticar, e farei o meu melhor para ajudar os seres sencientes neste corpo. De qualquer forma, não terei nada a lamentar. Mas devo superar essa indecisão.

Uma bola de ferro ficou presa na minha garganta, bloqueando a minha respiração, sufocando qualquer capacidade de tomar uma decisão. Fiquei indo e vindo. *Essa indecisão não pode continuar. Preciso escolher uma direção. Qualquer uma será melhor que essa indecisão. Vá. Fique. Fique.*

De repente, vi que não precisava escolher entre viver e morrer. Em vez disso, tinha que deixar o meu corpo seguir seu curso natural e permanecer no reconhecimento da consciência plena, seja o que for que acontecesse. *Se esta for a minha hora de morrer, que eu aceite a minha morte. Se esta for minha hora de viver, que eu aceite a minha vida. A aceitação é a minha proteção*, disse a mim mesmo, e busquei a confirmação em uma oração de Tokme Zangpo.

> Se for melhor para mim ficar doente
> Dê-me energia para ficar doente.
> Se for melhor para mim me recuperar,
> Dê-me a energia da recuperação.
> Se for melhor que eu morra,
> Dê-me a energia para morrer.

28. Quando o cálice se quebra

Os efeitos dessa profunda aceitação vieram rapidamente. Dentro de dez ou quinze minutos, a agitação que sentia começou a descomprimir. A tensão foi drenada de cima para baixo, da minha testa, mandíbulas, pescoço, ombros, mãos — toda a tensão despencando. O profundo suspiro que assinala a conclusão de um tremendo esforço circulou pelas minhas artérias. *Ahhhhhhhhh.* Meu humor mudou, e me sentei em quietude com os olhos abertos, curtindo um tipo de atmosfera que se segue após chuvas torrenciais e o sol reaparece, os pássaros cantam novamente, e o ar parece renovado. Afinal, talvez eu ainda não fosse morrer.

A avaliação de que a crise poderia ter passado logo se mostrou imprecisa. Tomar a decisão de permanecer em Kushinagar acomodou a minha mente, mas não o meu estômago. Continuei a me agachar atrás das moitas. A essa altura, todo movimento confirmava que o meu corpo estava deslizando cada vez mais para a sua irreversível cessação. Isso trouxe consigo uma nova vontade de trabalhar com as instruções para o bardo da morte. No dia anterior, uma preocupação genuína deu origem a essas mesmas contemplações, mas eu ainda não havia abandonado um sussurro que me dizia: *tudo ficará bem*. Agora essas garantias não estavam em nenhum lugar. Continuava recostado no muro da Estupa da Cremação, mas a minha mente parecia mais forte do que nos últimos dias, e iniciei a prática das oferendas. Não cochilei, nem perdi o contato com as práticas, nem *pensei sobre* elas, mas abordei cada uma delas com uma determinação e devoção que não havia acessado no dia anterior. Eu não estava me preparando para morrer. Não estava no monastério da minha infância, deitado no chão e ouvindo as meditações guiadas sobre a morte. Não estava mais preocupado com os conceitos de *viver ou morrer* — pois o que mais poderiam ser a não ser conceitos insubstanciais —, mas com dar tudo o que eu tinha ao que estava acontecendo agora, e atender às demandas do momento sem apego ou aversão, fazendo amizade com qualquer adversidade. *Viver, morrer: dois conceitos igualmente distantes daquele momento. Isto é quem e onde estou agora, apenas fazendo esta atividade, neste corpo, fazendo essas aspirações. Nada mais. Nada menos. Apenas tentando habitar plenamente o universo infinito de cada momento.*

Imagens surgiram, e eu não me detive em nenhuma delas. Mais uma vez apareceu o Monte Manaslu, que durante toda a minha vida nunca foi *uma* montanha, mas sim a *minha* montanha, importante joia da *minha* cidade natal, possível de ser vista da *minha* casa, orgulho da *minha* aldeia. Deixei que a imagem permanecesse tempo suficiente para registrar o apego, para sentir o gosto do grude do Monte Manaslu, reconhecer as maneiras pelas quais eu havia me aderido a ele, e então ficar *apenas* com a montanha, separada de todas as minhas associações e apegos. Outras maravilhas naturais passaram pela minha mente, mas nenhuma com o mesmo apego que eu trouxera para a montanha: campos de flores que desabrochavam próximos da minha aldeia em Nubri, os pinheiros perfumados que cercavam o Sherab Ling, em Himachal Pradesh, florestas de sequoias e chuvas de cometas. Provavelmente, passei vinte minutos recordando experiências que ao longo da minha vida fizeram os meus olhos se arregalarem em incredulidade, e que estimularam a minha gratidão pela beleza e pela diversidade sagrada do nosso mundo. Muitas dessas maravilhas eram apreciadas por muitos milhões de pessoas em todos os continentes, e o conhecimento disso transformou a admiração mútua em um canal de conexão.

Vendo claramente, sentindo profundamente, reavaliei as minhas riquezas, retornando às minhas túnicas. Hoje já não as via como um bem valioso. Que riqueza eu possuo nesse momento? *Meu corpo está se deteriorando. Não tenho dinheiro. Nenhuma moeda de ouro. Nada de valor. Mesmo assim, tenho a possibilidade de despertar, de perceber os aspectos mais profundos e sutis da consciência. Meu nascimento humano precioso é o meu tesouro, na saúde e na doença, pois ele nunca abandona a possibilidade de despertar. Que tesouro poderia ser mais valioso do que esse entendimento? Que afortunado eu sou; como sou verdadeiramente abençoado! Minha única oferenda agora é o modo como eu manifesto este tesouro do Dharma, o modo como eu manifesto a vida, como manifesto a morte, como vivo este momento, este único momento.*

Se não houver uma testemunha humana viva, isso deixa de ter valor? Imaginei o Buda Shakyamuni sentado na postura da terra-como-testemunha, com a palma da mão esquerda apoiada no colo e os dedos da mão direita tocando a terra. *Com a terra como minha testemunha, como meu lar, tendo este solo como meu suporte, que eu possa repousar na alegria e no amor ao Dharma. Com a terra como minha testemunha, que eu possa ser a alegria e o amor do Dharma. Com a terra como minha única testemunha; e na ausência de alguém para agradar ou apaziguar, que minhas atividades de corpo, fala e mente sejam puras; livres de distorções, imaculadas pela vaidade, fiéis ao meu ser búdico puro.*

Para oferecer o meu corpo, não havia necessidade de me deitar e simular a morte como fazíamos no treinamento. Sentar neste parque era uma oferenda do meu corpo. Estar doente parecia ser uma oferenda. Eu não tinha controle sobre as minhas funções físicas; nenhum controle sobre essa doença. Nessas circunstâncias, *oferecer* o meu corpo parecia essencial ao processo de morrer. Eu tinha aceitado o que a vida apresentava. Parei de me agarrar; essa era a oferenda.

Para desistir do apego aos amigos e parentes, centenas de rostos passaram pela minha mente como se caminhassem em uma fila única sob uma plataforma de visualização. Familiares, professores, jovens monges, velhos monges, amigos próximos e distantes. De vez em quando, aparecia um rosto que eu não via há décadas: uma monja velha e enrugada do Nagi Gompa que costumava brincar comigo; um amigo de infância de Nubri; um monge eremita que vivia nas terras do Sherab Ling. Enquanto observava essa longa procissão, entendi que a minha neutralidade sofreria um solavanco quando voltasse para o início, para a minha família. Então me concentrei em oferecer a minha mãe aos Budas, como uma forma de colocá-la sob seus cuidados. Ela tinha vivido dentro de uma esfera das bênçãos do Dharma durante toda a sua vida, mas isso não fazia diferença. As aspirações pela sua proteção precisavam vir da minha apreciação. Ainda assim, o próprio pensamento de deixar a minha família partiu o meu coração e as lágrimas rolaram pelo meu rosto.

No final dessa sessão da prática, uma sensação de imensa gratidão brotou de dentro do meu corpo. Minha consciência plena tornou-se muito profunda, muito serena. Ouvi os cachorros; podia ver as pessoas. Permaneci totalmente imóvel. Tinha confiança. *Se eu morrer, ficarei bem.* Então, uma onda de compaixão e gratidão se juntou à consciência plena, e comecei a chorar, com os soluços sacudindo meus ombros.

Depois de algumas horas fazendo oferendas, comecei a me sentir um pouco melhor. Conforme eu mergulhava mais fundo na prática, as ansiedades que se apinhavam como abelhas aprisionadas durante toda a manhã desapareceram.

No meio da tarde, a minha mente se assentou em estados mais profundos de repouso. Os pensamentos vinham como uma brisa suave passando por uma janela aberta, sem criar distúrbios. Nada para correr atrás, nem para seguir, pensamentos que não tinham peso para me puxar para baixo, ou para trás, mas apenas continuavam em sua própria jornada de aparecimento e desaparecimento. Uma calma profunda se espalhou da área abaixo do meu estômago até as extremidades dos meus membros. Sentia como se o ar purificado estivesse limpando lentamente as fibras tóxicas, não apenas nos meus pulmões, mas nos meus ossos, minhas veias, os canais. A circulação do sangue disseminava uma energia delicada e renovada da cabeça aos pés. Não havia mais separação entre o ar de dentro do meu corpo e o ar que circulava entre as árvores do parque.

Estava encostado no muro do parque da cremação, porém tentando manter as minhas costas o mais retas possível. Continuei sentado muito quieto e me acalmando mais profundamente. Ainda estava claro quando comecei a observar um peso enorme, como se fosse empurrado de cima para baixo, minha cabeça caindo para frente. Esta não foi a mesma queda involuntária dos dias anteriores. Não conseguia mais controlar o meu pescoço. Meu corpo ficou tão pesado que o peso ameaçava me empurrar para baixo da superfície da terra. Parecia que estava caindo, afundando. Tentei levantar o meu braço, mas pesava 50 quilos. Lembrei que esses sinais indicavam a dissolução do elemento terra. O alicerce estava desmoronando. O chão abaixo continuava a se abrir. *Se este é o começo do fim, deixe estar. Deixe que aconteça o que tiver de acontecer. Continue atento. Caindo. Afundando. Areia movediça. Mantenha o reconhecimento da consciência plena. Dissolução, sensações, sentidos, deixe-os ir e vir.*

Minha boca ficou muito seca. Passei a língua em torno dos lábios, mas não tinha saliva. O elemento água estava saindo do meu corpo. Meu corpo parecia estar se abrindo e caindo, como os feixes de capim comprido amarrados pela parte inferior; quando a amarra é cortada, tudo desmonta a partir do centro. Meu corpo estava desmoronando, se dispersando, se soltando, derretendo, e então comecei a flutuar na água; mas o grude da minha mente conceitual ainda não havia sido desfeito. Com a minha capacidade intacta de tecer comentários, revisei intencionalmente o mapa do bardo. Queria ter certeza de que estava entendendo tudo corretamente: que a dissolução dos elementos havia começado e que esse processo dissolveria espontaneamente as camadas de condicionamento — abrindo a lacuna através da qual a vacuidade luminosa apareceria com mais clareza do que nunca.

Durante toda a minha vida, tinha ouvido falar dessa vacuidade luminosa que acompanha o momento da morte — a melhor oportunidade para a iluminação. Minhas experiências confirmavam que a dissolução da consciência libertava a mente — e confiei que o sono e os sonhos refletiam os ecos da morte física. Fiquei animado, ansioso e mal podia esperar que os próximos passos se revelassem.

Minhas extremidades ficaram frias. Estava muito quente lá fora, então eu sabia que aquele resfriamento era causado pela perda do calor do corpo. O elemento fogo estava saindo. À medida que o meu corpo foi ficando mais frio, eu não conseguia distinguir as diferentes formas e via apenas flashes avermelhados diante dos meus olhos. Os textos dizem que, neste momento, a área do coração continua quente. Eu quis verificar, para ter certeza de que estava no caminho certo. Tive dificuldade em levantar a minha mão e usei a outra para ajudá-la a ser levada para o meu peito. Sim! Mãos quase congeladas demais para se moverem, mas o coração está quente. *Estou a caminho*.

Minha consciência plena estava se tornando cada vez mais clara. A mente conceitual estava presente, mas começando a se desvanecer e não se impunha com força alguma. Com a mente conceitual diminuindo dentro do universo infinito da consciência plena, aproximei-me da inexprimível alegria que infunde o momento de despertar. Meu corpo, que tinha estado tão doente e conhecido a dor intensa, estava transferindo a liberação da sua energia em dispersão para a minha mente, como se dissesse: *vai, vai, vai*.

Com a recém-descoberta confiança, o reconhecimento da consciência plena continuou. Mesmo quando o meu corpo enfraqueceu, me senti mais vigoroso. Não tive medo. Toda a confusão e o medo desapareceram com a decisão de permanecer aqui e de me proteger com a aceitação.

A dissolução do ar não tem a qualidade de eliminação. Ao contrário, a sensação era mais parecida com estar totalmente cheio. Cada inspiração se expandia além dos meus pulmões, transformando matéria em ar, deixando o corpo mais leve, mais resiliente. O ar interno infiltrou-se dos canais pulmonares para os meus órgãos e ossos; entrou nas minhas células sanguíneas, nos tecidos e na medula. As inalações me explodiam como um balão, pressionando contra as superfícies internas dos ossos e da carne, até que o meu corpo implodiu. Pedaços de matéria voaram em todas as direções, desintegrando-se em vacuidade infinita. Não conseguia mais ver ou ouvir. O recipiente tinha sido rompido.

Com a dissolução do ar no espaço, meu corpo ficou completamente paralisado. Não conseguia me mexer. O movimento físico interno foi reduzido a um funcionamento básico, mas a minha consciência permaneceu inalterada. Com a mente conceitual diminuindo cada vez mais, me lembrei da dissolução do corpo descrita nos textos do bardo. Até então, sentia o coração e os pulmões. Agora não conseguia mais detectar o meu batimento cardíaco nem sentir o movimento do meu abdômen. No entanto, minha mente ficou feliz e continuou a se expandir para preencher todo o universo. Simplesmente observei o que estava acontecendo. Neste ponto, a mente lúcida da meditação ainda era um estado que *eu* habitava. *Eu* estava ciente da calma, da consciência plena, da paralisia, da dissolução dos elementos.

Então, até mesmo a forma mais sutil da mente condicionada começou a desaparecer. Enquanto o sistema sensorial e os elementos se dissolviam, eu só podia contar com a consciência plena para me apoiar. Com o desaparecimento da estrutura do corpo que armazena as percepções grosseiras e sutis, a mente expandiu-se em domínios de espaço ilimitado que nunca antes havia conhecido. O cálice que é chamado luminosidade-filho se despedaçou.

Com a mente conceitual se esvaindo, a desvelada mente original manifestou-se com crescente vivacidade. Contudo, em um momento, com a força dos sistemas sensoriais e a retração dos elementos, quase perdi a consciência. Quase desmaiei e vi flashes vermelhos e brancos, semelhantes aos que costumam aparecer nos últimos instantes antes de adormecer.

De repente, ... *boom!* ... consciência plena e vacuidade tornaram-se uma coisa só, indivisíveis, como sempre são. Mas o reconhecimento nunca tinha sido tão completo antes. O último fragmento de coesão desapareceu. O universo inteiro se abriu e se tornou totalmente unificado com a consciência. Nenhuma mente conceitual. Eu não estava mais *dentro* do universo. O universo estava dentro de mim. Nenhum eu separado do universo. Nenhuma direção. Nem dentro, nem fora. Nenhuma percepção ou não percepção. Nenhum eu ou não eu. Nem vida, nem morte. Os movimentos internos dos órgãos e dos sentidos diminuíram de velocidade e passaram para um funcionamento mínimo. Eu ainda entendia o que estava acontecendo, mas não por meio de comentários, voz ou imagem. Esse tipo de cognição não se apresentava mais. A clareza e a luminosidade da consciência plena — além dos conceitos, além da mente fixa — tornaram-se o único veículo de conhecimento.

Eu não estava mais ligado a qualquer sentido distinguível de corpo ou mente. Nenhuma separação existia entre minha mente, minha pele, meu corpo e todo o resto do mundo. Nenhum fenômeno existia separado de mim. As experiências aconteciam, mas não mais *me* separavam. Percepções ocorriam, mas sem se referirem a ninguém. Nenhuma referência sequer. Nenhuma memória. Percepções, mas nenhum percebedor. O *eu* que eu tinha sido recentemente — doente, saudável, pedinte, budista — desapareceu como nuvens que se movem no céu iluminado pelo sol. O topo da minha cabeça se soltou; *minha* audição e *minha* visão eram *apenas* ouvir, *apenas* ver. Na melhor das hipóteses, as palavras apontam para algo além da mente conceitual que a mente conceitual não pode entender.

Isso deve ter acontecido por volta das duas horas da manhã. Até então, eu havia mantido alguma compreensão dualista do que estava acontecendo. Nas cinco ou seis horas seguintes, não tive nenhuma experiência de mente conceitual.

Assim como uma gota de água colocada no oceano torna-se indeterminada, ilimitada, irreconhecível, e ainda assim existe, a minha mente se fundiu com o espaço. Não era mais uma questão de *eu* ver árvores, uma vez que havia me tornado árvores. Eu e as árvores éramos um só. As árvores não eram objeto de consciência plena; manifestavam consciência plena. As estrelas não eram objetos de apreciação, mas a apreciação em si. Nenhum *eu* separado amava o mundo. O mundo era amor. Meu lar perfeito. Vasto e aconchegante. Cada partícula estava vívida de amor, fluida, fluindo, sem barreiras. Eu era uma partícula viva, sem mente interpretativa, clareza para além das ideias. Vibrante, enérgica, que tudo vê. Minha consciência plena não ia em direção a nada, contudo, tudo aparecia — como um espelho vazio tanto recebendo como refletindo tudo ao seu redor. Uma flor aparece no espelho vazio da mente, e a mente aceita sua presença sem convidar ou rejeitar.

Parecia que eu podia ver para sempre; como se pudesse ver através das árvores; como se pudesse ser árvores. Não posso nem dizer que continuei a respirar. Ou que o meu coração continuava a bater. Não havia nada individual, nenhuma percepção dualista. Nenhum corpo, nenhuma mente, apenas consciência. O cálice que continha o espaço vazio havia se quebrado, o vaso havia se quebrado, extinguindo *dentro* e *fora*. Com a meditação eu conhecera a luminosidade-filho, mas nunca tinha conhecido a união tão intensa da luminosidade-filho e da luminosidade-mãe — vacuidade infundindo vacuidade, a bem-aventurança do amor e da serenidade.

O que aconteceu depois é o mais difícil de relatar: não *decidi* voltar. Ainda assim voltei. Isso não aconteceu independente de uma escolha, embora eu não possa dizer quem coordenou a mudança. A manutenção do reconhecimento da consciência plena permitiu, mas não fez isso acontecer. Não teve a influência de uma decisão voluntária, mas foi mais como uma resposta espontânea a conexões profundas nesta vida. A força energética dessas redes não havia chegado ao fim, sugerindo que aquela não era a minha hora de morrer.

Com um reconhecimento que não tinha linguagem, reconheci que a minha missão de ensinar não estava completa e que eu queria continuar o trabalho da minha vida. À medida que essa aspiração se tornava mais forte, o espaço infinito da consciência plena lentamente retirou sua expansividade para se acomodar em formas mais finitas, e isso, por sua vez, facilitou a reconexão com o meu corpo.

A primeira sensação foi de novo uma sensação de gravidade, de aterrissagem, cair de volta para o chão. Então senti o meu corpo; percebi a sensação de precisar recuperar a minha respiração, como se tivesse acabado de perder o fôlego. Tive sensações de formigamento, como correntes elétricas, passando pelos meus membros, coceguentas e agradáveis. Ainda não conseguia ver, mas podia sentir o meu coração batendo no peito. Tentei mexer a minha mão, mas não consegui. Tudo diante dos meus olhos fechados parecia turvo, distante e indistinto. À medida que os meus sistemas sensoriais se regeneravam, minha visão parecia mais clara, embora meus olhos ainda estivessem fechados. Logo ficou espantosamente claro. O ar tinha uma qualidade revigorante e, nessa hora da manhã, ainda sentia que podia ver por quilômetros. O mundo parecia ilimitado, embora a consciência visual ainda não tivesse retornado.

Dentro da próxima outra hora, consegui mover os meus dedos. Toquei os dedos uns nos outros, abri-os amplamente, cerrei-os em punhos. Lentamente, com esforço, eles recuperaram alguma flexibilidade. Experimentei levantar uma mão de cada vez a poucos centímetros do meu colo e deixá-la cair. Abri os meus olhos. Formas borradas apareceram acompanhadas por uma reverberação branda, como o som de uma concha ao ouvido.

Devagar, fui me reorientando espacialmente. O bosque. O xale sob o meu corpo. O muro atrás de mim. Ouvi pássaros. Vi cachorros. Eu me senti forte. Renovado. Leve. Não me lembrava de ter estado doente durante a noite. Meus lábios pareciam ressecados. Minha boca estava muito seca e senti sede. O sol estava alto. Quando olhei ao redor, tudo estava igual e totalmente transformado. As árvores ainda eram verdes, porém brilhantes, imaculadas e frescas. O ar quente parecia doce, a brisa acalmou a minha pele. Levantei-me para pegar água na bomba... e... esta foi a minha última lembrança de estar na Estupa da Cremação.

29. No bardo do renascimento

Um salão amplo e retangular. A qualidade da luz sugere que seja o final da manhã. Figuras quase nuas estão deitadas em uma longa fileira sobre redes de cordas sobrepostas a camas de metal, com seus membros escancarados, gemidos fracos e débeis. Um homem tenta pegar o copo de plástico ao seu lado, mas perde as forças e seu braço tomba para o lado. Reconheço essa força da gravidade. Estou em um cemitério dos não-totalmente-mortos.

Fechei os olhos e voltei a minha mente para a Estupa da Cremação. Eu também não tinha conseguido levantar o meu braço. A sensação na minha boca era de secura, mas não conseguia levar a água aos meus lábios. Primeiro terra; depois água... a dissolução do calor... depois o ar... Quando o espaço se dissolveu em si mesmo, o cálice se quebrou. Então...

Se tivesse realizado plenamente a vacuidade luminosa, eu não estaria aqui. Mas onde estou? Será que passei pelo bardo da morte? Se o meu corpo tivesse completado sua dissolução final enquanto a minha mente repousasse na união das luminosidades mãe e filho, com certeza teria me tornado um Buda e transcendido a Roda da Vida, para nunca mais retornar involuntariamente em qualquer forma reconhecível. Que infortúnio não ter morrido! Mas...talvez eu esteja no bardo de dharmata, entre morrer e renascer. Reconheci meus sonhos muitas vezes no bardo desta vida, e certamente posso reconhecer esse *sonho, acordar e me tornar iluminado. Mas não vivenciei o colapso das energias da mãe e do pai.*

No momento da concepção, as energias da mãe e do pai se unem e depois se separam. No momento da morte, essas energias se juntam no centro do coração. Isso geralmente se dá antes da união das luminosidades mãe e filho, que ocorre no final do bardo da morte. Isso não aconteceu. Eu não sabia onde estava. *Fundir com o corpo da iluminação teria queimado as sementes cármicas, e eu não teria seguido para o próximo estágio. A luminosidade é intensa nesse nível. Que lamentável que cheguei tão perto de habitar eternamente na clareza do meu próprio estado búdico! Talvez eu não seja mais abençoado com tais circunstâncias favoráveis. Até que meu corpo físico morra, posso desejar intensamente que surja essa oportunidade. Posso rezar por ela. Mas não sei se isso vai acontecer. Agora devo continuar apenas com meras reflexões sobre a iluminação.*

Se perdi o reencontro com o espaço-mãe e ainda estou vivo, talvez isso possa ser como acordar dentro dos sonhos que ocorrem todas as noites no meu corpo-forma. Ontem à noite eu tive um sonho maravilhoso. Sonhei que meu corpo-forma se dissolveu e só a mente purificada seguiu adiante... E agora o meu sonho ilusório assumiu novamente a aparência de forma sólida. Mas eu não me sinto denso. Nada ao meu redor parece sólido. Este salão inteiro parece flutuar em um píer iridescente; as formas surgem e desaparecem com os movimentos ondulantes da radiância. Espaço e radiância não são separados da forma. Este é outro sonho lindo.

Se de fato morri, e a minha consciência mental ainda está relacionada com as tendências sutis desse corpo, então estou descendendo do ponto máximo da consciência. O processo inverso começou. A experiência da suprema vastidão do espaço está se restringindo a formas ondulantes e translúcidas que dançam juntas e se separam, irradiando luz e amor. Mas não estou vendo as deidades pacíficas e iradas que deveriam aparecer no bardo de dharmata. Talvez o homem deitado ao meu lado seja uma deidade pacífica; ou os enfermeiros que cuidam dos pacientes sejam essas deidades. Vejo que o salão está sujo, mas isso não é um problema. As deidades poderiam residir nesse lugar.

Não poderia ter entrado no bardo do renascimento, pois não fui visitar os meus melhores amigos para pedir seus conselhos. Nem fiquei pairando em torno dos membros da minha família. Há muito tempo não vejo ninguém conhecido e tenho vivido desconfortavelmente entre estranhos. Em toda a minha vida, tonalidades de medo fizeram parte do pano de fundo da minha mente, mas não sinto isso agora. Os textos dizem que sentimos medo nesta fase; que, não estando ligadas ao corpo, nossas reações negativas agora são sete vezes mais intensas. Os sons que nos assustam nesta vida tornam-se insuportáveis quando a mente não está abrigada pelo corpo; e as formas que nos assustam no bardo desta vida se tornam muito mais horrendas do que qualquer coisa possível de imaginar quando temos um corpo. Ainda assim, estou entre um estado e outro. Talvez eu esteja no bardo do renascimento dentro do bardo desta vida. Essas figuras saindo das sombras para a luz não são hostis. Não estão me rejeitando. Não me sinto desprezado por elas. Estou entre amigos. Talvez esses sejam os amigos que alguém encontra no bardo do renascimento. Se eu acordar desse sonho intermediário, posso direcionar a minha mente para novas oportunidades de realização.

Queria saber se o homem que tenta beber água está aqui para zombar do meu remorso por me descobrir vivo. Talvez ele seja um santo deitado aqui perto para me lembrar de nunca duvidar do amor que foi revelado. Se abrir os meus olhos, será que o mesmo homem ainda estará lá? Se me desprendi do corpo de carne e osso, e existo no corpo do sonho, será que vou me conhecer? Alguma parte do meu próprio corpo sutil é reconhecível?

Trouxe a minha mão para o meu rosto para verificar os meus olhos. Quando levantei o braço, uma textura fria, uma superfície que não era pele, tocou o meu tronco. Pela fenda estreita de uma pálpebra aberta, vi um cilindro de plástico. Máquinas ao redor da cama. Tubos de líquido que pingavam nas minhas veias. Agulhas saíam dos meus braços e coxas. O homem dei-

tado perto de mim chamou uma enfermeira. Vi homens velhos em ataduras. Pessoas mancando, cambaleando, andando com muletas. Um médico, identificável por um estetoscópio em volta do pescoço, dormia profundamente em uma cama. Um ventilador de teto zumbia acima.

Eu não tinha morrido. E não sabia se essa era ou não uma boa notícia. Tinha chegado tão perto de me tornar plenamente unificado com o meu próprio Buda, que reabitar este corpo era decepcionante. Enquanto tentava juntar tudo — minha localização, meu corpo, minha reação — percebi que as formas que passavam, embora começassem a parecer familiares, ainda pareciam planar em água. Pareciam mais transparentes do que sólidas, mais feitas de luz do que de carne e osso, mais como um sonho do que uma visão diurna.

Mas eu não sabia dizer se estava sonhando dentro da minha vida acordada diária ou do meu corpo ilusório. E, de qualquer forma, não tinha vontade de acordar desse sonho. *Estou gostando desse sonho. A atmosfera parece tão gentil, tão acolhedora e segura. Talvez eu tenha perdido as duas oportunidades de me libertar da roda do samsara e acordei no bardo de uma nova existência, direcionando o meu renascimento a um ambiente agradável e amistoso, com pessoas amorosas, as quais não desejo abandonar e das quais não quero fugir. Quero me inclinar para frente, me curvar e cumprimentá-las, mesmo que essas pessoas não manifestem amor com o mesmo entusiasmo que as árvores expressaram na noite passada. Minha visão não tem a mesma onisciência penetrante que me permitiu ver através das florestas. As cores e a clareza apenas refletem fracamente a qualidade da noite passada, mas ainda estou repousando dentro da natureza ilusória dos fenômenos oníricos. A experiência é semelhante aos estados pós-meditação que já conhecera, mas é mais viva, mais forte e com uma presença mais plena da vacuidade.*

Toda forma aparece e desaparece, e se move através e dentro do espaço ilimitado, vindo do nada, não indo para lugar nenhum, sem origem, sem destino, espontaneamente presente.

Fenômenos na esfera do espaço não podem verdadeiramente existir separados do espaço; a dualidade não é real. Todas as formas surgem como demonstrações mágicas de cor e luz; são como um céu de arco-íris, estão ali e não estão, são além de tempo, além de direções, nunca nasceram e nunca têm fim. *Eu amo este novo mundo, esse estado vivo e brilhante de ser como é — a verdadeira natureza dos fenômenos, sem as nuvens de substância e características. Este é o bardo de dharmata, o bardo da realidade, tal como é. Se estiver vivo, então estou neste segundo estágio dentro do bardo desta vida. Entrei nesta fase porque não morri totalmente no bardo da morte.*

Tentar descobrir se eu estava vivo ou morto parecia um fragmento de uma vida anterior, pois, o que quer que tenha acontecido, me fez entender que a morte não é o fim da vida. Nunca haveria um caráter terminante, jamais; apenas mudança e transformação. A experiência da noite anterior se foi. Os dias anteriores foram embora. Mesmo se eu tivesse imaginado que tinha quase morrido, ou sonhado, ou vivenciado —, tudo estava acabado, não estava mais aqui, não estava presente, como se já estivesse morto. Quanto mais eu reconhecia a minha tranquilidade neste momento, mais vida e morte surgiam como conceitos, sendo que um não estava nem mais próximo nem mais distante desse momento do que o outro — tudo estava dentro da esfera da consciência plena imortal.

O que chamamos de morte não é o fim. Conseguia ver isso com mais precisão do que nunca; e essa consciência plena continua presente durante o que chamamos de viver e o que chamamos de morrer. *Abdômen subindo e descendo. Morte e renascimento. Agora está morrendo. O último suspiro está morrendo. A consciência plena não nascida não pode morrer. A consciência não nascida existe com e para além do nosso corpo. A morte é uma ilusão e viver é também uma ilusão. Morte e morrer são apenas conceitos; nossas percepções moldam diferenças e contrastes.*

Ontem à noite, eu estava morrendo. Hoje de manhã, sou uma imagem em estado semelhante a uma miragem, em uma cama de hospital ilusória. Estou sonhando com essa realidade agora, com os meus olhos abertos. Na estação de trem, com os olhos abertos e o meu coração fechado, entrei no inferno. Ontem à noite, tive a experiência de estar no paraíso após a morte. Agora estou vivo, penso eu, e em um paraíso na Terra. O sonho da noite passada e a vida de ontem são os mesmos. Ambos se foram. Ambos eram ilusões. Como os mestres de sabedoria nos disseram, é verdade que a vida é um sonho. Algumas imagens têm mais significado que outras, mas não têm nenhuma substância maior. Que fascinante! Formas surgindo e se desfazendo, inspirando e expirando, universos inteiros desaparecendo e emergindo. A noite passada se foi. A quase morte já acabou, quer tenha sido ou não um sonho. Porém, amo esse sonho! Esse sonho é o paraíso. A união entre mãe e filho é o paraíso. Real ou não real eu ainda consigo gostar dele, como se assistisse a um filme. Real ou não real, ele nos faz rir e chorar. Gostara de voar sobre os campos verdes-esmeralda no Tibete. Gosto mais desse sonho do que do das pedras caindo. Gosto do sonho de um corpo saudável, mais do que do sonho de um corpo doente. Gosto do sonho de um caminho aberto, mais do que estar preso a essa cama. Toda a vida é uma exibição mágica de luz e forma, um universo de infinitas bênçãos que nos convida a virar nosso coração do avesso e amar inteiramente, amar até o inesgotável fim dos sonhos.

Por que será que voltei? Qual foi o sentimento que me reorientou para esta vida?

Minha missão de ensinar neste corpo físico ainda não havia chegado ao fim. Algum movimento sutil do voto que fizera de ajudar todos os seres pouco a pouco me impediu de partir. Vagarosamente, reentrei no meu sistema sensorial funcional, e a paralisia que envolvia meus membros e órgãos começou a relaxar.

A intensa e prolongada experiência da vacuidade luminosa absoluta, vasta e irrestrita, revelou uma fonte natural de amor ilimitado. Nesse ponto, o movimento de ser trazido de volta pelas forças cármicas do passado fundiu-se com uma aspiração do momento presente de retornar e beneficiar os outros da melhor maneira possível, neste corpo. Com um reconhecimento que não tinha nem palavras nem conceitos, vi que fui trazido para continuar o trabalho da minha vida. Algum reconhecimento daquele chamado Mingyur Rinpoche queria participar deste mundo e cumprir a sua missão de ensinar com amor e compaixão. Quando essa aspiração se tornou mais intensa, a minha mente consciente lentamente se reconectou ao meu corpo.

Ainda não tinha ideia de como tinha chegado ali, neste estado transitório e onírico, naquela sala ilusória. Estava no parque da cremação. Entrei em um estado profundo de meditação por muitas horas, o mais profundo que já tinha vivido. A consciência desse corpo foi retornando pouco a pouco. A intensidade da meditação me deixou totalmente restabelecido e revitalizado. Não me lembrava de estar doente durante a noite. O interior da minha boca, minha língua e meus lábios pareciam ressecados. Com a sensação de sede, logo pensei em água. Minha mente acompanhou a sede e o meu corpo deu um passo em direção à bomba. Não comia nada há cinco dias, mas ingenuamente pensei que teria forças. Minhas pernas tremeram, depois falsearam. Mas quando minha mente chegou à água, a continuidade do reconhecimento da consciência plena foi interrompida. Por causa dessa interrupção, não conseguia me lembrar de ter desmaiado ou do que tinha acontecido a seguir.

Ainda estou vivo. O que será que aconteceu de fato? Será que o médico sabe como eu cheguei aqui?

As imagens do sonho da noite passada fluíam devagar. Nada se movia com rapidez. Sentia-me supremamente relaxado e muito satisfeito em reconhecer essas imagens, sem precisar ir em direção a elas. No entanto, eu estava curioso. Os estados mentais que havia adentrado não são exclusivos dos meditantes, ou limitados aos que desejam se desenvolver espiritualmente. Estamos falando em reconhecer a mente original, a mente esvaziada de conceitos e dualidades, além do tempo, além da gravidade ou de qualquer direção. Uma única mente, a mesma mente, apenas diferentes narrativas tecidas em torno dela. Inerentemente, esta mente não pode ser confinada a nenhum grupo ou tradição. Palavras não podem descrevê-la. No entanto, são úteis. Sem a minha tradição, eu não teria a linguagem para compartilhar nada; e a linguagem fornece um contexto para essas experiências. Sem contexto, a experiência sozinha muitas vezes não traz resultados.

Ao acordar no hospital, enquanto ainda tentava descobrir o que estava acontecendo, refleti sobre a linguagem da *luminosidade mãe e filho*. Uma imagem tão doce, tão suave e amorosa. O cálice-filho rompeu seus contornos para se juntar à mãe. Eu tinha estudado esse termo; tinha entendimento suficiente para confiar no seu significado, mas nunca antes havia me deliciado no seu calor visceral. *Reencontro da mãe e do filho.* Também me sentia inocente porque não conseguia articular a minha felicidade. Mais uma vez, não precisei tentar, pois não conhecia ninguém ali. Agora, de olhos abertos, e sabendo que estava em um hospital, ainda pensava que estava no paraíso, junto com o homem que continuava tentando beber água, até que a enfermeira veio e levou o copo aos lábios dele. *Não pode ser uma infelicidade não ter morrido se acordei no paraíso.*

Cochilava de vez em quando, mantinha a consciência, a memória e a reflexão. Sentia-me recém-despertado, mas não pronto para falar. Se uma enfermeira passasse ali por perto, eu fechava os olhos. Parecia um bom lugar para descansar, um agradável jardim de confortos, mas algo começou a insinuar que eu deveria continuar a minha jornada. Se estivesse no bardo do renascimento e pudesse direcionar essa parte do sonho, fico pensando para onde eu iria, o que me tornaria. Procuraria o reino onde pudesse continuar a praticar, o reino humano. Procuraria pais que quisessem fazer o bem neste mundo, que respeitassem o Dharma, que fossem bondosos e atenciosos, que encorajassem e guiassem o meu caminho espiritual. Na verdade, procuraria uma família como a que eu tinha. No meio desse devaneio, abri os olhos e vi uma figura conhecida. O homem asiático da Estupa do Parinirvana entrou pela porta da enfermaria. Fechei os meus olhos.

Senti que ele estava de pé ao lado da minha cama. Quando abri os olhos, ele me explicou que tinha vindo até a Estupa da

Cremação para fazer uma circum-ambulação antes de deixar Kushinagar. Ele me viu deitado no chão, parecendo estar morto. Mesmo que não estivesse mais vestido como um monge, ele me reconheceu e me levou ao hospital público em Kasia, a cerca de oito quilômetros da estupa. Ele relatou tudo isso em um tom direto. Sem drama. Não exigiu qualquer resposta. Disse que havia vasculhado a minha mochila e visto que eu não tinha dinheiro. Pagou as despesas do hospital, que incluíam as taxas de admissão e o custo dos remédios por duas noites que o médico havia calculado. Explicou que tinha colocado dinheiro na mochila, junto com seu cartão de visita. Disse-me que, se precisasse de dinheiro, ele faria uma transferência para qualquer lugar do mundo. Desejou-me boa sorte e saiu do hospital para retomar a viagem dele.

Isso deve ser um sonho.

Uma enfermeira trouxe suco adoçado e chá com leite; a outra verificou as bolsas de soro. Vi que a ala desordenada, com janelas sujas e tinta descascada nas paredes, tinha seu próprio tipo de perfeição. Lembrei-me das minhas discussões com o homem asiático. Entendia que ele tinha salvado a minha vida, e ainda assim sua bondade não se sobressaía como algo excepcional. Nada se destacava, embora alguns eventos incomuns tivessem acabado de acontecer. Como se revelou, sua bondade foi um dos muitos exemplos de ajuda que as pessoas me concederam na minha jornada.

As conversas com o homem asiático no Parque do Parinirvana aconteceram há muito tempo, como se fosse em uma vida anterior. Eu ainda usava minhas túnicas de monge e entrara facilmente no papel de professor. Desde então, desenvolvi olhos e ouvidos novos. Vivi em um mundo novo. Não poderia propriamente depender de ajuda, mas percebi que, de uma forma ou de outra, eu seria cuidado por esse novo mundo.

O médico acordou e foi até a minha cama. Não tinha feito a barba e parecia esgotado e desleixado. Apalpou o meu abdômen e fez perguntas. Conversamos em uma mistura de híndi e inglês. Disse a ele que estava me sentindo bem, na verdade, maravilhoso, e perguntei quando poderia ir embora. Ele explicou que eu havia chegado ao hospital perigosamente desidratado, quase morto. Além de litros de água glicosada, ele prescreveu uma alta dosagem de antibióticos para eliminar a infecção que eu havia adquirido. Disse-me que eu iria receber uma alimentação leve, comer apenas pequenas quantidades de cada vez, e que me liberaria depois de duas noites. Passei o resto do dia cochilando e fiquei ligado às bolsas gotejantes de soro. Durante toda a noite, tive um sono profundo e sem sonhos.

Na manhã seguinte, uma enfermeira removeu as agulhas e desligou as máquinas. Ajudou-me a sentar e depois a levantar. Minhas pernas não tremeram. Disse-me para andar pelos corredores. Vestido com uma roupa leve de algodão, andei devagar pelo corredor que levava à saída. Lá de dentro, pude ver um pátio e o portão principal. Para além do portão, vi uma estrada ampla e movimentada com carros velozes, caminhões, tratores e animais. Sons altos de buzinas, gritos e música de rádio entravam pelas janelas abertas. Não era agradável. Também não era lindo, nem convidativo. Não era um problema.

As pessoas se enfileiravam do lado de fora do portão esperando para entrar no hospital, a maioria homens mais velhos e descalços. Queria que entrassem, porque era isso que eles queriam. Suas roupas minguadas, cabelos sujos e corpos magros pareciam com os dos mendigos na estação de Varanasi, mas agora eu não fazia distinção entre eles e eu, entre eles e os homens e mulheres da minha própria família — todos nós juntos neste mundo de sonhos, buscando a felicidade, buscando as nossas próprias maneiras de despertar.

Antes de adoecer, tudo o que não era familiar me deixava um pouco tenso. Eu me sentia separado das pessoas no trem, do dono da pousada e dos garçons do restaurante. Cada encontro trazia a sensação de trombar em uma parede, chegando a um lugar que me impedia e me empurrava de volta. Agora, mal podia esperar a hora de passar pelo portão e sair por aquela estrada barulhenta e suja, passear pelas ruas, montanhas e vales deste mundo efêmero. Mal podia esperar para ser de mais ajuda para as pessoas oníricas transitórias que sofrem porque não sabem que estão em um sonho, e não sabem que a liberação é despertar para o sonho, como um sonho. Vi, sem sombra de dúvida, que a vacuidade luminosa está dentro de cada um de nós. Quando falamos e andamos e pensamos, estamos nesse estado; em nossos corpos saudáveis e doentes, ricos e pobres. Mas não reconhecemos o precioso tesouro que temos. Na realidade, estamos morrendo o tempo todo, mas a nossa mente não nos deixa saber disso. Se não nos deixamos morrer, não podemos renascer. Aprendi que morrer é renascimento. Morte é vida.

No corredor, conheci um homem que era do Nepal. Ele estava feliz por poder falar na sua língua nativa comigo. Conversamos sobre as nossas aldeias, ele de muletas e nós dois vestidos com aventais brancos esfarrapados, mais nus que vestidos. Ele perguntou por que eu estava ali. Disse a ele que *vim meditar e tive problemas estomacais.* Quando voltei para a cama, uma enfermeira me trouxe uma bebida preparada com leite em pó. O gosto não era bom, mas fiquei feliz em recebê-la. Durante toda a manhã, a minha mente permaneceu fresca e lúcida.

Quando era criança, indaguei meu pai e Saljay Rinpoche sobre essa palavra, *iluminação,* que tanto ouvia. Tinha participado o bastante dos ensinamentos dados pelo meu pai para imaginar que *iluminação* sugeria um estado supremo muito distante daquele que estávamos vivendo, por isso muitas das minhas perguntas eram relacionadas à localização física. *Se algum dia eu me iluminar, onde eu vou estar?*

Meu pai explicou: *o local onde você fica, onde você reside, o que você vê, o que você ouve, nada disso será mais tão importante.*

Insisti e perguntei se seria capaz de permanecer ali, no Nagi Gompa. *Quando você reconhece a sabedoria interior da sua verdadeira mente búdica,* meu pai me disse, *quando se torna um com o universo, você está em toda parte e em lugar nenhum. Neste momento, você está usando a mente conceitual para tentar ir além da mente conceitual. É impossível. Você colocou um par de óculos amarelos e está tentando enxergar o branco. A iluminação é a realidade que não tem tempo, nem localização, nem direção, nem cor, nem forma. Não pode ser conhecida dessa maneira. Não seja impaciente.*

Mas eu era impaciente. Frustrado com sua resposta, respondi: *se reconheço que a minha mente e a mente búdica são as mesmas, e me torno um com todas as coisas, então não posso fazer nada.*

Não, disse ele, *quando você se torna um com todas as coisas, você pode fazer qualquer coisa. Você é capaz de amor e compaixão incomensuráveis, e pode se manifestar de uma forma que pode beneficiar outros seres. Não se esqueça: sua forma humana é — neste exato momento, tal como você é — um reflexo da iluminação, corpo-forma refletindo vacuidade.*

Essa é a parte em que sempre tive tanta dificuldade de acreditar. Tantas foram as vezes em que meu pai repetia que cada um de nós é um Buda, mas eu não conseguia entender que *cada um de nós* realmente me incluía. O que o meu pai me diria agora? Eu poderia estar em qualquer lugar, mas não com ele —, a não ser da maneira com que sempre estaria com ele.

Uma enfermeira trouxe uma xícara de chá indiano feito com leite e açúcar. Um médico diferente daquele que vi no dia anterior veio até mim. Também me apalpou e fez muitas perguntas. Disse que a minha recuperação estava indo muito bem, que a minha pressão sanguínea havia voltado ao normal. Disse a ele que queria ir embora. Ele respondeu que eu tinha chegado ao hospital mais morto do que vivo, e que o meu amigo havia pagado por duas noites e que seria melhor cumprir esse programa. Eu não queria fazer isso, curioso que estava para estar do lado de fora, continuar a minha jornada e encontrar o meu caminho. *Sinto-me forte e pronto para sair,* disse ao médico. Ele disse que faria a documentação de alta, com a condição de que eu prometesse voltar para um check-up na semana seguinte. Eu não disse que sim; não disse que não. Nunca voltei.

Quando saí de Bodh Gaya, não tinha nenhum plano alternativo. Isso ficou óbvio nos primeiros minutos, quando o táxi não apareceu. Eu não sabia o que fazer e questionei o julgamento de não ter alternativas. Agora, enquanto pegava a minha mochila e me despedia das enfermeiras, sentia menos necessidade de um plano do que nunca. Nenhum plano A, nenhum plano B. Sem guias. Dentro de algumas semanas, joguei fora o cartão com o contato do homem asiático.

A doença acabou. Quase morri e isso me libertou. Livre para quê? Para morrer repetidas vezes; livre para viver sem medo de morrer. Sem medo de viver. Livre para morrer todos os dias. Livre para viver sem constrangimento. Não continuaria a depender de ambientes fechados, de conchas e escudos, de atendentes e túnicas. Aceitaria a impermanência, da morte e da vida.

Eu me senti como um personagem de filme animado dotado de força sobrenatural, imbuído de aceitação, consciência plena espaçosa, compaixão e vacuidade. Esses eram os recursos, o abrigo e a comida que me alimentaria nos próximos dias e anos. O meu coração estava se expandindo com um amor que eu nunca tinha sentido. Uma apreciação infinita que vinha do centro de meu ser irradiava-se para todos os seres que eu conhecia: família e mestres que haviam me alimentado e orientado, amigos, o homem asiático, os médicos e enfermeiros, o muro que serviu de suporte para as minhas costas, as árvores que me concederam sombra. Sentia apreço por cada nuvem, cada aflição, cada medo e cada ataque de pânico, pelos papéis que desempenhara na minha busca de entendimento; e senti uma gratidão especial pela infecção que abençoou o meu corpo. *A você, meu amado Guru Doença da Compaixão Infinita, eu me curvo com um milhão de prostrações; a você que me guiou para a verdade suprema, que clareou o meu entendimento, que revelou o amor infinito, eu ofereço gratidão. Para todo o sempre.*

Estava livre para brincar nas ondas, nos lugares intermediários, sem saber onde eu passaria a noite, o que eu iria comer, para onde eu iria. A incerteza não mais me obrigava a correr em direção à segurança; em vez disso, queria me lançar no mundo desconhecido, abraçar seus mistérios e tristezas, estar apaixonado pelo amor, ser acolhido pelo amor, viver com perfeita serenidade em meu novo lar. Agora que eu havia abraçado essa incerteza, a beira da estrada parecia tão hospitaleira e segura quanto a cama do meu quarto no monastério. Meu corpo físico havia sido salvo pelo homem asiático, mas a decisão de voltar a essa vida me deu a maior confiança que já conheci, e prometi usá-la para viver cada momento do modo mais pleno e alegre possível. Aprendi que o amor incondicional — por nós mesmos e por todos os seres — surge quando permitimos o fluxo natural da mudança e, então, podemos acolher o surgimento contínuo de novas ideias, novos pensamentos, novos convites. Se não bloquearmos o que vier no nosso caminho, não haverá limites para nosso amor e nossa compaixão.

O mundo inteiro abriu suas portas e fez um sinal para que eu entrasse. Andei pelos corredores, passando por salas ilusórias com filas de pacientes efêmeros, passando por gemidos suaves, tinta descascada e enfermeiras gentis. Esse corpo vazio passou por outro portão de sonhos — o portão do hospital — para continuar a jornada dos sonhos, ajudar os outros a despertar e saber que a liberação vem do reconhecimento do sonho como sonho. Estamos todos juntos sonhando com a nossa vida. Morrendo para a vida. Renascendo e renascendo. Sempre renascendo.

Epílogo

Ao sair do hospital, senti um chamado para voltar a Kushinagar. Algo importante tinha acontecido lá, e eu queria expressar a minha gratidão. Apesar da mente luminosa nunca morrer, a experiência — qualquer experiência, não importa o quão transformadora — era apenas outra nuvem passando. Essa nuvem, em especial, me ajudou a reconhecer o espaço não nascido de onde ela surgiu, mas eu ainda tinha que deixá-la ir. Conferi o dinheiro que o homem asiático colocou na minha mochila, em seguida chamei um riquixá e deixei a movimentada cidade de Kasia. Mesmo imerso em grande alegria, foi também com um toque de tristeza que regressei a Kushinagar para me despedir.

Passei pelos portões da Estupa do Parinirvana. O calor era escaldante e, com exceção dos guardas, não havia mais ninguém lá. Entrei no prédio que abrigava o Buda deitado. Não tinha voltado a esse lugar desde o meu primeiro dia ali, há quase três semanas. Mais uma vez, fiz prostrações e depois me sentei de joelhos. Antes estava usando as túnicas do Buda e sentia que o representava, oferecendo-lhe a minha devoção e rezando para realizar a mente desperta do Buda por meio de seus ensinamentos. Entendi que, pelo fato de milhões de pessoas em todo o mundo seguirem os passos do Buda, o Buda da Índia antiga continua vivo hoje.

Agora eu usava túnicas cor de açafrão. Caso contrário, as coisas pareceriam semelhantes à minha visita an-

Epílogo

terior: um modesto buscador humano, curvando-se diante de uma figura religiosa monumental, dizendo as mesmas preces que havia dito antes. Mas tudo era diferente. O Buda não estava *morto* e eu não estava *vivo*. Entendia o uso padrão das palavras *viver* e *morrer*, mas estas não tinham significado. A continuidade e a conexão entre mim e o Buda iam além do tempo, além das dualidades. O Buda não *partiu*. Eu não estou *presente*. Estamos aqui, o Buda e eu, na realidade imortal que é o verdadeiro lar em que todos nós habitamos. A realidade da morte-além-da-morte não tem começo nem fim. É essa morte que permite que o nosso tempo limitado neste corpo impermanente floresça, e isso nos habilita a viver intimamente com nós mesmos e com os outros. A sensação de estarmos divididos entre nós e o mundo à nossa volta é a narrativa enganosa da mente que se apega. Mas podemos aprender a abandonar as falsas esperanças que nos deixam ansiando por bem-estar no nosso corpo e nesse mundo. Podemos ir além do nosso descontentamento. Podemos substituir o anseio pelo amor. Como eu estava apenas começando a descobrir, quando amamos o mundo, o mundo nos ama de volta.

Circulei pelo parque. Parei no bosque onde me sentara em meditação em meio ao calor e às tempestades. A seguir, fui para a Estupa da Cremação. Percorri o caminho entre o muro externo e o riacho, até chegar ao lugar onde sentara perto do templo hindu. A manifestação do Buda, aqui na forma de um grande monte de cor parda, voltou a ganhar vida de uma nova maneira. A estupa não mais apenas imortalizava as relíquias do corpo do Buda, mas refletia a união entre mim e o Buda. Não éramos indistinguíveis nem separados. Não éramos um; não éramos dois. Estávamos além de ambos. Ofereci prostrações e depois me sentei para meditar. Depois de um tempo, olhei para a estupa, como também poderia ter olhado para o meu pai se ele estivesse lá comigo, e pensei: *ah... agora eu entendo o que você queria dizer.*

Mas como eles sabiam? O Buda Shakyamuni havia deixado uma vida após a outra, a vida de príncipe para a de um iogue da floresta, para a de mestre e líder iluminado —, porém, embora a vida na floresta o tivesse deixado esquálido, ele nunca chegou perto da morte física. Nem meu pai, nem dúzias de outros mestres realizados, cuja sabedoria ultrapassava em muito a minha. Agora, o meu entendimento era maior que o anterior, mas parte do que aprendi nesse lugar era o quanto ainda tinha que avançar.

Meu corpo moribundo permitira que a minha mente desse um passo à frente, como se estivesse sobrevoando uma extensão que, de outra maneira, teria seguido uma rota mais lenta e indireta. Proporcionou a potencialidade da consciência plena pura, o reconhecimento da vacuidade não dual — como sempre acontece para todos. Porém, essa realização foi orientada pela prática. Para alcançar uma sabedoria realmente superior, eu teria que manter o mesmo compromisso de trabalhar com a minha mente que permitiu a mestres como meu pai e Saljay Rinpoche morrer antes de morrerem de fato; reconhecer as luminosidades mãe e filho dentro dos seus corpos saudáveis; e habitar o corpo ilusório do bardo de dharmata dentro do bardo desta vida. A sabedoria deles veio somente com a prática e não dependia de nenhum evento em especial. Quanto mais as sementes da iluminação são cultivadas, mais todo o campo da nossa consciência plena se fertiliza, permitindo que níveis mais profundos de sabedoria floresçam. Mas é uma armadilha se apegar a qualquer experiência específica, *principalmente* aquelas relacionadas ao despertar espiritual.

O maior desafio de aceitar a constância da morte e do renascimento reside na nossa resistência à impermanência e nas nossas tentativas desesperadas de tentar manter aquilo que muda inerentemente. Com frequência, expressamos o desejo de abandonar emoções tão perturbadoras como a inveja, a raiva ou o orgulho; ou de transcender a nossa vaidade ou a preguiça. Quando pensamos em fazer mudanças, a nossa mente muitas vezes salta para esses exemplos perceptíveis; e depois de décadas de repetição, esses traços parecem imutáveis, invencíveis, e nos falta a confiança para empreender o esforço de deixá-los ir. A boa notícia é que deixar ir é, em si, uma maneira de vivenciar

Epílogo

a mudança, a morte e o renascimento; e para confirmar isso, não precisamos começar com nossas tendências mais arraigadas e problemáticas. Podemos fazer uma experiência com as atividades cotidianas que, na maior parte das vezes, sequer definimos como problemas.

Dentro da percepção dualista da consciência normal, podemos reconhecer que a cada noite, quando adormecemos, estamos morrendo para esse dia, o que nos permite renascer na manhã seguinte. Na experiência comum, cada momento acontece quando o anterior morre. Cada nova respiração se segue à morte da respiração anterior. Entre respirações, pensamentos, dias, eventos — entre tudo — há lacunas; e cada lacuna oferece a possibilidade de vislumbrar a vacuidade pura por entre as nuvens. O fato é que o princípio do bardo da morte e do renascimento contínuo pode ser reconhecido agora, em meio aos nossos padrões neuróticos, às nossas insatisfações e às angústias comuns. A visão de quem somos é transformada por meio da consciência plena. E isso muda tudo. Uma vez que aceitamos a natureza transitória fundamental da nossa mente e do nosso corpo, podemos desenvolver a confiança para desmantelar os nossos padrões mais arraigados. Descascar as camadas externas do eu é uma forma de morrer, mas o processo se torna muito mais viável se pudermos desenvolver confiança nos benefícios do renascimento nesta vida.

Cada vez que nos empenhamos em reconhecer as minimortes da nossa vida diária, mais nos familiarizamos com a grande morte que virá com o fim do nosso corpo. Podemos usar cada experiência, grande ou pequena, de deixar ir para ficarmos mais confortáveis com a dissolução final do corpo. Isso reduz o medo da morte futura e, portanto, transforma a maneira como vivemos no presente.

Quando criança, eu ouvia histórias sobre a vida do Buda como se estivesse ouvindo histórias de princesas e dragões. Quando comecei a meditar, ocorreu-me que essas histórias não eram apenas ficções espirituais, mas que poderiam conter um núcleo de verdade. No fim do meu primeiro retiro de três anos, comecei a considerar que os ensinamentos do Buda eram realmente possíveis de alcançar, e isso inspirou os meus esforços para despertar. Depois disso, após mais vinte anos de meditação e investigações da mente, concluí que entendia o que o Buda estava querendo dizer. Mas, ali na Estupa da Cremação, aprendi que havia confundido as representações da lua com o reconhecimento direto.

Na minha tradição, falamos de três estágios do reconhecimento da lua, que significa a nossa própria essência luminosa e vazia. Como em outros estágios, níveis e categorias, não há limites definidos, e existem muitas gradações em cada estágio. Ainda assim, essas descrições podem nos ajudar a entender alguma coisa do processo. Os estágios do reconhecimento da lua começam apenas depois que nos familiarizamos com os diferentes aspectos da consciência plena. Aprendemos a meditação shamatha, ou calmo repousar — práticas que estabilizam a mente; a seguir, praticamos o vipashyana tibetano, ou meditação do insight, para investigar a verdadeira natureza de todas as coisas como sendo impermanente, interdependente e múltipla —, o que significa a ausência de uma identidade singular. Usamos essas meditações do insight para investigar a natureza da consciência plena. Aqui estamos nos aproximando da inseparabilidade da consciência plena e da vacuidade. Reconhecemos que as qualidades da vacuidade não se referem a nada, mas podem ser vivenciadas como uma clareza resplandecente, luminosa e imortal. Por meio desse processo, estamos condicionando a nossa mente para reconhecer diretamente a lua. Estamos nos preparando para ir além da realidade relativa e examinar mais plenamente a percepção pura, além de permanência e impermanência, além de interdependência e independência, além de singularidade e multiplicidade; além de viver e morrer. Já investigamos a realidade por meio da experiência da meditação, do estudo e da lógica. Fizemos uma imersão na consciência plena pura, o que significa o início do *caminho da liberação*. Chegamos o mais longe possível para confirmar os limites do entendimento convencional e desenvolvemos uma aspiração genuína

Epílogo

de deixar para trás o mundo da confusão, e nos libertarmos do samsara. Mas, até agora, não reconhecemos a lua diretamente, sem adornos, nua, vazia e livre da formulação de conceitos.

Em nossa jornada para o despertar, ouvimos outras pessoas descreverem essa coisa chamada *lua*. Lemos algo a respeito e desenvolvemos ideias sobre ela. Apreciamos as histórias sobre qual é a sensação de ver a lua. Então, um dia, nos deparamos com uma foto da lua em um livro. Ela corresponde às descrições ouvidas. É uma imagem bidimensional de uma forma amarela, redonda e opaca. Ficamos muito felizes por finalmente ver a lua. Até que enfim entendemos o que os mestres estavam falando. Esta é a nossa primeira experiência de ver a essência da nossa própria mente. Comparado a só uma imagem na nossa cabeça, vemos a lua.

Então, uma noite, vemos o reflexo da lua no lago. Essa imagem parece muito mais vibrante e translúcida do que a representação plana e fosca da página do livro. Intuitivamente reconhecemos que o que vimos antes era limitado, e que esse reflexo é o objeto real. A diferença entre o primeiro e o segundo estágio é imensa, como a diferença entre a terra e o céu. A qualidade da luz no lago expressa uma vibração que não pode ser comparada à ilustração no livro. Apesar disso, as imagens são suficientemente semelhantes, de modo que quanto mais estudamos o livro, maior se torna a nossa capacidade de reconhecer o reflexo da lua no lago. A nossa mente não está inteiramente livre dos padrões habituais e, portanto, as nossas percepções ainda estão um pouco manchadas pelo passado; nesse caso, uma experiência de dualidade — *eu* percebendo algo *ali* — separa a mente do reflexo. No entanto, ainda nos sentimos emocionados com essa intensa experiência da lua.

No terceiro estágio, olhamos para o céu e reconhecemos a *verdadeira* lua: direta, nua, brilhante. A lua no livro e a lua no lago podem ser apreciadas pelo que são; mas não é uma experiência direta, não mediada. Reconhecemos a lua no céu com a percepção pura da consciência plena: nossa percepção e a lua tornam-se completamente unidas — a união da consciência plena e da vacuidade. A mente foi liberada dos filtros conceituais, e temos uma percepção sem um percebedor. Percebemos o reflexo, mas esse reflexo está vazio de qualquer rótulo, qualquer designação ou pré-concepção, pois está sendo percebido pela própria consciência plena. No terceiro estágio, não há um meditante, nem nada sobre o que meditar. Não *experienciamos* mais a vacuidade luminosa. Nós nos tornamos vacuidade luminosa.

A nossa mente é agora como um espelho perfeito, sem nenhum sinal de obscurecimento. Não convidamos nem rejeitamos qualquer imagem que apareça. Vemos todas as miríades de reflexos. Reconhecemos suas qualidades e características e sabemos que não são reais. Eles simplesmente refletem a nossa própria clareza resplandecente e sem obscurecimento, e moveram-se e se deslocaram para o campo da nossa percepção como nuvens transitórias, impermanentes e insubstanciais. Uma vez que reconhecemos que o espaço é nossa própria essência, somos livres e não temos necessidade de fazer as nuvens desaparecerem.

A lua ainda tem fases variadas até ficar cheia. À medida que continuamos o nosso caminho de liberação, a plenitude e a clareza da lua aumentam, e a experiência não dualista da consciência plena pura se torna cada vez mais constante. Isso é o que chamamos de iluminação, a plena realização da natureza absoluta da realidade. A mente espaçosa reconhece que todas as formas surgem do espaço não nascido e que, em última análise, são nuvens sem começo nem fim.

As nossas primeiras experiências de ver diretamente a lua podem ser efêmeras, como foi a minha. Por volta dos dez anos, o meu pai já havia me apresentado a consciência meditativa. Foi algo de certa forma fácil para mim — e implorei a meu pai que me ensinasse sobre a consciência plena pura, pois o ouvi debatendo sobre isso com as monjas. Ele tentou me explicar esse aspecto da consciência plena, mas eu não tinha ideia do que ele estava falando.

Um dia, fui à sua salinha do Nagi Gompa para almoçar com ele. Ele estava sentado em sua caixa elevada, de frente para a

Epílogo

grande janela panorâmica que dava para o vale. Subi para me juntar a ele e me sentei de costas para a janela, olhando para ele. No começo, só conversamos um pouco e, depois, ficamos quietos. Excepcionalmente, o almoço estava atrasado. Enquanto estávamos sentados esperando pela nossa refeição, decidi impressionar o meu pai exibindo minhas habilidades de meditação. Sentei-me com as costas muito eretas, rígidas como uma régua, mantive meus cotovelos um pouco longe do meu torso, inclinei a cabeça ligeiramente para frente e baixei o olhar. Tentei imitar o que pensava ser um estado de pura consciência plena — e esperei pelo seu elogio.

Meu pai se sentou do seu jeito descontraído habitual e não disse nada por algum tempo. Então, perguntou com gentileza: *Ami, o que você está fazendo?*

Estou meditando, disse a ele, tão satisfeito por ele ter percebido.

Ele perguntou: *sobre o que você está meditando?*

Disse a ele: *estou repousando a minha mente no estado natural da pura consciência plena.*

Meu pai disse: *Ami, não há nada sobre o que meditar. A meditação é falsa, a visão é falsa, a filosofia é falsa. Nada disso é verdade.*

Fiquei totalmente chocado. Todo o conteúdo da minha mente se evaporou instantaneamente; os meus sentidos não aterraram em nenhum lugar, não tinham direção. Nem dentro, nem fora. Apenas uma fulgurante clareza. Não conseguia colocar essa experiência em palavras, nem explicá-la para mim mesmo.

O meu pai continuou a me observar, mas não disse nada. Então, continuamos sentados em silêncio, em uma espécie de meditação sem meditação. Quando a comida chegou, apreciamos o nosso almoço juntos. Tudo parecia normal, mas a comida estava extraordinariamente deliciosa.

A partir daquele dia, soube que havia reconhecido a natureza da mente pela primeira vez. Tive um vislumbre dela. Depois disso, as minhas experiências de meditação tornaram-se instáveis, e continuei atormentado pelo pânico. Mas não importava o quão escuras as nuvens parecessem, no fundo do meu coração essa experiência deixara uma confiança nova. Antes disso, e apesar dos meus ataques de pânico, me sentia abençoado com uma vida maravilhosa. Agora tinha um significado na minha vida, que nem sabia que estava faltando. De repente, havia um propósito em estar vivo. Em termos da luminosidade-filho, aquela foi uma pequena lasca no cálice, a primeira e tênue visão da figura da lua. Eu continuaria tendo muitas ideias intelectuais sobre a *lua*, mas tinha a aspiração de ir mais fundo.

Na sequência da minha experiência na Estupa da Cremação, vi que muitos aspectos do meu treinamento no bardo, como a dissolução dos elementos e a união das luminosidades mãe e filho, também haviam se mantido mais num sentido intelectual, mais como contos de fadas do que ensinamentos do Dharma. Depois da minha primeira experiência com o meu pai, tive vislumbres subsequentes da vacuidade, bem como muitas sessões de retiro prolongadas de sol e nuvens juntos — consciência plena estável e pura coexistindo —, mas agora tudo parecia mais como o reflexo da lua no lago, não uma experiência direta profunda. Nunca deduzi que essas percepções anteriores fossem a realização suprema e completa da mente desperta, mas pensei que chegaram bem perto. Descobri que, comparadas ao reconhecimento direto, elas se tornaram inexpressivas. Eu tinha entendido algo a respeito da verdadeira lua. Sabia que o cálice-filho estava rachado — mas não quebrado.

Caminhei até a estrada principal de Kushinagar e esperei o ônibus para Gorakhpur. Não existe uma bilheteria e nem paradas específicas. As pessoas apenas ficam no acostamento da estrada e acenam para o ônibus quando ele vem chegando. Passei a noite no dormitório da estação em Gorakhpur e, no dia seguinte, peguei um trem para Chandigarh, perto do Estado do Punjab, no norte do país. De lá, fui mais ao norte em direção a Ladakh, uma região budista tibetana situada geograficamente na Índia. Esse foi o início de uma rota que segui nos próximos quatro

Epílogo

anos e meio: indo para o norte para as cavernas nas montanhas do Himalaia no verão, e em direção ao sul para as planícies indianas no inverno. Nunca fiquei em um lugar por mais de quatro a cinco meses. Desejava me incluir na mudança e na impermanência, e morrer muitas e muitas vezes.

Até o momento, a minha vida tinha um princípio de procurar respostas. Ansiava por uma integridade que continuava me iludindo. Muitas vezes, esse sentimento era tão sutil que mal o reconhecia. Mas a união de vacuidade e da consciência plena ocorrida na Estupa da Cremação proporcionou uma sensação de completude que nunca passou. Não continuei em um estado de bem-aventurança ininterrupta nos anos seguintes. Conheci a fome, o frio e o medo de animais selvagens, especialmente de tigres e leopardos. De vez em quando, os problemas estomacais voltavam. Mas nunca mais sofri com meus anseios ou minha solidão, nem com a vergonha e o constrangimento social que sentia anteriormente. Antes de sair em retiro, muitas vezes vivi com satisfação e alegria; mas, em graus variados, esses estados dependiam das circunstâncias, e as minhas circunstâncias haviam sido excepcionalmente harmoniosas, sem quase nada para desafiar a minha equanimidade. Agora havia um grau diferente de estabilidade. Minha determinação se estabilizou de modo muito profundo. Minha sensação de bem-estar superou os limites das circunstâncias — boas, más, não fazia diferença.

Na carta que deixei para os meus alunos, incentivei-os a praticar. Considerando tudo o que aconteceu, imaginei se meu conselho teria sido suficiente. Será que diria algo diferente agora? Meu conselho foi: *parem e percebam o que vocês já têm.* Suponho que agora eu poderia enfatizar como seria benéfico perceber como morremos todos os dias. Mas, honestamente, a mensagem essencial teria permanecido a mesma. Isso ocorre porque tenho plena confiança de que, com o reconhecimento diário das sementes de sabedoria, cada um de nós acabará chegando a um entendimento da consciência plena imortal, pois ela não é outra coisa senão o nosso estado natural.

Para me despedir, gostaria de dar um pequeno conselho para ser guardado no coração. É possível que tenham me ouvido dizer isso antes, mas como esse é o ponto-chave de todo o caminho, vale a pena repetir: tudo o que estamos procurando na vida — toda felicidade, contentamento e paz de espírito — está bem aqui no momento presente. A nossa própria consciência plena é fundamentalmente pura e boa. O único problema é que ficamos tão presos aos altos e baixos da vida que não temos tempo para parar e perceber o que já temos.

Não se esqueçam de abrir espaço em sua vida para reconhecer a riqueza da sua natureza básica, para ver a pureza do seu ser e deixar que suas qualidades inatas de amor, compaixão e sabedoria surjam naturalmente. Cultive esse reconhecimento como cuidaria de uma mudinha de planta. Permita que ela cresça e floresça.

Muitos de vocês generosamente perguntaram como poderiam ajudar a dar suporte ao meu retiro. Minha resposta é simples: guardem este ensinamento no coração da sua prática. Onde quer que estejam e seja o que estiverem fazendo, parem de vez em quando e relaxem a mente. Vocês não precisam mudar nada acerca da sua experiência. Deixem os pensamentos e as emoções entrarem e saírem livremente, e deixem seus sentidos bem abertos. Façam amizade com a sua experiência e vejam se conseguem perceber a consciência plena espaçosa que está com vocês o tempo todo. Tudo o que sempre quiseram está bem aqui neste momento presente de consciência plena.

Manterei vocês no meu coração e nas minhas preces.

Seu, no Dharma,
Yongey Mingyur Rinpoche

Agradecimentos

Em junho de 2011, Mingyur Rinpoche deixou seu monastério na Índia para iniciar um retiro itinerante. Quando retornou, no outono de 2015, expressou seu interesse em compartilhar suas experiências relativas à mudança e à impermanência, considerando que pudessem ajudar o público mais amplo a enfrentar seus medos e a se deparar com as suas mortes. Rinpoche solicitou a minha ajuda, e este livro nasceu de entrevistas feitas com ele de forma intermitente entre 2016 e 2018.

Para ampliar a minha compreensão dos ensinamentos tradicionais relacionados ao nosso tema, contei com o livro *Vazio Luminoso — Para entender o clássico* Livro Tibetano dos Mortos, de Francesca Fremantle, e *Preparing to Die: Practical Advice and Spiritual Wisdom from the Tibetan Buddhist Tradition*[3], de Andrew Holecek. Sou grata pela sabedoria acessível disponibilizada por esses livros e pelo encorajamento que recebi de ambos os autores. Além disso, desejo agradecer a Andrew Holecek por sua minuciosa atenção a este manuscrito.

Por suas contribuições aos esboços preliminares, agradeço a James Shaheen, da *Tricycle*, a Carole Tonkinson, da *Bluebird Publications*, e a Pema Chödrön, Dominie Cappadonna e Glenna Olmsted. Muitos membros

---

[3] N. R. T.: Tradução literal: "Preparando-se para morrer: conselhos práticos e sabedoria espiritual da tradição do Budismo Tibetano".

Agradecimentos

do Tergar, a comunidade de Mingyur Rinpoche, deram apoio a este projeto de várias maneiras. Agradeço a cada um deles e, em particular, a Cortland Dahl e Tim Olmsted, pelo constante apoio e ajuda para esclarecer os ensinamentos de Mingyur Rinpoche.

Sou grata a Emma Sweeney, nossa agente, por seu incentivo inicial e por encaminhar este livro para a Spiegel & Grau.

Agradeço a Cindy Spiegel e sua equipe. O respeito de Cindy pela jornada de Mingyur Rinpoche, sua curiosidade e sensibilidade às ideias aqui apresentadas, a tornaram uma aliada inspiradora para a produção deste livro.

Helen Tworkov
Cape Breton, Nova Escócia
Agosto de 2018

Glossário

Abreviações: sansc. = sânscrito; tib.= tibetano

BARDO Comumente usado para descrever um estado intermediário entre uma vida e outra; também entendido como estágios em sua jornada pela vida e pela morte, que podem ser interpretados como processos físicos ou como estados mentais durante esta vida; cada estado do bardo oferece grandes oportunidades para reconhecermos a realidade não condicionada. Este livro faz referência a seis bardos: o bardo desta vida; o bardo da meditação; o bardo do sono e dos sonhos; o bardo da morte; o bardo de dharmata; o bardo do renascimento.

BARDO DA MORTE O estágio que marca o início do declínio físico irreversível até a mente se libertar do corpo. No momento da morte física, todos vivenciam a dissolução dos elementos, assim como a vacuidade luminosa da mente à medida que ela se aproxima da sua separação final do corpo. A liberação dentro do bardo da morte vem com o reconhecimento dessa luminosidade. Como um estado mental, o bardo da morte refere-se aos constantes términos de todos os fenômenos, incluindo respirações, pensamentos, formas, situações e estados mentais.

BARDO DE DHARMATA Traduzido como "talidade" ou "realidade", o bardo de dharmata refere-se a um estado onírico que se segue à morte física. Acordar dentro dos nossos sonhos enquanto estamos nesta vida aumenta a nossa capacidade de despertar dentro do bardo de dharmata.

Glossário

BARDO DESTA VIDA Existência desde a primeira respiração até o início das condições irreversíveis que levam à morte; considerada a melhor oportunidade para nos familiarizarmos com a nossa mente e despertar para a nossa verdadeira natureza. A meditação é a maneira mais eficaz para fazer isso e, em alguns sistemas de bardo, a prática da meditação, bem como as práticas do sono e dos sonhos, estão incluídas no bardo desta vida. Em outros, o bardo da meditação e o bardo do sono e dos sonhos são apresentados como categorias separadas, mas os ensinamentos são semelhantes.

Com a meditação do sono, o praticante treina para permanecer consciente da dissolução do sistema sensorial enquanto o corpo adormece, uma atividade que se assemelha ao processo da morte física. No bardo do sono e dos sonhos, a pessoa treina para acordar dentro de um sonho, o que lhe permite direcionar as atividades enquanto está sonhando; esse treinamento enfatiza a qualidade impermanente, mutável e insubstancial das formas oníricas e nos apresenta a inseparabilidade fundamental entre a realidade diurna e a realidade noturna.

Dentro do bardo desta vida, as meditações sobre a vacuidade, assim como as meditações do sono e dos sonhos, refletem estados mentais que aparecem espontaneamente no momento da morte física.

BARDO DO RENASCIMENTO A mente é liberada de seu ambiente físico e/ou mental familiar e segue sua jornada para uma forma imaterial que é, no entanto, influenciada por uma vida de tendências habituais, enquanto busca uma nova encarnação; um estado mental que, por meio da dissolução física ou mental, perde seus vínculos familiares e procura se reidentificar com a forma.

BODH GAYA Cidade no estado indiano de Bihar, no centro-norte da Índia; onde se situa o Templo Mahabodhi, identificado como o local onde o Buda Shakyamuni (o Buda histórico) se iluminou sob uma árvore Bodhi. Local onde se situa o Tergar, monastério tibetano Kagyu de Mingyur Rinpoche.

BUDA (sânsc.) Ser iluminado; aquele que desperta para a verdadeira natureza da realidade.

BUDA SHAKYAMUNI O Buda histórico (por volta de 566-483 AEC). Sua renúncia ao mundo da confusão convencional e seu reconhecimento da causa e da cessação do sofrimento inspiraram e formaram todas as tradições subsequentes do Budismo até os dias de hoje.

CALMO REPOUSAR (sânsc. shamatha) Refere-se à mente que permanece em sua própria estabilidade, independentemente das circunstâncias externas, e que é cultivada por meio da consciência meditativa.

CLAREZA Um aspecto inerente à consciência plena, a qualidade conhecedora da mente.

COMPAIXÃO Uma qualidade inerente da natureza búdica, ou bondade básica, que se manifesta como um desejo de aliviar o sofrimento; sua expressão final é acessada por meio da sabedoria da vacuidade.

CONSCIÊNCIA MEDITATIVA Esse estado mental ocorre quando a mente se volta para dentro e começa a reconhecer que a consciência plena é uma característica inerente da mente; é o início da consciência plena reconhecendo a si mesma. A ênfase em objetos externos muda para as qualidades internas inerentes. Com a consciência meditativa, a mente repousa confortavelmente sem ir em direção — ou reagir — aos objetos de percepção sensorial. Também chamada de consciência plena estável.

CONSCIÊNCIA NORMAL Usada para mediar as atividades cotidianas, tais como escrever mensagens de texto, dirigir, cozinhar e fazer planos; a mente está voltada para fora e se atém aos fenômenos externos, criando uma relação dualista entre aquele que percebe e o objeto da percepção.

CONSCIÊNCIA PLENA A qualidade da mente inata, sempre presente e não conceitual. Existe apenas uma consciência plena, contudo, a vivenciamos de três maneiras diferentes: *Ver* a consciência normal; consciência meditativa; consciência plena pura.

CONSCIÊNCIA PLENA ESTÁVEL *Ver* consciência meditativa.

CONSCIÊNCIA PLENA NUA Um estado mental em que a consciência plena se reconhece, liberada de pensamentos e conceitos.

CONSCIÊNCIA PLENA PURA Percepção liberada da separação entre sujeito e objeto; percepção não dual, sem mediação de conceitos, memórias, associações ou aversão e atração. A consciência plena pura repousa no reconhecimento da vacuidade; é a união de vacuidade e clareza e leva ao caminho da liberação.

DHARMA (sânsc.) Este termo pode se referir à lei natural e aos fenômenos; mais comumente, refere-se aos ensinamentos budistas. É usado em letra maiúscula quando se refere a uma das Três Joias em que um budista se refugia: Buda, Dharma e Sangha.

DHARMATA A verdadeira natureza das coisas que está além de todas as crenças e conceitos.

DILGO KHYENTSE RINPOCHE (1910-1991) Nascido no Tibete, Dilgo Khyentse Rinpoche é considerado um dos maiores mestres tibetanos; após os chineses tomarem o Tibete, ele foi fundamental para manter a continuidade dos ensinamentos das comunidades tibetanas de monges e leigos no exílio, bem como para levar o Budismo para o Ocidente.

DUKKHA (sânsc.) Sofrimento e insatisfação; um estado mental que cria e perpetua a angústia mental por perceber erroneamente a realidade como ela é e se identificar com uma concepção rígida do eu. A liberação é possível pelo reconhecimento de que o sofrimento é criado pela interpretação mental equivocada, e ele não é intrínseco à natureza básica da pessoa ou às circunstâncias externas.

ESTUPA (sânsc.) Uma estrutura arredondada que representa o Buda; muitas vezes construída para abrigar as relíquias dos seres iluminados.

ESTUPA DA CREMAÇÃO Formalmente chamada de Stupa Ramabhar; localizada em Kushinagar, na Índia, é um túmulo memorial que guarda algumas das cinzas e relíquias do Buda histórico no local de sua cremação (cerca de 483 AEC).

ESTUPA DO PARINIRVANA Situada em Kushinagar, India, é um monumento que celebra a morte do Buda Shakyamuni.

GURU (sânsc.) Um professor ou guia espiritual.

16º GYALWA KARMAPA RANGJUNG RIGPE DORJE (1924-1981) Líder espiritual da tradição Karma Kagyu do Budismo Tibetano.

ILUMINAÇÃO Estado do ser em que a natureza búdica — a união de clareza e vacuidade — foi plenamente realizada.

IMPERMANÊNCIA A ideia de que todos os fenômenos condicionados mudam, e que tudo o que surge, mais cedo ou mais tarde, se dissolverá. Nossas tentativas habituais de tentar fixar o que inevitavelmente muda negam a verdade da impermanência, e são uma das principais causas do sofrimento.

KAGYU Uma das quatro principais linhagens do Budismo Tibetano.

KARMA O princípio de causa e efeito: ações virtuosas destinadas a diminuir o sofrimento para si e para os outros são a causa das experiências positivas futuras; ações não virtuosas causam experiências negativas. *Futuro* pode ser o próximo momento, o próximo ano ou a próxima vida.

KUSHINAGAR, KUSINARA OU KUSHINAGARA. Cidade a noroeste do estado indiano de Uttar Pradesh, onde o Buda histórico morreu por volta de 483 AEC.

LAMA SOTO (1945-2012) Nascido na região de Kham, no Tibete, conseguiu escapar dos chineses e foi estudar no Monastério Sherab Ling, onde Mingyur Rinpoche foi seu mestre de retiro (1993-1996). Foi atendente de Mingyur Rinpoche de 2001 a 2010.

MANTRA (sânsc.) *Man* significa "mente" e *tra* significa "proteção"; sequência de sílabas sânscritas que incorporam a sabedoria de uma deidade específica; em geral, é recitado repetidas vezes como prece, súplica ou invocação.

MARPA Nasceu no Tibete (1012-1097); conhecido como Marpa, o Tradutor, fez várias viagens à Índia para trazer as transmissões orais dos ensinamentos budistas para o Tibete e traduziu muitos textos em sânscrito para o tibetano; foi o professor de Milarepa.

MEDITAÇÃO Trabalhar com a mente de maneira intencional para reconhecer as suas qualidades inerentemente despertas.

MEDITAÇÃO DO SONO A prática de manter a consciência plena durante o sono.

MENTE DO MACACO A mente que tagarela consigo mesma incontrolavelmente, se apega ao aparecimento contínuo das formas e não consegue deixar de se preocupar consigo mesma.

MILAREPA Nasceu no Tibete (1040-1123). O iogue mais amado do Tibete, renomado por sua prática solitária no inóspito deserto do Himalaia, por alcançar o estado búdico em uma única vida e por transmitir a sabedoria iluminada por meio de canções espontâneas de realização.

NAGI GOMPA Convento situado no vale de Katmandu, eremitério de Tulku Urgyen Rinpoche, pai de Mingyur Rinpoche.

NÃO NASCIDA Refere-se à suprema vacuidade de todas as coisas, que está além do nascimento e da morte, e além de aparecimentos e cessação.

NAROPA (1016-1100) Um erudito excepcional, praticante da dialética e abade da lendária universidade budista de Nalanda. Frente a frente com sua compreensão imperfeita, Naropa abandonou sua bem estabelecida posição para estudar com o excêntrico iogue itinerante Tilopa. Mais tarde, transmitiu esses ensinamentos a Marpa, seu principal discípulo.

NATUREZA BÚDICA (sânsc.) A natureza fundamental de todos os seres — a essência vazia, luminosa e compassiva da mente que é desvelada no caminho espiritual.

NUBRI Um distrito etnicamente tibetano situado no norte do Nepal, onde Mingyur Rinpoche nasceu em 1975.

NYOSHUL KHEN RINPOCHE Nasceu no Tibete (1932-1999), conseguiu escapar do Tibete após a invasão chinesa e acabou se instalando em Thimpu, no Butão. Tornou-se um estudioso admirado e um mestre amplamente amado; foi um dos quatro principais professores de Mingyur Rinpoche.

OSEL LING Monastério de Mingyur Rinpoche em Katmandu; também conhecido como Tergar Osel Ling.

PRÁTICA DA MANDALA (sânsc.) Uma das práticas preliminares do Budismo Tibetano; por meio de uma sequência de oferendas, estabelecem-se as acumulações de mérito e sabedoria. No bardo da morte, exercícios para conscientemente abrir mão dos nossos apegos ajudam a facilitar a transição da vida para a morte.

PRIMEIRA NOBRE VERDADE A verdade de que, a fim de nos libertarmos do sofrimento, devemos primeiro examinar a sua natureza e experienciar suas qualidades autocriadas.

REALIDADE ABSOLUTA Usada de forma intercambiável com *realidade suprema*, essa é a verdadeira natureza de todas as coisas e geralmente é o mesmo que vacuidade.

RECONHECIMENTO Reconhecer na nossa experiência uma qualidade que anteriormente passara despercebida. No Budismo Tibetano, isso em geral se refere ao reconhecimento da natureza vazia e luminosa da consciência plena.

REENCONTRO DE mãe e filho A fusão da familiaridade da natureza vazia e luminosa da mente que o praticante vivencia na meditação com a experiência da ilimitada luminosidade que acompanha o momento da morte física.

REINOS DOS DEUSES *Ver* seis reinos

Glossário

Rinpoche (tib.) significa *o precioso*; forma respeitosa de se dirigir ao professor.

Roda da Vida Uma representação do mundo da confusão. Uma imagem redonda complexa, sustentada pela boca de Yama, o Senhor da Morte, e que retrata no centro as causas fundamentais do sofrimento — ignorância, aversão e agressão. Esse centro é cercado por anéis concêntricos que mostram a perpetuação do comportamento habitual cíclico, incluindo os seis reinos da existência.

Sabedoria Aspecto da mente que percebe a realidade como ela é; a clareza da mente que reconhece a vacuidade.

Sadhu Termo hindu para um mendicante religioso ou alguém que renunciou à vida secular.

Saljay Rinpoche (1910-1999) Mestre de retiros no Sherab Ling, de 1985 até o fim de sua vida. Completou sua formação no Monastério de Palpung, no Tibete, sob a orientação do 11º Tai Situ Rinpoche. Após a invasão chinesa, fugiu para Sikkim, onde permaneceu até o 16º Karmapa falecer; foi então para o Sherab Ling para acompanhar o 12º Tai Situ Rinpoche. Foi mestre de retiro de Mingyur Rinpoche no Sherab Ling e um de seus quatro principais professores.

Samsara (sânsc.) Literalmente "andando em círculos", um ciclo de sofrimento e insatisfação mantido em movimento pela ignorância e pela falta de reconhecimento da verdadeira natureza da pessoa.

Sangha (sânsc.) A nobre Sangha refere-se à comunidade de seres iluminados; a sangha comum refere-se a amigos que compartilham um caminho de Dharma. Em letra maiúscula, significa uma das Três Joias: Buda, Dharma e Sangha.

Seis reinos Os reinos da existência samsárica que descrevem os estados mentais e refletem um determinado tipo de sofrimento. Esses estados não são vivenciados em nenhuma sequência específica, mas a ordem em que são apresentados significa graus crescentes de sofrimento: o reino dos deuses do orgulho, o reino do semideus da inveja, o reino humano do desejo, o reino animal da ignorância, o reino dos fantasmas famintos da ganância e o reino dos infernos da raiva.

SHAMATHA (sânsc.) *Ver* calmo repousar.

SHANTIDEVA (685-763) Praticante indiano cujos estudos na Universidade de Nalanda foram considerados medíocres, até que fez um discurso para a assembleia de alunos. Esses ensinamentos, conhecidos como *Bodhicharyavatara*, ou *O Caminho do Bodisatva*, são celebrados até hoje pelos budistas do mundo todo por seu brilhantismo, acessibilidade e profundidade.

SOFRIMENTO *Ver* dukkha.

SONAM CHÖDRÖN (1947-) Mãe de Mingur Rinpoche, que nasceu no distrito nepalês de Nubri e atualmente mora no monastério Tergar Osel Ling, em Katmandu.

TAI SITU RINPOCHE (1954-) Reconhecido como o 12º Tai Situ pelo 16º Karmapa, que supervisionou sua entronização no Monastério de Palpung, no leste do Tibete, e o trouxe em segurança para a Índia quando ele tinha seis anos (juntamente com o 6º Mingyur Rinpoche), logo após a invasão chinesa. Por fim, Tai Situ Rinpoche estabeleceu residência em uma região próxima a Bir, no noroeste da Índia, e construiu o Monastério Sherab Ling, onde Mingyur Rinpoche começou a estudar aos 11 anos. Hoje, ele supervisiona uma vasta rede de monastérios Kagyu, centros de retiro e centros de Dharma no mundo todo, contribuindo enormemente para o florescimento contínuo do Dharma tibetano. É um dos quatro principais professores de Mingyur Rinpoche.

TASHI DORJE (1920-2017) avô materno de Mingyur Rinpche; nascido em Nubri, no Nepal, estudava no Tibete na ocasião da invasão chinesa. Reverenciado praticante de meditação, era descendente direto do rei Trisong Detsen, rei do Tibete no século VIII.

TEMPLO MAHABODHI Complexo de templos de Bodh Gaya, na Índia, construído para celebrar o despertar do Buda histórico, Shakyamuni, em aproximadamente 533 AEC.

Glossário

TERGAR (tib.) *Ter* significa "tesouro"; *gar* significa "lugar." Esse é o nome dos monastérios de Mingyur Rinpoche, assim como o nome de sua comunidade internacional.

TILOPA (989-1069) Supremo praticante e excêntrico iogue indiano, cujos ensinamentos para Naropa foram em seguida transmitidos a Marpa, e de Marpa para Milarepa.

TSOKNYI RINPOCHE (1966-) Nascido no Nepal, ele é o irmão mais velho de Mingyur Rinpoche. Seus ensinamentos se baseiam em profunda experiência meditativa e engajamento contínuo com o mundo moderno. É casado e pai de duas filhas, e viaja para vários países, ao mesmo tempo em que supervisiona monastérios de monjas no Nepal e no Tibete, além de outros centros de prática e eremitérios na região leste do Tibete.

TULKU (tib.) A reencarnação de um praticante espiritual; aquele que é considerado como sendo dotado de maior potencial para o desenvolvimento espiritual.

TULKU URGYEN RINPOCHE (1920-1996) O pai de Yongey Mingyur Rinpoche e um dos mestres de meditação mais respeitados do século passado. Nascido em Kham, no Tibete, veio para o Nepal após a invasão chinesa do Tibete e fundou dois monastérios e muitos centros de transmissão de ensinamentos, até que passou a morar no Nagi Gompa, seu convento situado no vale de Katmandu. Hoje, seu legado é levado adiante por seus filhos Chökyi Nyima Rinpoche, Tsikey Chokling Rinpoche, Tsoknyi Rinpoche e Yongey Mingyur Rinpoche. Foi um dos quatro professores principais de Mingyur Rinpoche.

UNIVERSIDADE DE NALANDA Um centro de treinamento budista que prosperou aproximadamente entre os séculos IV e XII; localizado na moderna Bihar, Índia. Suas vastas ruínas arqueológicas são agora Patrimônio Mundial da UNESCO.

VACUIDADE A natureza subjacente a todos os fenômenos; o reconhecimento de que, contrariamente à percepção convencional, todas as aparências são vazias de qualidades duradouras, vazias de substância e de identidade independente. Apesar de diferenças sutis, o termo vacuidade é muitas vezes usado de maneira intercambiável com *realidade absoluta*.

VARANASI Também conhecida como Benares, cidade histórica às margens do Rio Ganges, em Uttar Pradesh, no norte da Índia; especialmente sagrada para os devotos seguidores do hinduísmo.

VAZIO LUMINOSO A natureza da mente, que é inconcebível e está além de conceitos, e ainda assim se manifesta como a capacidade de conhecer e experienciar.

VERDADE RELATIVA Usada de forma intercambiável com *verdade convencional*; experiência comum da realidade na qual os fenômenos são vividos como duradouros, substanciais e independentes, e existindo como entidades separadas da mente.

VINAYA (sâns.) ensinamentos coletados pelo Buda Shakyamuni sobre a disciplina e o comportamento adequado para a comunidade monástica; livro de regras monásticas que, até hoje, orienta o monasticismo budista.

VIPASHYANA (sânsc.) Insight; visão clara. No sistema tibetano, a meditação vipashyana Theravada enfatiza a impermanência; a vipashyana Mahayana enfatiza a vacuidade; a vipashyana tibetana (ou vajrayana) enfatiza a natureza da mente. Nos ensinamentos tibetanos, a meditação vipashyana funciona com o reconhecimento de que tudo o que aparece surge da vacuidade, e que toda forma é inseparável da vacuidade e se dissolve em vacuidade. Vipashyana é o insight direto e experiencial de que, embora as formas apareçam, elas são essencialmente tão inalcançáveis e infundadas quanto o espaço, e que essa qualidade espelha a natureza da própria mente.

edição	**1ª ǀ julho de 2019**
tiragem	**4ª ǀ maio de 2025**
impressão	**Editora Vozes**
papel de miolo	**Avena 80 g/m²**
papel de capa	**cartão supremo 300 g/m²**
tipografia	**Adelle, Adelle Sans e Sabon**

Os livros da Editora Lúcida Letra são como pontes para conectar as pessoas às fontes de sabedoria.

Para informações sobre lançamentos de livros sobre budismo e meditação acesse lucidaletra.com.br